QU'EST-CE QUI NOUS REND VRAIMENT HEUREUX ?

DU MÊME AUTEUR

Comment être heureux et le rester,
Flammarion, 2008, Marabout, 2013.

Titre original : *The Myths of Happiness*
What Should Make You Happy, but Doesn't, What Shouldn't Make You Happy, but Does

Édition exclusivement réservée aux adhérents du Club
LE GRAND LIVRE DU MOIS

Sonja Lyubomirsky

QU'EST-CE QUI NOUS REND VRAIMENT HEUREUX ?

Traduit de l'anglais (États-Unis) par Laurent Bury
Préface de Jacques Lecomte

LE GRAND LIVRE DU MOIS

Pour Isabella

« La vie est ainsi faite que les événements ne sauraient jamais, en aucun cas, combler nos attentes. »
Charlotte Brontë

« Celui qui ne se contente pas de ce qu'il a ne se contenterait pas non plus de ce qu'il veut avoir. »
Socrate

« La chance ne sourit qu'aux esprits bien préparés. »
Louis Pasteur

PRÉFACE

« Qu'est-ce que la psychologie positive ? » ; « Qu'apporte-t-elle de nouveau ? », « S'agit-il d'une mode passagère ou d'un mouvement durable ? » Voici des questions qui me sont régulièrement posées par des journalistes ou des auditeurs lors de mes conférences sur le sujet.

La réponse à ces interrogations est maintenant bien claire. Tout d'abord, la psychologie positive est un courant scientifique qui s'est développé dans le monde universitaire, avant de se diffuser dans l'ensemble de la société. La psychologie positive ne consiste pas à voir à tout prix la vie en rose, d'une manière naïve. Le principal initiateur du mouvement, Martin Seligman, professeur de psychologie à l'université de Pennsylvanie, fut d'ailleurs lui-même pendant de nombreuses années un spécialiste reconnu de la dépression… jusqu'au jour où une discussion fortuite avec un voisin de voyage en avion, un chef d'entreprise émerveillé de l'optimisme et de la créativité de ses employés, lui ouvre les yeux sur l'intérêt d'étudier les facettes positives de l'être humain. Selon Seligman et Csikszentmihalyi : « Nous connaissons peu ce qui donne de la valeur à la vie. […] Ceci vient de ce que, depuis la Seconde Guerre mondiale, la psychologie est devenue en grande partie une science de la guérison. Elle se concentre sur la réparation des dommages au sein d'un modèle du fonctionnement humain axé sur la maladie. Cette attention presque exclusive sur la pathologie néglige l'individu épanoui et la communauté prospère[1]. » Seligman reconnaît certes les victoires thérapeutiques de la psychologie, mais estime que celles-ci ont été obtenues au détriment d'autres considérations tout aussi essentielles : « Quand nous sommes devenus seulement une profession de guérison, nous avons oublié notre mission plus large : celle d'améliorer la vie de tous les gens[2]. »

La psychologie positive, jeune discipline née au tournant du nouveau millénaire, s'installe aujourd'hui comme un courant durable et se développe de façon exponentielle, que ce soit dans les publications universitaires, les ouvrages savants ou les colloques scientifiques. Et lorsque l'on voit l'enthousiasme des étudiants et de toute une nouvelle génération de jeunes chercheurs pour cette approche, on sent bien qu'une révolution des mentalités est en cours.

Parallèlement, l'intérêt des médias et du grand public grandit au fil des ans. De plus en plus de magazines publient des articles sur le bonheur, l'empathie ou l'altruisme, et en font même parfois leur une. Car, contrairement à une opinion commune, le malheur est moins vendeur que les nouvelles positives. À preuve ces deux faits faciles à vérifier sur Internet : les films qui attirent le plus de monde sont les films positifs, selon le classement du box-office. Pensez aux films français de ces dernières années : amour et humour font régulièrement salle comble, qu'il s'agisse de *Bienvenue chez les Ch'tis*, *Le Fabuleux Destin d'Amélie Poulain* ou encore *Les Choristes*. Et lorsque amour et humour sont réunis, on obtient *Intouchables*, le plus grand succès du cinéma français.

Autre exemple : il y a quelques années, Jean-Claude Guillebaud proposait à *Libération* de publier un numéro insistant plus sur les aspects positifs que négatifs de l'existence. Certains journalistes ont été séduits, mais d'autres ont accueilli l'initiative avec scepticisme, voire dérision : « On n'est pas chez les Bisounours, quand même ! » L'opération a tout de même vu le jour. Résultat : le « *Libé* des bonnes nouvelles », présentant de multiples expériences de solidarité, a été la meilleure vente de l'année, faisant augmenter les ventes du journal de 22 % [3].

Si la psychologie positive suscite autant d'intérêt, c'est donc tout simplement qu'elle répond à notre besoin existentiel de quête de sens et de solidarité ; de bonheur partagé, en quelque sorte. Et cette quête n'a aucune raison de s'estomper, bien au contraire ! Je fais même le pari qu'en cette période de crise durable, que certains qualifient de mutation globale, le besoin de solidarité surmontera les tentations de repli sur soi et de rejet d'autrui.

Qu'en est-il de l'apport de la psychologie positive ? Certes, parmi les thèmes étudiés par cette science, nombreux sont ceux qui existaient avant elle, mais ils étaient marginalisés, considérés comme peu dignes d'intérêt. Par exemple, en 2000, alors que la psychologie positive faisait ses premiers pas, David Myers constatait qu'il y avait, dans la littérature scientifique, un rapport d'environ vingt et un articles sur les émotions négatives (colère, anxiété, dépression) pour un seul article sur les émotions positives[4] (joie, bonheur, satisfaction à l'égard de l'existence).

Bien entendu, les experts en psychologie positive ne remettent pas en question l'utilité des connaissances sur les troubles psychiques et autres dysfonctionnements, ils considèrent simplement que ces connaissances doivent être complétées par l'étude de ce qui fonctionne bien chez les individus et les groupes et au sein des institutions.

La psychologie positive a donc redonné ses lettres de noblesse à des thématiques comme le bonheur, le sens de la vie, la coopération, la confiance en autrui, l'espoir ou encore le vieillissement réussi. Elle a même mis à l'honneur des sujets franchement tabous, tels que la compassion ou le pardon, trop connotés religieusement aux yeux de certains, mais qui font aujourd'hui l'objet de recherches scientifiques, sur la base de méthodologies parfaitement validées.

La neurobiologie, grâce à de nouvelles techniques d'observation du fonctionnement cérébral quasiment en direct (en particulier l'imagerie par résonance magnétique), apporte sa contribution à ce courant de recherche. Une nouvelle sous-discipline se développe d'ailleurs à un rythme fulgurant, la « neuroscience sociale », qui confirme le savoir commun selon lequel nous sommes fondamentalement des êtres de relation, ayant un goût spontané pour l'altruisme et l'empathie[5].

L'auteure du présent livre, Sonja Lyubomirsky, est l'une des meilleures spécialistes mondiales en psychologie positive. Après des études de psychologie dans les universités de Harvard et Stanford, elle enseigne actuellement à l'université de Californie. Depuis près d'un quart de siècle, elle consacre l'essentiel de ses recherches à comprendre ce qui rend les gens heureux, et, par voie de conséquence, ce qui peut rendre chacun de nous plus heureux.

Nous avons tous au départ, écrit-elle, un capital de prédisposition au bonheur individuellement spécifique. Mais sur cette base génétique, il nous reste une large part d'initiative, puisque notre manière d'aborder l'existence a une influence quatre fois plus importante sur notre bonheur que les circonstances extérieures. C'est surtout en privilégiant nos relations humaines et en relativisant notre relation à l'argent et à la réussite professionnelle que nous trouverons les clés du bonheur.

Ce livre fournit de multiples éléments de réponse très concrets à la question de l'utilité de la psychologie positive. C'est l'ouvrage « anti-mythes » par excellence, en ce qu'il nous permet de découvrir les fondements du vrai bonheur. Pas le bonheur des romans à l'eau de rose ou des stars de la télé, mais celui qui s'apprécie et se construit jour après jour. Sonja Lyubomirsky a réussi un pari difficile : présenter un minutieux état des lieux des connaissances scientifiques sur le bonheur, tout en restant parfaitement accessible au néophyte.

Elle déconstruit nos illusions, en particulier toutes ces phrases clichés, que nous reconnaîtrons pour beaucoup, commençant par : « Je serai heureux... lorsque je trouverai l'âme sœur ; lorsque je trouverai l'emploi parfait, etc. » Car deux pièges se cachent derrière ce type de raisonnement. D'une part, cette attitude nous empêche de goûter la beauté de l'existence dès maintenant ; d'autre part, si ces rêves se réalisent, ils ne nous rendront pas aussi heureux que nous le pensons, ou plus exactement, ils nous rendront plus heureux, mais pour bien peu de temps. En effet, à la suite d'événements positifs, nous vivons généralement un processus psychologique d'« habituation hédonique », expression qui désigne notre tendance à nous habituer rapidement aux événements favorables. En d'autres termes, ceux-ci ne nous procurent qu'une satisfaction temporaire, qui retombe bien vite, et nous sommes alors à la recherche d'autres sources de bonheur.

Au passage, l'auteure met à mal diverses idées reçues. Par exemple, le fait que la séparation conjugale soit forcément néfaste pour les enfants. En réalité, c'est le conflit qui est destructeur, bien plus que la séparation elle-même. Ou encore, autre surprise : les gens qui ont fait des études supérieures sont en moyenne moins satisfaits de leur existence. Tout simplement parce que, du fait même de leurs diplômes, ils ont des perspectives plus exigeantes au sujet de leur futur emploi. Or, la réalité répond rarement à leurs attentes. Par ailleurs, saviez-vous que l'on est en moyenne plus heureux à 60 ans qu'à 20 ou 30 ans ?

Au final, Sonja Lyubomirsky nous livre une double sagesse de l'existence. D'une part, il nous faut apprendre à nous réjouir de notre vie présente plutôt que rêver inutilement ou nous comparer aux autres. Elle nous invite ainsi à goûter le bonheur de la quête plutôt que la quête du bonheur.

D'autre part, elle nous rappelle à quel point l'être humain est fait pour vivre en relation avec les autres. Ce qui nous rend heureux, c'est de valoriser autrui et d'être valorisé, d'écouter et d'être écouté ; en bref, d'aimer et d'être aimé, tout simplement. L'intérêt pour soi et l'intérêt pour l'autre sont non seulement compatibles, mais plus encore réciproquement bénéfiques.

Dans cette vision relationnelle du bonheur, l'auteure fait toujours preuve d'une vision nuancée. Elle nous explique par exemple qu'au sein du couple, le pardon est bénéfique, mais pas à n'importe quel prix. Ainsi, les conjoints qui pardonnent à ceux dont les torts sont rares sont davantage satisfaits de leur couple, tandis que ceux qui pardonnent à ceux dont les méfaits sont fréquents rencontrent des problèmes de plus en plus nombreux.

Il y a même une dimension sociale et écologique dans cet ouvrage, lorsque Sonja Lyubomirsky nous explique de façon très convaincante qu'il est possible d'être plus heureux en consommant moins. Il suffit de dépenser son argent en expériences plutôt qu'en possessions. Une promenade en famille apporte plus de satisfaction qu'une télévision grand écran dernier cri. L'un des premiers conseils qu'elle nous donne pour que l'argent nous rende heureux est… de le dépenser pour les autres, pas pour nous ; cela étant, comme tout ce qui est décrit dans ce livre, scientifiquement démontré…

Pour conclure, je dirai que l'auteure est d'autant plus crédible qu'elle a elle-même mis en pratique les recommandations qu'elle nous propose. Cela s'est produit en diverses circonstances, et tout particulièrement lors d'une expérience inattendue, contemporaine à l'écriture de ce livre. De quoi s'agit-il ? Comme pour les bons films dont il ne faut pas dévoiler la fin, je vous laisse découvrir où se cache cette belle aventure...

Jacques Lecomte, cofondateur et président d'honneur de l'Association française et francophone de psychologie positive

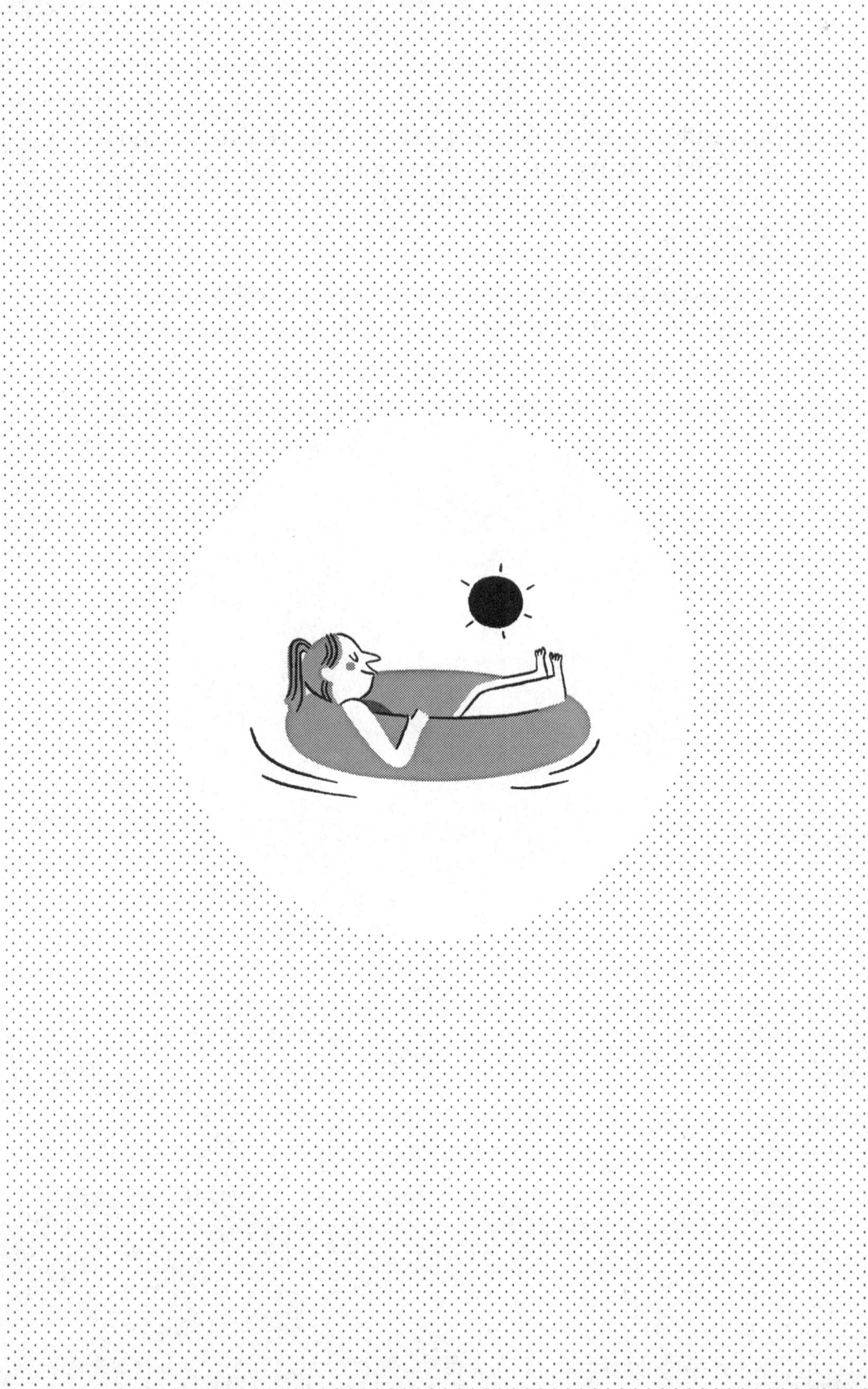

INTRODUCTION

Nous avons tous des idées reçues sur le bonheur : nous pensons que certaines étapes liées à l'âge adulte (mariage, enfants, emploi, richesse) nous rendront heureux pour toujours, et que certains problèmes de la vie (ennuis de santé, solitude, manque d'argent) nous rendront éternellement malheureux. Cette vision réductrice du bonheur est confortée par notre culture et elle perdure dans les esprits, même si tout indique que notre bien-être n'obéit pas à des principes aussi tranchés[1].

Un de ces stéréotypes est l'idée selon laquelle « Je serai heureux(se) quand ---- (remplir le blanc) ». Je serai heureux(se) quand j'obtiendrai telle promotion, quand je dirai « Oui », quand j'aurai un enfant, quand je serai riche, et ainsi de suite. Cette promesse est trompeuse, même s'il est probable que la réalisation de ces rêves nous rende heureux. Le problème, c'est que cet accomplissement, même s'il est d'abord parfaitement satisfaisant, ne nous rendra pas aussi intensément (ou aussi longtemps) heureux que nous le croyons. Et quand l'accès à ces objectifs ne nous rend pas aussi heureux que nous l'espérions, nous avons l'impression que nous sommes en tort, ou que nous sommes les seuls à ressentir cela.

Le revers de la médaille est un mythe tout aussi répandu, et tout aussi toxique : l'idée que « Je *ne peux pas* être heureux(se) si ---- (remplir le blanc) ». Quand un changement négatif nous atteint, notre réaction est souvent disproportionnée. Nous avons l'impression que nous ne pourrons plus jamais être heureux, que notre vie telle que nous la connaissons est désormais finie.

Mon couple est en difficulté. J'ai accompli mes rêves mais je me sens plus vide que jamais. Mon travail n'est plus ce qu'il était. Les résultats de ma prise de sang étaient positifs. J'ai d'immenses regrets.

Avec ce livre, j'espère montrer clairement que même si certains de ces grands défis semblent devoir modifier notre vie de façon définitive, pour le meilleur ou pour le pire, c'est en réalité notre réaction qui gouverne leurs répercussions. Ce sont nos réponses initiales qui transforment en crises ces incidents, ces transitions finalement prévisibles et même ordinaires. Hélas, nos réactions initiales nous poussent à opter pour des réponses spectaculaires (et souvent catastrophiques). Par exemple, quand nous comprenons que notre travail ne nous donne plus satisfaction, une première réaction pourrait être d'en chercher aussitôt un autre, mais la solution la plus fructueuse à long terme serait plutôt de redéfinir notre travail, réviser et revisiter nos sentiments présents.

Cet ouvrage aborde dix moments critiques de la vie adulte, en commençant par les relations affectives (mariage, célibat, enfants), pour passer ensuite à l'argent et au travail (malaise lié à l'emploi, réussite financière, ruine), et terminer avec les problèmes inhérents à l'âge mûr et au-delà (ennuis de santé, vieillesse, regrets). Sentez-vous libre de lire d'abord les pages consacrées aux questions qui vous concernent ou vous intéressent le plus. J'imagine que nous pouvons tous nous identifier à une bonne partie des défis et transitions spécifiques que je décris ici, qui représentent un peu de ce que nous étions hier, de ce que nous sommes aujourd'hui et de ce que nous serons demain. Avec l'âge, les responsabilités et les pertes s'accumulent, la vie devient plus compliquée, plus problématique, et parfois plus troublante. Avant que tout se précipite, il est bon d'examiner longuement les principaux passages, les principaux tournants de notre vie, et ce qui motive nos réactions.

Loin d'être effrayants ou déprimants, les moments de crise peuvent être des occasions de renouveau, d'évolution ou de transformation. Pourtant, ce qui compte le plus, c'est notre façon de les accueillir : la science montre que la chance sourit bel et bien aux esprits préparés. Je m'appuie sur les recherches menées dans différents domaines liés – dont la psychologie positive, la psychologie sociale, la psychologie de la personnalité et la psychologie clinique – pour aider ceux d'entre vous qui affrontent des tournants cruciaux à faire le bon choix. Il s'agit de vous proposer une vision plus large, en généralisant à partir de situations individuelles, et de vous pousser à dépasser vos attentes. Je ne peux pas vous dire quelle voie emprunter, mais je peux vous donner les moyens de prendre vous-même des décisions plus saines et mieux informées. Je peux vous aider à avoir l'esprit bien préparé, celui qui sait où le bonheur est vraiment et où il n'est pas.

Nos moments de crise, ces instants où il nous semble que notre existence ne sera plus jamais la même, ces heures de prise de conscience ou d'acceptation de nouvelles graves, sont des périodes clés de notre vie. Ce sont les moments dont nous nous souvenons, autour desquels tout pivote, les moments auxquels nous devons réfléchir et réagir. Pas seulement parce que ce sont de « grands » moments, mais parce que même les carrefours apparemment dévastateurs peuvent être les portes du changement positif. Des recherches récentes ont révélé que les gens qui ont connu *un peu* l'adversité (par exemple, plusieurs événements négatifs, des changements de vie) sont finalement plus heureux (et moins stressés, traumatisés, désespérés ou affaiblis) que ceux qui n'ont aucune expérience de l'adversité[2]. Avoir vécu plusieurs moments dramatiques nous « endurcit » et nous prépare à mieux affronter les défis et traumas à venir, grands ou petits. Comprendre ces défis améliore notre résilience, mais nous aide aussi à définir et à ancrer notre identité, renforçant ainsi l'optimisme quant à l'avenir et permettant de mieux affronter les sources de stress[3] du présent. Enfin, l'expérience d'émotions négatives comme le chagrin, le souci et la colère face à ces moments de crise – quand ces émotions ne sont ni chroniques ni sévères – peut être extrêmement précieuse, puisqu'elle nous signale les menaces, les torts et les problèmes qui exigent notre attention. Bref, apprendre à voir au-delà des attentes qui accompagnent les mythes du bonheur peut s'avérer d'abord inconfortable et même pénible, mais cet effort peut permettre épanouissement et croissance.

Beaucoup de tournants essentiels peuvent être vus comme des carrefours à partir desquels on peut emprunter deux voies ou plus. Notre réaction à ces moments – qui peuvent nous apparaître comme des « points de non-retour » – détermine en partie leurs conséquences. Si nous comprenons comment nos idées reçues sur le bonheur orientent nos réactions, nous serons plus susceptibles de réagir sagement. Faute de comprendre l'impact d'un mensonge comme « Je serai heureux quand [j'aurai un conjoint, un emploi, de l'argent, des enfants] », nous risquons de prendre de mauvaises décisions : quitter un emploi ou un couple satisfaisant, altérer notre relation avec nos enfants, gaspiller notre argent et blesser notre amour-propre. Et si nous continuons à croire en « Je *ne peux pas* être heureux quand [je n'ai pas de conjoint, pas d'argent, pas de jeunesse, pas de talents] », nous risquons de créer une prophétie qui s'autoréalise : les tournants finissent par empoisonner notre bonheur et contaminent les aspects encore satisfaisants de notre vie.

Notre réaction aux moments de crise – notre décision de garder la tête basse quand il faudrait la redresser, ou de rester passif quand il faudrait agir – peut avoir des effets en cascade sur notre vie. Lors de ces périodes, nous choisissons notre avenir.

Il était une fois un vieux fermier qui habitait un village pauvre, en pleine campagne. Ses voisins le croyaient riche parce qu'il possédait un cheval, avec lequel, depuis des années, il labourait ses champs. Un jour, son cheval bien-aimé s'enfuit. Apprenant la nouvelle, ses voisins vinrent lui exprimer leur sympathie. « Quelle malchance ! » dirent-ils. Le fermier répondit : « Va savoir... » Le lendemain matin, le cheval revint, mais suivi de six chevaux sauvages. « Quel prodige ! » se réjouirent les voisins. « Va savoir... », dit le vieil homme. Le jour suivant, son fils tenta de seller et de monter l'un des chevaux non apprivoisés, il fut jeté à terre et se cassa une jambe. Là encore, les voisins vinrent présenter leur sympathie pour son malheur. « Va savoir... », dit à nouveau le fermier. Le jour d'après, des officiers recruteurs vinrent enrôler les jeunes gens du village. Voyant que le fils du fermier avait la jambe cassée, ils le laissèrent en paix. Les voisins félicitèrent le fermier sur sa bonne fortune. « Va savoir... », répondit ce dernier.

« La joie et le malheur sont tissés serré. » Ce vers de William Blake, tiré du poème « Prophéties de l'innocence », exprime avec simplicité et élégance le noyau de sagesse caché dans cette histoire. Il aide aussi à comprendre pourquoi les idées reçues sur le bonheur sont fallacieuses. Nous croyons parfois savoir si tel tournant doit nous faire rire ou pleurer, mais, en vérité, les événements positifs et négatifs sont souvent entrelacés, ce qui rend extrêmement difficile d'en prédire les conséquences. De même, quand nous cherchons quelle est la meilleure chose qui nous soit arrivée, et quelle est la pire, nous découvrons avec stupeur qu'elles ne font souvent qu'une. Nous avons eu le cœur brisé, mais la solitude a consolidé notre identité et nous a conduits à rencontrer un conjoint plus adéquat. Nous avons été licenciés au bout d'une longue carrière, mais cela nous a poussés à travailler dans un autre secteur plus passionnant. Ou bien nous étions fiers d'avoir revendu notre entreprise pour une somme énorme, mais cela nous paraît maintenant être la plus grave erreur de notre vie[4]. Somme toute, on peut rarement savoir sur-le-champ quels événements transformeront notre vie, et comment. Parfois, une circonstance absolument positive – gagner à la loterie, être promu, avoir un enfant – déclenche une crise ou une profonde déception, parce que notre réaction moins que joyeuse va à l'encontre de notre conception de ce qui devrait nous rendre heureux. Parfois, un malheur – la perte d'un emploi, d'un rêve ou d'un conjoint – donne accès à quelque chose de merveilleux, en partie parce que nous comprenons que nous avions tort de croire que ces événements entraîneraient des dégâts permanents.

Lors d'une série d'expériences, Tim Wilson, professeur à l'université de Virginie, et Dan Gilbert, professeur à Harvard, ont montré avec leurs collègues que notre principale erreur est de surestimer la longueur et l'intensité du désespoir qu'induit un événement négatif (un diagnostic HIV positif ou la perte d'un emploi qui nous est cher), ainsi que la longueur et l'intensité de l'enthousiasme provoqué par un événement positif[5] (l'obtention d'un poste à vie ou l'acceptation de notre demande en mariage). La raison principale est parfaitement résumée dans la formule suivante : « Rien dans cette vie n'est aussi important que vous le pensez quand vous y pensez. » Autrement dit, nous exagérons l'effet qu'un changement aura sur notre bonheur parce que nous ne pouvons pas prévoir que nous n'y penserons pas toujours.

Par exemple, quand nous essayons de prévoir combien nous serons abattus quand notre histoire d'amour prendra fin, ou combien nous serons ravis quand nous aurons enfin de quoi nous construire cette maison sur la plage dont nous rêvons depuis toujours, nous oublions que pendant les jours, les

Notre principale erreur est de surestimer la longueur et l'intensité du désespoir qu'induit un événement négatif, ainsi que la longueur et l'intensité de l'enthousiasme provoqué par un événement positif.

semaines et les mois qui suivront l'événement en question, bien d'autres interviendront, qui tempéreront notre plaisir ou modéreront notre souffrance. Les tracas quotidiens (être bloqué dans un embouteillage, entendre un commentaire qui ne nous était pas destiné) et les plaisirs quotidiens (rencontrer un vieil ami) sont susceptibles de jouer avec nos émotions et d'atténuer ainsi le chagrin d'une rupture, de diluer la joie d'une nouvelle maison.

Deux autres forces nous poussent à l'erreur quand nous cherchons à prédire nos sentiments futurs. Premièrement, nous ne pouvons imaginer précisément l'impact du point de transition prévu. Pour beaucoup d'entre nous, les images d'un mariage à venir incluent pique-niques romantiques en tête à tête, coupes de champagne bues au coin du feu, rapports sexuels à volonté, collaboration harmonieuse pour toutes les décisions difficiles de la vie, et un bébé charmant qui dort dans nos bras, notre conjoint se chargeant à chaque fois de changer sa couche. Nous ne visualisons pas le stress, les hauts et les bas, le désamour, les désaccords, les malentendus et les déceptions de la vie conjugale, autant d'éléments qui se liguent pour court-circuiter la période de la lune de miel. De même, quand nous imaginons ce que seraient le chômage, le regret ou le célibat, nous avons tendance à voir tout en noir.

Le second facteur qui fait échouer nos prédictions, c'est que nous sous-estimons la force de ce que Gilbert et Wilson appellent notre « système immunitaire psychologique ». Tout comme nos cellules immunitaires nous protègent des agents pathogènes et des maladies, nous avons tout un ensemble de compétences et de talents que nous négligeons (la faculté de rationaliser nos échecs ou de relever des défis) et qui nous empêchent de capituler face à l'adversité ou au stress. Les gens sont résilients, ils sont prompts à minimiser, justifier ou rejeter les expériences négatives, à les transformer en positif. Quand nous imaginons ce que nous ressentirions en apprenant que nous allons être obligés de travailler à temps partiel, nous oublions que la période initiale de désespoir et de doute sera tempérée par une meilleure forme physique (plus d'heures à passer en salle de gym), notre nouvelle proximité avec nos enfants (plus d'heures au jardin public), la prise de conscience que nous n'avons jamais vraiment voulu être courtier en bourse (grâce aux conversations avec notre conjoint, en fin de soirée), et notre sentiment d'évoluer (nous avons découvert en nous des ressources dont nous ignorions l'existence). Attention : le désarroi initial a peu de chances de se métamorphoser en ravissement, mais les études montrent que la détresse a de grandes chances d'être amortie par notre système immunitaire psychologique[6].

Il faut le souligner, notre système immunitaire psychologique opère aussi après les événements positifs. Comme je l'aborde en détail aux chapitres 2, 6 et 8, les êtres humains ont une incroyable capacité d'adaptation à la nouveauté en matière de relations, d'emploi et de fortune, de sorte que même des changements agréables débouchent sur de moins en moins de satisfaction. Ce phénomène, appelé « habituation hédonique », est un des thèmes importants de ce livre. Notre tendance à nous habituer à presque tout ce qui nous arrive de positif est un terrible obstacle à notre bonheur. Après tout, si nous considérons comme acquis notre nouveau job, notre nouvel amour, notre nouvelle maison et nos succès nouveaux, comment la joie et la satisfaction que nous en tirons pourraient-elles durer ? Face à cette question, je propose des recommandations inspirées de mes observations pour surmonter cet obstacle et atteindre l'épanouissement.

Dès que nous remarquons les erreurs et les préjugés motivant nos réactions, nous pouvons comprendre que même si la marche à suivre paraît claire, il n'existe aucune voie directe idéale,

---

L'« habituation hédonique », notre tendance à nous habituer à presque tout ce qui nous arrive de positif, est un terrible obstacle à notre bonheur.

aucune manière unique d'envisager la situation. Les routes sont en réalité multiples. J'espère que ce livre nous aidera à mieux comprendre nos propres voies uniques. Les risques sont grands et les enjeux élevés, car le chemin que nous choisirons aura des conséquences en série pour les années à venir : il faut viser juste tout de suite. « Car, tout ce que nous entreprenons, écrit James Salter dans *Un bonheur parfait*, son roman sur le mariage, et même ce que nous ne faisons pas, nous empêche d'agir à l'opposé. Les actes détruisent leurs alternatives, c'est cela, le paradoxe[7]. »

Dans son best-seller *La Force de l'intuition : prendre la bonne décision en deux secondes*, Malcolm Gladwell suggérait que les décisions prises en un clin d'œil – fondées sur très peu d'informations, sur l'émotion pure et l'instinct – sont souvent meilleures que les décisions mûrement réfléchies et pesées[8]. Les médias se sont emparés de cette idée rassurante, et elle fait désormais partie de la culture ambiante. Après tout, surtout pour les esprits américains qui aspirent à des solutions rapides, il y a quelque chose d'extrêmement séduisant dans l'idée de se fier à l'intuition pour les jugements et les décisions d'importance, sans avoir à accomplir le moindre travail !

Dans ce livre, je pense que la meilleure idée est celle qui vient non pas en un clin d'œil, mais après longue réflexion, en deux heures plutôt qu'en deux secondes.

Ce débat – faut-il suivre son instinct ou peser chaque décision ? – ne date pas d'hier. À commencer par Platon et Aristote, les philosophes, les écrivains et, ces dernières décennies, les sociologues et les spécialistes de psychologie cognitive distinguent deux voies différentes qu'emprunte notre cerveau

---

La meilleure idée est celle qui vient non pas en un clin d'œil, mais après longue réflexion, en deux heures plutôt qu'en deux secondes.

lorsqu'il formule des jugements et des décisions[9]. La première (ou système n° 1, que je préfère appeler *voie intuitive*) est celle que Gladwell décrit dans *La Force de l'intuition*. Quand nous nous fions à nos instincts viscéraux, aux émotions instantanées pour décider si nous devons changer de job, nous nous fions à notre système intuitif. Ces décisions sont prises de façon si rapide et si automatique que nous ne savons pas vraiment ce qui les influence. Dans ces pages, je me pencherai sur les fausses conceptions du bonheur qui influent sur chacune de ces décisions immédiates.

La seconde voie que prend notre cerveau (que les scientifiques baptisent système n° 2, mais que je préfère appeler *voie rationnelle*) est beaucoup plus réfléchie. Quand nous nous fions à la raison ou à la pensée rationnelle pour décider si nous devons quitter notre employeur pour en chercher un autre, nous déployons effort et énergie, nous prenons notre temps, nous procédons à une analyse critique et systématique, et nous pouvons recourir à des règles ou principes spécifiques. C'est précisément ce que ce livre vous invite (et vous aide) à faire.

Au cours du dernier demi-siècle, quantité d'écrits psychologiques ont décrit les innombrables erreurs et préjugés qui poussent les êtres humains à prendre de mauvaises décisions en suivant leur intuition[10]. Bien sûr, nous commettons souvent de graves erreurs quand nous faisons des choix. C'est parce que notre système intuitif – auquel nous sommes nombreux à nous fier – s'appuie en général sur de grossiers raccourcis mentaux et des règles approximatives (« Tu as entendu parler de la fusillade au cinéma ? À l'avenir, je regarderai les films à la télé »), qui nous entraînent souvent dans l'erreur. Pourtant, malgré les risques inhérents au système intuitif, nos idées intuitives sont d'ordinaire bien plus impérieuses que nos réflexions mûrement pensées. Comme les jugements intuitifs semblent souvent naître de façon spontanée, automatique et non sollicitée, nous les percevons comme des faits avérés[11]. Quand nous avons la vive sensation de devoir changer d'emploi, même si cela s'enracine dans les mythes du bonheur, nous accordons à cette intuition plus de sens et d'importance parce que cela nous « semble la bonne chose à faire ». Nous préférons les instincts viscéraux même quand ils sont évidemment irrationnels.

Je ne dis pas qu'y réfléchir à deux fois est *toujours* l'approche optimale, surtout quand notre cœur et notre raison nous offrent des conseils divergents. Mais, en vérité, nos réactions (ou pensées) initiales face aux moments de crise (« Ma vie part à vau-l'eau » ou « Je ne retrouverai plus jamais l'amour ») sont marquées par nos préjugés ou gouvernées par les illusions sur ce qui peut ou non causer notre bonheur. Mon but est de mettre à nu ces préjugés, de démanteler ces illusions.

Comment y parvenir ? Comment adopter une attitude plus réfléchie, alors que vous avez jusqu'ici une approche purement intuitive (fondée sur de mauvaises informations) face aux transformations ou révélations essentielles de la vie ? Quand vous aurez compris quelles hypothèses gouvernent vos réactions, vous pourrez modifier votre façon de penser et d'agir. Au lieu de vous fier aux mythes du bonheur, vous aurez l'esprit bien préparé, équipé pour mieux prendre des décisions rationnelles, pour réfléchir deux heures plutôt que deux secondes. Envisageons le cas sur lequel je me penche au premier chapitre : vous vous ennuyez dans votre couple. Au premier abord, vous pourriez penser : « Je ne désire plus mon conjoint autant qu'autrefois, donc notre couple ne fonctionne pas, ou mon conjoint ne me convient plus. » M'appuyant sur des données théoriques et empiriques, je démasquerai l'illusion que cache ce raisonnement (l'idée qu'une vie de couple doit apporter une satisfaction permanente) et je proposerai des recommandations pour affronter cette situation et y remédier. Dans de telles circonstances, comment prendre ensuite une décision ? Les psychologues offrent plusieurs suggestions pratiques fondées sur l'observation[12].

Premièrement, prenez note mentalement de vos intuitions initiales, de vos réactions viscérales sur la voie à prendre (vous pouvez même les mettre noir sur blanc) et oubliez-les un moment. Après avoir passé du temps à réfléchir de façon systématique à votre situation, vous pourrez revenir sur votre réaction initiale spontanée à la lumière de vos nouvelles réflexions. Deuxièmement, recherchez l'opinion d'un tiers (ami impartial ou conseiller), ou efforcez-vous simplement d'adopter le point de vue d'un observateur objectif. Il faut vous libérer des petits détails de votre problème particulier (la perte de passion amoureuse, par exemple) pour envisager la catégorie générale dans laquelle votre problème se range (l'évolution de l'attraction physique dans une relation à long terme). Troisièmement, imaginez *l'inverse* de ce que votre instinct viscéral vous incite à faire, et envisagez-en systématiquement les conséquences. Enfin, quand votre carrefour implique des décisions multiples (et non une seule), soupesez toutes vos options simultanément plutôt que séparément. La recherche montre que les décisions « conjointes » sont meilleures et moins soumises aux préjugés qu'une décision « séparée ».

Bien que ces quatre recommandations ne soient pas la panacée, elles peuvent nous orienter vers de meilleures décisions quant à la voie à suivre face aux défis et aux tournants de la vie. Cependant, il faut veiller à ce que notre analyse réfléchie et systématique ne tourne pas à la rumination excessive; la rumination est une habitude dangereuse, qui risque de créer un cercle vicieux d'inquiétude accrue, de morosité, de désespoir et de « paralysie par analyse ». Si nos pensées se répètent ou tournent en rond, alors nous ruminons au lieu d'analyser.

En somme, face à une révélation ou à une transformation, il est naturel de vouloir agir vite, instinctivement. Mais il est bon d'attendre et de réfléchir, d'éviter les conclusions hâtives. Notre première idée ne nous mène jamais loin. Même s'il n'est pas facile d'identifier le meilleur choix, nous pouvons commencer par rejeter nos premières idées, en restant ouverts aux multiples réponses possibles lors des moments de crise.

Je ne peux conseiller à chaque individu de suivre une trajectoire particulière. Chacun d'entre nous doit choisir et façonner son chemin unique. Selon notre histoire personnelle, notre réseau social, notre entourage, notre personnalité, nos objectifs et nos ressources, telle route ou tel détour paraîtra plus ou moins adéquat, avantageux ou satisfaisant. Comme l'ont montré les chercheurs, quand chacun se comporte en fonction de sa personnalité, de ses intérêts et de ses valeurs, il est plus satisfait, plus assuré, plus impliqué dans ce qu'il fait, il s'y sent « bien » et il y réussit[13]. Dans ce livre, mon but est de m'inspirer des dernières recherches scientifiques pour élargir le point de vue des lecteurs sur les points de crise qu'ils affrontent, pour démanteler les illusions sur le bonheur qui guident leurs réactions initiales, et pour présenter les outils qu'ils peuvent utiliser afin de formuler leur propre verdict, d'élaborer de nouvelles compétences et de nouvelles habitudes mentales. Forts de leur sagesse contre-intuitive et d'une distance instructive par rapport à leurs problèmes, c'est l'esprit bien préparé qu'ils affronteront leur prochaine situation de crise.

Bien que nos points de crise puissent d'abord paraître décevants, troublants ou même tragiques, ce sont des occasions de changer notre vie, ou du moins d'y voir plus clair. Grâce à cette compréhension nouvelle, nous saurons mieux exploiter les grands défis pour accomplir de grands progrès. Le message de *Qu'est-ce qui nous rend vraiment heureux ?* est que chacun peut identifier les étapes nécessaires pour s'orienter vers une vie enrichissante et s'aider lui-même à atteindre, voire dépasser son potentiel de bonheur.

PREMIÈRE PARTIE
RELATIONS

La souffrance liée aux relations intimes ou à leur absence est particulièrement pénible pour beaucoup d'entre nous. À titre d'exemple, je citerai cette description très évocatrice, selon laquelle le stress d'un divorce équivaut à subir un accident de voiture tous les jours pendant six mois.

Il peut venir un moment où des questions se posent : dois-je rester avec mon conjoint ou m'en aller ? Dois-je faire preuve d'optimisme ou renoncer à l'espoir de trouver l'âme sœur ? Les réponses sont complexes mais, par chance, les psychologues expliquent pourquoi nous en arrivons à ces moments de crise et sur quoi ils peuvent déboucher. Quand notre vie amoureuse ou familiale nous perturbe, il faut, avant d'agir, examiner les attentes culturelles que la société nous impose (trouver un partenaire, avoir des enfants). Comme la plupart, nous partageons ces attentes, nous croyons qu'il suffit de franchir certaines étapes clés (trouver l'homme idéal, avoir un enfant) pour être heureux pour toujours, et nous pensons que si nous ne satisfaisons pas à ces exigences (si nous ne trouvons pas l'homme idéal, si nous n'avons pas d'enfant), nous serons à jamais malheureux. Dans cette partie, je voudrais inciter tous mes lecteurs à examiner ces attentes et ces présupposés, et à prendre connaissance des recherches convaincantes qui montrent en quoi nous nous trompons. Par exemple, des études indiquent que les gens s'adaptent remarquablement bien aux défis, comme le célibat, le veuvage ou les difficultés d'être parent. Revers de la médaille, nous nous habituons aussi très vite aux changements positifs – nouveau partenaire ou nouvel emploi. Mon laboratoire et ceux d'autres sociopsychologues et économistes béhavioristes ont enquêté de manière systématique sur le phénomène qui nous fait prendre notre existence comme allant de soi, et surtout sur la possibilité d'éviter ou de ralentir cette habituation qui nous rend las de notre couple ou de notre vie sexuelle. Les leçons de ces travaux peuvent susciter des décisions imprévues.

Je voudrais vous proposer un certain nombre d'idées sur la manière dont nous pouvons être plus heureux et plus épanouis en combattant cette routine insidieuse, en décidant à quel moment il faut s'obstiner à retrouver un bonheur passé, à améliorer le statu quo ou, au contraire, à opter pour un changement radical. Même si je ne peux pas vous dire comment agir, je peux vous armer des dernières découvertes qui éclaireront vos choix et vous faire découvrir les outils pour une attitude adéquate, ou plutôt l'attitude adéquate pour vous. Heureusement, de nombreuses recherches récentes sur les relations intimes révèlent les erreurs qui guident nos réactions face à l'échec d'un couple, au divorce, à la paternité ou au célibat. Cette prise de conscience vous ouvrira un univers de trajectoires possibles. Chacun pourra se reconnaître dans les découvertes et les conclusions de cette science nouvelle. Quand vous aurez cessé d'envisager votre situation en termes manichéens (« Je dois rester » ou « Je dois partir »), vos choix augmenteront de manière exponentielle.

CHAPITRE 1
Je serai heureux quand… j'aurai trouvé l'âme sœur

Si vous vivez en couple depuis un certain temps, vous éprouvez peut-être une sensation que vous hésitez à partager avec vos intimes et vos proches : l'ennui. Bien que cela puisse paraître nombriliste ou dérisoire, tout peut commencer par des récriminations mineures qui font peu à peu boule de neige, débouchant sur une insatisfaction et un désir de rupture qui vous accablent et empoisonnent votre relation. Instinctivement, il se peut que vous souhaitiez mettre un terme à votre couple, mais vous ne savez pas si vous avez raison, ni comment vous y prendre. Au lieu de quoi, vous souffrez, rongé par la culpabilité, vous ruminez vos sentiments, vous trouvez des prétextes et vous oscillez entre la paralysie et la panique.

Avant de prendre la moindre décision, il est essentiel d'examiner le mythe du bonheur qui guide votre premier instinct. C'est l'hypothèse selon laquelle « Je serai heureux quand… j'aurai trouvé la bonne personne[1] ». Vous avez peut-être consacré beaucoup de temps, d'énergie et de réflexion à trouver le partenaire idéal ou adéquat, et vous avez pris soin de votre couple. Pourtant, malgré vos efforts et votre chance, vous commencez à comprendre que votre union ne vous procure pas la satisfaction que vous en attendiez ou que vous en tiriez jadis. C'est un moment déterminant, qui exige d'examiner si vos attentes sont réalistes ou si vous en demandez trop à votre couple. Comme je le décrirai plus loin, même les couples les plus heureux ne peuvent préserver leur degré initial de satisfaction, et c'est seulement avec beaucoup d'énergie et d'engagement que l'on peut retrouver ce niveau.

Ce chapitre porte sur les choix possibles qui se présentent à vous si vous n'êtes plus satisfait de votre couple. Vous pouvez rester, tourmenté par vos pensées, et espérer qu'elles s'estomperont avec le temps, ou bien vous pouvez chercher à comprendre leur source et agir afin de les résoudre ou de les atténuer. Les approches que je décris vous montrent, à votre partenaire et à vous, comment réinvestir votre relation. Après tout, il y a là une promesse de nouvelles orientations positives et épanouissantes.

JE M'ENNUIE AVEC MON CONJOINT, OU QUAND LA VIE EN COUPLE DEVIENT UNE HABITUDE

Comme je l'ai dit plus haut, un de mes principaux intérêts scientifiques concerne l'adaptation hédonique, la remarquable faculté qu'ont les êtres humains de s'habituer ou de devenir indifférents à la plupart des changements[2]. Sujet aujourd'hui brûlant en psychologie et en économie, l'adaptation hédonique explique pourquoi le frisson de la victoire et la douleur de la défaite diminuent avec le temps[3]. Ce que ce phénomène a de particulièrement fascinant, cependant, c'est qu'il touche surtout les expériences positives. Il s'avère que nous avons tendance à considérer comme allant de soi presque tout ce qui nous arrive de bon. Quand nous emménageons dans un superbe loft offrant une vue à couper le souffle, quand nous subissons une opération de chirurgie esthétique, quand nous achetons une voiture magnifique ou un smartphone de la énième génération, quand nous obtenons une promotion et un bureau d'angle, quand nous nous plongeons dans un nouveau passe-temps, et même quand nous nous marions, nous tirons de cette situation améliorée une dose supplémentaire de bonheur immédiat ; mais ce frisson ne dure guère. À mesure que s'écoulent les jours, les semaines et les mois, nos attentes s'élèvent et nous considérons comme acquis ce progrès récemment réalisé. Il nous reste la « stagnation félicitaire (*felicific stagnation*[4]) ». J'évoquerai aux chapitres 5 et 7 les conséquences de l'habituation hédonique sur notre travail et notre revenu, mais je veux ici me concentrer sur le couple.

À mes yeux, mon mariage est la meilleure chose qui me soit arrivée : c'est un événement qui m'a valu d'immenses joies, dont les effets se font encore sentir et qui a eu des répercussions multiples et merveilleuses dans ma vie. Néanmoins, l'étude la plus célèbre consacrée à cette question a montré que, même si l'individu moyen reçoit un solide supplément de bonheur lorsqu'il se marie, ce bonheur ne dure qu'environ deux ans, après quoi les jeunes mariés retombent à leur degré de bonheur d'avant le mariage[5].

Quand vous êtes tombé amoureux, vous aviez probablement la faculté d'être heureux même au milieu d'un embouteillage ou pendant un détartrage chez le dentiste. Mais cette phase n'a pas duré. Donc, si vous êtes moins euphorique et moins épris qu'au début de votre relation, vous vivez ce que la plupart des humains ont vécu avant vous[6], et si vous avez des amis qui prétendent le contraire, il est probable, à de rares *exceptions* près, qu'ils vous mentent ou qu'ils se mentent à eux-mêmes.

Comme le bonheur lié à un nouvel emploi ou à une nouvelle voiture, le bonheur conjugal est très sujet à l'adaptation

---

L'étude la plus célèbre a montré que, même si l'individu moyen reçoit un solide supplément de bonheur lorsqu'il se marie, ce bonheur ne dure qu'environ deux ans.

hédonique, mais le coup de foudre, la passion et l'attirance physique présentent l'inconvénient d'être encore plus éphémères. Quand nous tombons amoureux, si nous avons de la chance, nous ressentons ce que les chercheurs appellent *amour-passion*, mais avec le temps, ce type d'amour se transforme en général en *amour-amitié*[7]. L'*amour-passion* est un état de désir et d'attirance intense, alors que l'*amour-amitié* se compose davantage de profonde affection. Si vous vous demandez quel genre d'amour vous vivez en ce moment – ou quel genre d'amour vous avez vécu jadis –, à vous de voir à quel point vous êtes d'accord avec les affirmations ci-dessous[8]. Pour l'*amour-passion* :

– j'ai du mal à travailler parce que je pense constamment à mon partenaire ;

– je suis tellement impliqué dans ma relation que je ne pourrais absolument pas m'intéresser à quelqu'un d'autre que mon partenaire ;

– j'ai terriblement peur que mon partenaire finisse par me repousser.

Pour l'*amour-amitié* :

– mon partenaire est l'une des personnes les plus agréables que je connaisse ;

– mon partenaire est le genre de personne que j'aimerais être ;

– j'ai une grande confiance dans le jugement de mon partenaire.

Il existe des raisons évolutionnistes, physiologiques et pratiques pour lesquelles l'*amour-passion* ne peut durer très longtemps. J'oserais dire que si nous continuions à être obsédés par notre partenaire et à avoir des rapports sexuels plusieurs fois par jour – tous les jours –, nous ne serions pas très productifs au travail, nous ne prêterions pas grande attention à nos enfants, à nos amis ou à notre santé. Pour citer une réplique du film *Before Sunset*, sorti en 2004, où deux anciens amants se retrouvent au bout de dix ans, si la passion ne s'estompait pas,

« on finirait par ne rien faire de sa vie[9] ». Être fou amoureux ressemble par certains côtés à l'addiction ou au narcissisme, et cet état nous coûterait cher s'il se prolongeait. En tout cas, la passion extrême et l'attirance sexuelle, manifestes au début d'une histoire d'amour, se neutralisent au bout de quelques années[10], quand l'idylle se transforme en relation stable ou en mariage[11]. De plus, cette évolution s'accompagne souvent d'un déclin de la satisfaction globale, quand l'amusement et le loisir typiques de la lune de miel cèdent la place aux corvées ménagères, quand les partenaires cessent de se montrer sous leur meilleur jour, d'être constamment à l'écoute et attentifs l'un à l'autre[12].

Par chance, comme le diraient les psychologues évolutionnistes, l'amour-passion et l'amour-amitié sont essentiels pour que les êtres humains survivent et se reproduisent. Si l'amour-passion est nécessaire parce qu'ils nous incitent à nous apparier et à consacrer toute notre énergie à construire une relation, l'amour-amitié semble crucial afin d'alimenter un partenariat solide et assez durable pour reproduire nos gènes (c'est-à-dire avoir des enfants) et garantir leur survie et leur épanouissement. Il faut préciser que ces deux types d'amour apportent leur propre forme de bonheur, l'une plus exaltante, peut-être, et l'autre plus chargée de sens.

À la lumière du déclin naturel de la passion et de la joie liées aux premiers temps d'un mariage, il peut paraître contradictoire de vouloir qu'une relation à long terme reste le support de nos désirs et de nos aspirations. J'irai jusqu'à affirmer que notre idylle avec la notion d'idylle nous pousse à nous méprendre sur la fonction, la complexité et le parcours d'un couple, d'où notre déception quand notre vie conjugale ne satisfait pas toutes nos attentions en matière de passion, d'intimité et de permanence. Quand nous examinons notre sensation d'ennui, de passion en baisse ou d'insatisfaction au sein de notre couple, nous devons remettre en question ces présupposés et déterminer à quel point notre ressenti n'est pas simplement la manifestation d'un processus extraordinairement ordinaire.

Les recherches menées par mon laboratoire et celles de plusieurs collègues suggèrent quelques méthodes pour surmonter, empêcher ou du moins ralentir l'adaptation hédonique face à une relation stable.

La première recommandation, vous la suivez déjà puisque vous êtes en train de lire ce livre : prendre conscience du caractère ordinaire du phénomène et de la normalité de votre situation. En identifiant le mythe qui sous-tend votre désarroi et votre mécontentement, vous pourrez commencer à comprendre votre vécu, à vous sentir moins coupable et à prendre des mesures pour aller au-delà.

Vient ensuite le plus difficile : pour ralentir le processus par lequel vous considérez de plus en plus votre partenaire (et d'autres éléments de votre existence) comme allant de soi, il faut accomplir de grands efforts, chaque semaine de votre vie conjugale. Si nous voulons résoudre la situation de crise qui est au cœur de ce chapitre, le processus de résistance à l'adaptation devrait idéalement démarrer bien avant que n'adviennent les problèmes.

L'habituation hédonique, ou pourquoi on s'adapte aux bonnes choses

J'ai rencontré Karl il y a huit ans, lors d'un barbecue du 4 Juillet (fête nationale aux USA). *Je traînais avec ma colocataire, je n'avais rien prévu d'autre et il faisait trop chaud pour rester chez moi. Les gens étaient très sympas, mais je ne les connaissais pas et je me suis retrouvée à arpenter cette maison climatisée, à feuilleter les romans de la bibliothèque. C'est alors que Karl est entré, le nez chaussé de ses lunettes à la Harry Potter. Il était très grand, tout maigre, il avait un visage ouvert et ses cheveux bruns auraient bien eu besoin d'un passage chez le coiffeur. Il m'a souri, et j'ai eu l'impression que le monde entier me souriait.*

Ainsi a commencé la période la plus exaltante et la plus palpitante de ma vie. Karl me faisait une cour assidue et j'étais en train de tomber amoureuse. Chaque jour, chaque semaine, je m'attendais à quelque chose de neuf, d'amusant, d'excitant, d'étonnant. Le temps passait à toute vitesse. J'avais du mal à me concentrer sur mon travail. Nous étions comme les deux moitiés d'une orange.

Nous dînions à la chandelle, Karl improvisait des currys. De temps en temps, nous nous évadions un après-midi et nous nous retrouvions pour faire l'amour, chez lui ou chez moi, et même une fois dans un hôtel de luxe. Nous partagions nos pensées les plus intimes, nous évoquions nos traumatismes d'adolescents, nous en sommes peu à peu venus à imaginer comment nous appellerions nos enfants et laquelle de nos maisons préférées (aperçues au cours de balades) nous habiterions. Ah, et puis nous dansions. Nous adorions danser. Je me sentais plus forte, plus heureuse, plus belle, plus sûre de moi sur tous les plans. Karl n'est pas extraverti mais il a des tas d'amis qui lui sont tout dévoués, donc je rencontrais beaucoup de monde. C'est à cette époque-là que j'ai rencontré celle qui est aujourd'hui ma meilleure amie.

Bien sûr, il y eut beaucoup de premières fois. Notre premier baiser, la première fois que Karl a dit « Je t'aime », notre premier voyage (à Las Vegas). L'ennui avec les premières fois, bien sûr, c'est qu'elles n'arrivent qu'une fois. Le deuxième baiser, la septième fois où il a dit « Je t'aime », et toutes les autres vacances passées ensemble n'étaient plus aussi exceptionnels et jouissifs que les premiers. Avec le temps, à mesure que notre relation progressait, les choses merveilleuses n'étaient plus aussi fréquentes ni aussi intenses. Il a cessé de me dire « Je t'aime » plusieurs fois par jour ; nous avions moins de conversations fiévreuses sur notre future vie ensemble, et le nombre de fois où je souriais spontanément à la pensée de l'embrasser ou en songeant que j'avais une chance incroyable diminua inévitablement.

Très vite, je me suis habituée à l'idée de vivre une relation amoureuse, au temps que nous passions ensemble le soir et le week-end, et à la fierté que j'éprouvais quand je parlais de Karl à ma famille et à mes amis. Karl m'aimait et m'était fidèle, mais cela ne me suffisait plus ; je voulais maintenant qu'il propose que nous emménagions ensemble. Et quand il me l'a proposé, après avoir décoré la maison que nous louions, je me suis mise à en vouloir toujours plus, le mariage, des enfants.

Aujourd'hui, il n'y a aucun problème réel dans ma vie avec Karl et nos fils. Rien, si ce n'est que je regrette de ne pouvoir revivre les premiers temps. L'époque où nous avions du temps libre, le temps de prendre le café, d'aller au cinéma, de faire des voyages ; aujourd'hui, nous avons beaucoup de responsabilités et de corvées. Les semaines s'écoulent parfois sans que nous parlions vraiment, et nous nous croisons dans la cuisine. Chacun est déçu par l'autre, nous ne sommes pas toujours aussi attentifs ou généreux que nous l'étions. Nous avons perdu de notre énergie. Un jour, Karl m'a dit qu'il était allé à un festival de bande dessinée et je me suis rendu compte que je n'avais pas le souvenir qu'il y soit allé et que j'ignorais même qu'il aimait la bande dessinée. C'est comme si nous étions devenus différents sans même le remarquer, et ça me tue. Je vois ses yeux s'égarer sur une jolie femme et je ne suis même pas jalouse, parce que, moi aussi, je regarde parfois ailleurs, et parce que je suis sûre qu'il ne nous quittera jamais. Qu'y a-t-il donc encore d'excitant dans notre relation ? Que pouvons-nous encore espérer ?

Jennifer, 35 ans, photographe d'enfants free lance[13]

L'expérience de Jennifer est terriblement banale. Nous finissons presque tous par nous habituer à notre vie de couple et à notre conjoint, et la science de l'adaptation explique pourquoi. Même si certaines de ses conclusions ne sont pas très agréables à entendre, elles révèlent comment nous pouvons affronter ce problème quasi universel. Tout comme comprendre une maladie aide à savoir comment la traiter, comprendre un phénomène psychologique nous indique comment le gérer. Dans ce but, j'ai élaboré avec mon collaborateur Ken Sheldon une théorie sur la manière d'empêcher l'adaptation, d'y résister, de la ralentir[14]. Je décris ci-dessous toute une série de stratégies pratiques suggérées par notre théorie, qui seront précieuses quand nous nous dirons : « Après avoir trouvé le conjoint idéal, je croyais que je serais heureux longtemps, mais je m'aperçois à présent que je suis insatisfait et que je m'ennuie. »

Il est important d'apprécier réellement

L'un des indices qui montrent que vous vous êtes adapté à votre partenaire, c'est que vous avez cessé de l'apprécier. Apprécier réellement quelqu'un, c'est connaître sa valeur, lui être reconnaissant, savourer le temps passé en sa compagnie, rester conscient de tout ce que vous lui devez. Quand vous vous êtes marié, par exemple, votre changement de situation avait quelque chose de captivant et d'inédit. Vous adoriez utiliser les expressions *mon mari* ou *ma femme*, et vous ne pouviez vous empêcher de vous réjouir de tous les avantages annexes de votre vie conjugale. Vous pensiez avec émotion à votre conjoint, souvent, voire constamment. Avec le temps, le fait d'être marié, d'être un époux ou une épouse, de partager vos repas avec votre conjoint, de l'accueillir avec passion à la fin de chaque journée, a cessé d'être nouveau ou surprenant. Après tout, votre quotidien est sans doute rempli de menues joies et de menus agacements sans aucun rapport avec votre situation maritale : contrariétés au travail, problèmes de voiture, succès de votre régime amincissant, visite surprise d'un(e) camarade d'étude. Ces petits événements suscitent leurs propres réactions émotionnelles, vous rendent stressé, amusé, gai ou soulagé, et ils finissent par faire passer au second plan votre nouveau statut, qui en vient à se fondre dans le reste de votre existence[15]. Cependant, la leçon à en tirer est que si nous continuons à être reconnaissants, conscients et admiratifs face à notre conjoint – si nous y pensons souvent, avec de fortes réactions émotionnelles –, nous pourrons éviter de considérer notre partenaire comme acquis. Plusieurs études le confirment, notamment celles de notre laboratoire, les gens qui s'efforcent d'apprécier durablement les tournants positifs de leur vie risquent moins de s'y adapter[16].

Il est essentiel d'estimer son partenaire, pour plusieurs raisons. Premièrement, apprécier notre relation nous oblige à en tirer le maximum de satisfaction et nous aide à être reconnaissants, à la savourer, et à ne pas la prendre comme allant de soi. Deuxièmement, cela nous permet d'avoir de nous-mêmes un sentiment plus positif et de nous sentir plus en connexion avec autrui[17]. Troisièmement, l'expression de notre appréciation nous motive, nous et notre conjoint, à augmenter nos efforts pour soigner notre relation[18]. Enfin, l'appréciation nous empêche de devenir trop « gâtés », de trop prêter attention aux comparaisons sociales (« Le mari de mon amie Kelly fait la cuisine, contrairement au mien ! ») et de succomber à l'envie. En d'autres termes, prendre le temps d'apprécier les aspects positifs de notre relation et de les réévaluer comme autant de cadeaux ou de « bénédictions » nous pousse à nous concentrer sur ce que nous avons, au lieu de penser à ce qu'ont nos amis et voisins ou à ce que nous aimerions avoir.

De nombreuses expériences réalisées dans mon laboratoire ou dans celui de mes collègues ont prouvé que les personnes pratiquant régulièrement l'appréciation ou la gratitude – qui « comptent leurs bénédictions » une fois par semaine pendant une à douze semaines consécutives, ou qui adressent des lettres d'appréciation à ceux qui sont importants dans leur vie – sont plus heureuses et en meilleure santé, et le restent jusqu'à six mois après l'expérience[19]. Cela indique qu'apprécier une circonstance positive (par exemple, le mariage) peut nous aider à braver l'adaptation. De simples exercices, comme noter ce que vous appréciez chez votre partenaire ou dans votre couple, écrire une lettre de remerciement à votre partenaire (sans forcément la lui remettre), ont une efficacité démontrée.

Autre moyen d'apprécier et de goûter notre relation, imaginez ce que serait votre vie *sans elle*[20]. Et si nous n'avions jamais rencontré notre conjoint ? En ce cas, une multitude de bonnes choses ne nous seraient jamais arrivées. Si on ne la pousse pas jusqu'à l'extrême (ce qui pourrait nous donner l'impression que nous ne méritons pas notre vie ou pourrait nous faire craindre de tout perdre), cette stratégie de la « soustraction » peut être encore plus efficace que la gratitude directe[21].

En somme, les « exercices d'appréciation » nous aident à profiter des points positifs que nous avons tendance à perdre de vue, en savourant notre relation ici et maintenant et en gardant une perspective positive et optimiste. Quand nous savourons les forces de notre partenaire, quand nous revenons mentalement à l'époque où nous nous sentions le plus proches, ou quand nous apprécions vraiment l'instant présent, nous ne considérons pas notre relation comme un acquis.

Il est important de varier

Tous les changements ne sont pas également sujets à l'adaptation hédonique. Dans mon travail avec Ken Sheldon, nous avons découvert que les personnes sont bien moins susceptibles de s'habituer aux changements impliquant une participation variable et dynamique (par exemple, suivre des cours de langue ou se faire de nouveaux amis) qu'à ceux qui sont relativement statiques et immuables[22] (emménager dans un plus bel appartement ou obtenir un prêt nécessaire). De plus, les changements dynamiques semblent avoir un impact durable sur le bonheur des gens. Après un changement dynamique, les individus éprouvent *encore* un bonheur accru après six, douze semaines ou davantage[23]. Comme nous l'avons découvert, ceux qui nous

---

Les « exercices d'appréciation » nous aident à profiter des points positifs que nous avons tendance à perdre de vue, en savourant notre relation *ici et maintenant* et en gardant une perspective positive et optimiste.

disaient qu'un changement particulier avait ajouté de la variété à leur vie (leur avait régulièrement fait faire des rencontres), et qui déclaraient apprécier encore ce changement, avaient plus de chances d'en tirer le maximum de bonheur.

La leçon est qu'il est essentiel d'introduire beaucoup de variété dans notre couple si nous voulons éviter l'habituation. Par définition, celle-ci survient face à la constance ou à la répétition[24], quand chaque sortie inclut un dîner et un film, ou quand notre intimité avec notre conjoint a atteint un équilibre immuable. La variété dans les pensées, les sentiments et le comportement a quelque chose de stimulant en soi[25]. L'exposition à la variété et à la nouveauté semble avoir sur notre cerveau – sur l'activité impliquant un neurotransmetteur, la dopamine[26] – des effets comparables à ceux de certaines substances pharmacologiques, des émotions positives et des comportements débouchant sur une récompense[27]. Nous pouvons donc maximiser et entretenir (au moins en partie) le bonheur de notre couple et l'exaltation du temps passé avec notre conjoint en variant nos activités, en changeant d'avis et en faisant preuve de spontanéité. Ce conseil peut sembler banal, mais la variété peut réellement permettre à nos relations amoureuses de rester fraîches, significatives et positives. Avec mes étudiants, nous avons réalisé une expérience durant laquelle les participants devaient accomplir plusieurs actes de gentillesse chaque semaine sur une période de dix semaines[28]. Certains avaient reçu l'ordre de varier leurs actes (soigner leur animal de compagnie un jour, préparer le petit déjeuner de leur partenaire le lendemain), alors que d'autres avaient pour directive de faire la même chose à chaque fois (préparer chaque jour le petit déjeuner de leur partenaire). Comme on pouvait s'y attendre, les seuls qui soient

---

Nous pouvons maximiser et entretenir le bonheur de notre couple en variant nos activités, en changeant d'avis et en faisant preuve de spontanéité.

devenus plus heureux étaient ceux dont la générosité prenait des formes variables.

Il est important de surprendre

Un autre facteur pivot dans la quête d'un bonheur conjugal durable (et le refus de l'adaptation hédonique) est l'élément de surprise. Même si la variété et la surprise semblent être des concepts très semblables, qui vont très souvent de pair, ils sont en fait distincts. Par exemple, une série d'événements (comme les films que vous voyez au cours d'un été) peuvent être variés mais pas surprenants, et, même s'il peut être surprenant (un aveu inattendu, par exemple), par définition, un événement unique ne varie pas.

Les débuts d'une relation nous réservent un million de surprises : comment réagira-t-elle quand je vais lui révéler mon intérêt pour la magie ? Aime-t-elle qu'on la touche de telle ou telle manière ? Je me demande si elle a autant que moi envie d'avoir des enfants ? Sait-il faire rire lors des dîners ? À quoi ressemblent ses amis et sa famille ? Bref, une nouvelle relation, comme un nouvel emploi, un nouveau passe-temps ou un voyage, peut susciter des expériences, des défis et des possibilités surprenantes. En outre, une nouvelle relation possède ce que les chercheurs appellent l'« attrait de l'ambiguïté » : quand nous ne connaissons pas très bien notre partenaire, nous lisons en lui ce que nous voulons voir[29]. Avec le temps, notre partenaire devient bien connu, on prend des habitudes et le nombre de surprises décline, pour se réduire à néant. Durant notre première année ensemble, notre conjoint peut révéler des aspects insoupçonnés de sa personnalité. Durant la dixième année, cette expérience est beaucoup moins vraisemblable. On finit par avoir le sentiment d'avoir tout appris sur son conjoint, comme s'il n'y avait plus aucune surprise à espérer.

Qu'a de si attrayant la surprise ? Quand nous percevons quelque chose de neuf dans notre environnement (« Je n'avais jamais remarqué à quel point il est prévenant avec les inconnus »), notre attention est en éveil et nous sommes donc plus susceptibles d'apprécier, d'observer et de mémoriser cette nouveauté[30]. Nous risquons moins de considérer notre couple comme allant de soi s'il continue à nous inspirer de fortes réactions émotionnelles (il faut noter que cela vaut aussi pour les réactions négatives mais, bien sûr, je parle ici des émotions positives). De plus, l'incertitude peut en soi accroître le plaisir des événements positifs. Par exemple, une série d'études a montré que les gens éprouvent un bonheur plus durable quand ils font l'objet d'un acte de gentillesse imprévu, sans savoir de qui il vient ni pourquoi[31]. On constate le même genre de réactions dans notre cerveau. Lors d'une expérience, lorsqu'on apprit à des gens assoiffés qu'ils allaient enfin pouvoir boire, ceux qui ignoraient quelle serait la boisson (de l'eau ou quelque chose de plus alléchant) ont manifesté une activité plus grande dans les parties du cerveau liées aux émotions positives[32]. Notre objectif devrait donc être de créer plus de moments inattendus et des plaisirs imprévisibles dans notre relation – surprises qui nous ravissent et nous inspirent. C'est parfois plus facile à dire qu'à faire, mais plusieurs stratégies peuvent fonctionner.

Une pincée de nouveauté et un soupçon de surprise

Créer délibérément la surprise, mettre de la variété dans votre vie, être plus spontané : ces conseils sont bien beaux, encore faut-il en avoir les moyens. C'est vrai, mais suivre ces recommandations est plus facile qu'on pourrait le penser. Bien sûr, il ne sert à rien d'appeler de ses vœux la surprise

Une série d'études a montré que les gens éprouvent un bonheur plus durable quand ils font l'objet d'un acte de gentillesse imprévu, sans savoir de qui il vient ni pourquoi.

et l'imprévu. Il est plus efficace d'entreprendre des activités connues pour susciter des expériences variées et surprenantes. Découvrir une région avec notre partenaire – activité qui rompt avec les habitudes, qui nous donne plus de temps pour nous détendre et réfléchir, et qui favorise les expériences inédites – ne demande aucun effort intellectuel. Nous pouvons aussi fréquenter un cercle plus large de connaissances et d'amis, être réceptifs aux nouvelles possibilités, ouverts à l'aventure. Si votre conjoint et vous êtes invités à une soirée par quelqu'un que vous avez rencontré à la gym, allez-y. Si votre conjoint se met à s'intéresser à l'art, à l'Espagne, au cyclisme ou aux jeux sur Internet, joignez-vous à son odyssée.

Selon certains chercheurs, une approche directe est nécessaire pour injecter de la nouveauté dans sa vie : faire un effort pour remarquer ce qu'il y a de nouveau chez votre partenaire. Chaque jour de la semaine prochaine, imposez-vous de détecter en quoi votre partenaire est différent ce jour-là. Cet exercice extrêmement simple le rendra plus attrayant. Même si chaque fois que vous lisez le journal ensemble, ou vous vous embrassez, ou vous cuisinez ensemble paraît exactement identique à la fois précédente, essayez de remarquer en quoi chaque occasion se distingue de toutes les autres. Pour une étude, il a été demandé aux participants de choisir une activité qu'ils n'aimaient pas (passer l'aspirateur, prendre un train de banlieue, regarder telle émission de télévision), puis on leur a dit de prêter attention à trois aspects nouveaux de cette activité (« Le bruit de l'aspirateur me rappelle mon enfance », « Je n'avais jamais remarqué à quel point le présentateur de cette émission est petit », etc.). Ceux qui devaient traquer la nouveauté ont fini par aimer davantage cette activité et étaient plus susceptibles de la répéter spontanément[33].

Une autre technique pour éviter de s'habituer à quelque chose ou à quelqu'un consiste à bouleverser la routine. Des recherches étonnantes ont montré que lorsque les expériences positives sont interrompues, elles sont plus appréciées. Cela semble *a priori* aller à l'encontre de nos idées. Si votre conjoint vous fait un massage agréable, si vous écoutez ensemble votre disque préféré, si vous regardez un film hilarant, si vous faites une balade par un temps superbe, vous n'avez aucune envie d'y renoncer. Pourtant, il s'avère qu'on savoure beaucoup plus un massage s'il est suspendu par une pause de vingt minutes, qu'on apprécie davantage une émission de télévision si elle est entrelardée de pauses publicitaires, et qu'on aime mieux une chanson si elle est interrompue par un silence de vingt secondes[34].

Pour le comprendre, il faut admettre que nous pouvons nous adapter à une expérience positive à court terme, tout comme nous nous adaptons à un changement important, nous marier ou changer de pays. L'expérience modérément agréable de regarder un film comique perd peu à peu de son charme, non parce que nous la savourons moins, mais parce que nous nous habituons peu à peu à la sensation agréable (ou à l'amusement, ou au suspense, ou à l'admiration), à tel point qu'elle devient une nouvelle norme. C'est alors qu'une secousse encore plus agréable serait nécessaire pour susciter en nous une réaction émotionnelle plus forte. Les interruptions viennent perturber ce processus et lui rendre une intensité de jouissance supérieure[35]. Par exemple, une pause pendant un massage ou une conversation passionnante peut amplifier notre désir de les voir reprendre et nous donner l'occasion de savourer ce qui reste à venir. William James, qui conseille d'égayer les activités mornes par « la rupture avec la routine », aurait sûrement été d'accord[36].

Art Aron, professeur à l'université d'État de New York, grand spécialiste des relations amoureuses, affirme que pour éviter l'ennui dans les couples, les conjoints doivent pratiquer

---

Des recherches étonnantes ont montré que lorsque les expériences positives sont interrompues, elles sont plus appréciées.

ensemble des activités « expansives », des activités nouvelles, stimulantes, qui suscitent des expériences inédites et enseignent de nouveaux talents, et qui obligent à évoluer. Selon un exemple classique, on a présenté à des couples bourgeois d'âge mûr une liste d'activités que les conjoints avaient déclaré pratiquer rarement tout en les qualifiant d'agréables (cuisiner des plats inconnus, rendre visite à des amis ou aller au cinéma) ou d'exaltantes (faire du ski, danser, assister à un concert[37]). Puis, au cours des dix semaines suivantes, on leur a demandé de choisir une de ces activités chaque semaine et de consacrer quatre-vingt-dix minutes à la réaliser ensemble. Les conjoints pratiquant des activités « exaltantes » se sont dits plus satisfaits de leur couple à la fin des dix semaines que ceux qui avaient simplement effectué ensemble des activités « agréables ».

Aron a obtenu des résultats similaires lorsqu'il a demandé à des couples de venir dans son laboratoire et d'accomplir une tâche très brève (sept minutes), qui pouvait être soit neutre, soit nouvelle et physiologiquement excitante[38]. Il est difficile d'imaginer une activité excitante que deux partenaires peuvent accomplir en sept minutes dans un lieu inconnu, mais les chercheurs avaient conçu une sorte d'exercice bizarre qui rappellera des souvenirs à ceux qui ont déjà participé à un stage visant à créer un esprit d'équipe. Attachés ensemble par des velcros au poignet et à la cheville, les conjoints devaient franchir des obstacles sur un parcours de neuf mètres, à quatre pattes, tout en serrant un polochon entre eux. L'activité neutre consistait aussi à ramper sur un tapis de neuf mètres, mais l'objectif était simplement de faire rouler une balle entre les deux participants.

Les conjoints doivent pratiquer ensemble des activités nouvelles, stimulantes, qui suscitent des expériences inédites et enseignent de nouveaux talents, et qui obligent à évoluer.

Qu'ils se soient connus il y a quelques semaines ou il y a de nombreuses années, les couples qui ont partagé l'activité inédite étaient plus nombreux à approuver des phrases comme « Je me sens heureux quand je fais quelque chose pour rendre mon partenaire heureux » et « J'ai le cœur qui bat plus vite quand je pense à mon partenaire ». Plus impressionnant encore, les conjoints qui avaient partagé l'activité excitante montraient une attitude plus positive l'un envers l'autre (acceptation plus grande, hostilité moindre) que ceux qui avaient partagé l'activité neutre.

On imagine aisément que l'activité la plus absurde a pu provoquer des fous rires chez beaucoup de couples. Si ridicules que ces exercices me paraissent parfois, on ne peut nier qu'ils poussent les participants à se sentir plus proches, plus chaleureux et même parfois plus attirés l'un par l'autre. Étonnamment, les effets de ces activités pourtant brèves peuvent durer jusqu'à sept heures[39]. Il n'est cependant pas indispensable d'acheter des velcros et des polochons ; les effets sont les mêmes quand nous rédigeons avec notre conjoint une liste de choses excitantes que nous aimons tous les deux faire. Les chercheurs estiment que la participation commune à des activités nouvelles et exaltantes déclenche des sentiments positifs (même l'appréhension ressentie durant une escalade peut être perçue à tort comme une attirance accrue[40]), renforce la sensation d'interdépendance et de proximité au sein du couple (grâce à l'aspect collaboratif de ces activités), encourage chacun à apprendre des choses sur l'autre (comme dans une étude où l'on demandait aux couples de répondre à tour de rôle à des questions intimes[41]), et engendre des émotions positives en général (amusement, fierté, curiosité, joie) qui tendent à donner une couleur plus optimiste à l'ensemble de notre vie, dont notre couple.

J'AI PERDU LA PASSION OU QUAND LE SEXE EN COUPLE DEVIENT UNE HABITUDE

Même dans les couples les plus heureux, nous ne tirons plus le même supplément de bonheur du temps passé avec notre conjoint, ou des autres ingrédients de notre vie conjugale. L'un des regrettables corollaires de ce processus naturel est que nous finissons aussi par tirer moins de plaisir de nos rapports sexuels[42]. Nul ne devrait en être surpris ou troublé, mais beaucoup de gens le sont. Quand nous sommes en proie à une passion nouvelle et palpitante, nous sommes tellement gouvernés par nos émotions, nos pensées et nos fantasmes de chaque instant que nous ne parvenons pas à imaginer qu'un jour l'intensité de ces sentiments diminuera.

La désagréable réalité est que la passion et l'excitation sexuelles sont particulièrement sujettes à l'habituation. Les expériences en laboratoires examinant l'excitation sexuelle en réaction à la présentation répétée d'images érotiques ou d'invitations à s'abandonner à des fantasmes révèlent qu'avec le temps les hommes et les femmes manifestent une excitation moindre (d'après les réponses des intéressés et la mesure de l'engorgement génital[43]). Il s'avère aussi que la familiarité engendre à coup sûr l'indifférence. Pour citer Raymond Chandler : « Le premier baiser est un enchantement, le second : une familiarité; le troisième : une habitude[44]. »

Par contraste, la nouveauté peut servir de puissant aphrodisiaque, comme l'illustre l'« effet Coolidge ». Selon la légende, un jour où le président Calvin Coolidge et son épouse Grace Anna Goodhue visitaient un élevage de volailles dans le Kentucky, la Première Dame demanda au fermier pourquoi si peu de coqs produisaient un si grand nombre d'œufs. Le fermier expliqua fièrement que ses coqs accomplissaient leur devoir plusieurs dizaines de fois par jour. Mme Coolidge fut très impressionnée et répondit : « Vous devriez dire ça au président. » Ayant entendu sa remarque, Coolidge demanda au fermier : « Et c'est à chaque fois avec la même poule ? » « Pas du tout, monsieur le président, le coq change à chaque fois. » Le président hocha lentement la tête, sourit et dit : « Vous devriez dire ça à ma femme[45] ! »

Que cette anecdote soit vraie ou non, elle a donné un nom au phénomène selon lequel la plupart des membres des espèces mammifères vivant en groupe manifestent un désir sexuel renouvelé dès qu'on leur présente de nouveaux partenaires réceptifs. Les humains semblent aussi sensibles que les coqs à l'effet Coolidge. Les biologistes évolutionnistes pensent que la variété sexuelle est une caractéristique adaptative ; elle a évolué pour empêcher l'inceste et la consanguinité dans les environnements ancestraux. Quand notre conjoint devient aussi familier qu'un membre de notre fratrie, quand nous formons *une famille*, nous cessons d'être sexuellement attirés l'un par l'autre[46].

Il ne faut pas être un grand savant pour déduire cela : parce que les rapports sexuels d'une relation monogame stable et durable impliquent le même partenaire jour après jour, personne – vraiment humain (ou mammifère) – ne peut conserver le même degré d'ardeur et de désir que du temps où le conjoint était encore nouveau et inconnu[47]. Nous avons beau profondément aimer notre partenaire, l'idolâtrer, vouloir mourir pour lui, ces sentiments ne peuvent se traduire par une passion maintenue au cours de tant d'années.

À l'appui de cette idée, de nombreuses études montrent que le désir sexuel, la satisfaction sexuelle, et la fréquence des rapports diminuent en fonction de la durée de la relation[48]. Curieusement, cela vaut même à l'université, surtout parmi les étudiantes, qui n'ont de rapports que depuis un an. En matière de sexualité,

Si vous voulez prédire la fréquence moyenne des rapports sexuels d'un couple, l'âge des intéressés compte beaucoup moins que celui de leur relation.

l'âge n'est pas un facteur aussi important qu'on le pense. Par exemple, si vous voulez prédire la fréquence moyenne des rapports sexuels d'un couple, l'âge des intéressés compte beaucoup moins que celui de leur relation.

Cette réalité entraîne plus d'un problème, à commencer par ce triste constat : l'amour passionné ne peut pas durer. Par ailleurs, en oubliant combien cette habituation hédonique est humaine, naturelle et banale, nous nous reprochons, à nous-mêmes ou à notre partenaire, la diminution de fréquence du désir, qui vient anéantir nos belles illusions sur le mariage. Il peut s'ensuivre un cercle vicieux : la passion sexuelle moindre est perçue comme le symptôme d'une relation qui ne « marche » pas (alors que c'est simplement le symptôme du processus normal d'adaptation), d'où une érosion supplémentaire de notre satisfaction, ce qui sape encore un peu plus notre désir sexuel, et ainsi de suite[49]. Des titres comme *Privé de sexe : comment regonfler la libido de votre couple en dix leçons* ou *Rallumer le feu : le manuel qui fera redémarrer la vie sexuelle de votre couple* (non traduits en français) sont des best-sellers parce que nous sommes à peu près tous confrontés à ce problème à un moment ou à un autre.

Autre problème fondamental, la différence entre les sexes. Personne n'est choqué d'entendre que la différence entre hommes et femmes intervient lorsqu'il s'agit du comportement sexuel. Pourtant, les différences en question pourraient vous étonner. Première surprise, des dizaines d'études confirment l'évidence : par rapport aux femmes, les hommes ont des fantasmes sexuels plus fréquents, ils affirment avoir des désirs plus forts, ils pensent davantage au sexe et souhaitent plus souvent avoir des rapports[50]. Parallèlement, les témoignages recueillis par les enquêtes, dans les hôpitaux et par la simple observation (sans parler des exemples impliquant des hommes politiques, des vedettes du sport ou du cinéma) indiquent un fait incontestable : les hommes sont plus susceptibles que les femmes d'aller chercher satisfaction hors de leur couple[51]. En outre, les infidélités masculines impliquent un plus grand nombre de partenaires sexuels[52] (pour un exemple certes extrême, on attribuait cent vingt et une maîtresses au golfeur Tiger Woods[53]).

Il semblerait donc logique que les hommes s'adaptent plus vite que les femmes au sexe avec le même partenaire. Mais les chercheurs commencent à soupçonner que c'est en fait l'inverse : les femmes s'adaptent plus vite. Premièrement, les études montrent que, dans une relation à long terme, les femmes perdent davantage que les hommes leur intérêt pour le sexe, et le perdent plus vite[54]. Deuxièmement, les femmes semblent physiologiquement excitées par une gamme de stimuli beaucoup plus large que les hommes[55] et sont plus sujettes aux fantasmes sexuels avec des inconnus[56] ; tout cela suggère qu'un partenaire familier devient vite de moins en moins physiologiquement attirant pour elles. Troisièmement, le désir féminin a été décrit comme dominé par la volonté d'être l'objet d'un désir puissant et urgent, d'être prise, convoitée, indispensable[57]. Puisque les liens du mariage obligent à jamais l'époux à des relations sexuelles avec son épouse – et seulement avec elle –, madame peut avoir du mal à croire que si monsieur lui fait l'amour ce vendredi soir, c'est le signe authentique d'un désir désespéré de la posséder sur-le-champ. En partie pour cette raison, la sexologue Marta Meana affirme que les femmes ont besoin de stimuli plus puissants pour activer leur pulsion sexuelle. « Si je n'aime pas les gâteaux autant que vous, mes gâteaux ont intérêt à être sacrément alléchants pour que j'aie envie de les manger[58]. » Toutes ces observations mènent à une conclusion : les critères féminins en matière de sexe passionné impliquent un seuil d'excitation et de nouveauté plus élevé que chez les hommes. Peut-être mes amis ont-ils raison de dire que pour

Les critères féminins en matière de sexe passionné impliquent un seuil d'excitation et de nouveauté plus élevé que chez les hommes.

eux, le sexe est comme une pizza : il n'existe pas de mauvaise pizza, tout comme il n'existe pas de mauvais rapport sexuel. Il va de soi que les femmes ne sont pas d'accord.

LA PASSION PEUT-ELLE DURER ?

Deux types de relations entretiennent la passion : celles qui commencent avec des espoirs assez faibles, où l'amour et le désir se construisent très lentement (par exemple, les mariages arrangés), et celles que caractérise une incertitude constante (comme les liaisons volages, intermittentes ou violentes). Néanmoins, le coût de ces relations est trop élevé ou inacceptable pour la plupart d'entre nous. Qu'en est-il donc des unions aimantes, stables et solides ? D'une part, comme je viens de le décrire, beaucoup de facteurs rendent futile la recherche d'une passion durable au sein de la plupart des couples. D'autre part, des recherches récentes offrent quelques indices quant à la façon de redynamiser et de préserver l'intérêt sexuel[59].

Un pourcentage non négligeable des individus mariés affirment que leur vie sexuelle est toujours formidable, même après plusieurs décennies. Une étude portant sur 156 couples vivant ensemble depuis neuf ans en moyenne a montré que 13 % d'entre eux manifestaient des signes de passion toujours intense, mais sans la composante obsessionnelle qu'on observe dans les premiers stades de l'amour. Il convient donc de découvrir leurs secrets. Voici une leçon que nous offre le laboratoire du professeur Shelly Gable.

Nous avons des objectifs dans notre couple ; Gable et ses étudiants voulaient étudier les différences entre « approche » et « évitement ».

– Une relation fondée sur l'approche recherche des expériences positives pour le couple (s'amuser, s'épanouir, créer une intimité), alors que les partisans de l'évitement cherchent surtout à fuir le conflit ou le rejet[60]. Par exemple, j'opte pour l'approche si je choisis de rendre ma relation plus profonde et plus chaleureuse, si je trouve pour mon partenaire et moi les moyens de nous épanouir.

– J'opte pour l'évitement si je consacre mon énergie à éviter les désaccords et les disputes, si je tiens à ce qu'il ne nous arrive rien de mauvais.

Ces deux types d'objectifs ont leur usage, mais il s'avère que les partisans de l'approche (qu'il s'agisse de relation avec un conjoint, un ami, un enfant ou un supérieur hiérarchique) ont plus de chances d'en être satisfaits, d'avoir une attitude positive et de se sentir moins seuls[61].

Quel rapport entre ces différents objectifs et la passion intacte ? Selon Gable, ceux d'entre nous qui recherchent avant tout les expériences positives avec leur partenaire peuvent considérer l'activité sexuelle comme un moyen idéal d'introduire du positif et de l'intime dans leur couple. Par conséquent, nous devons davantage penser au sexe, décider d'avoir des rapports plus souvent pour faire plaisir à notre partenaire ou pour construire une intimité. Nous pouvons nous montrer plus sensibles aux suggestions de notre partenaire, les suivre plus volontiers et rechercher les situations propices aux moments intimes. Tout simplement, aussi, les objectifs d'approche nous mettent de meilleure humeur et nous rendent plus optimistes, ce qui peut en soi renforcer le désir.

Pour vérifier cette idée, Gable et ses collègues ont procédé à une série d'études, observant le désir sexuel des participants au quotidien ou deux fois par semaine, ainsi que leurs objectifs d'approche ou d'évitement, objectifs sexuels inclus[62] (par exemple, j'ai fait l'amour « pour satisfaire ma propre quête de plaisir » ou « pour exprimer mon amour pour mon partenaire », contre « pour éviter que mon partenaire soit contrarié » ou « pour éviter que mon partenaire perde tout intérêt pour moi »). Les partisans de l'évitement ont signalé que leur désir sexuel déclinait au cours des six mois d'étude, mais les partisans de l'approche n'ont constaté absolument aucun déclin. De plus, quand le désir sexuel et les différents événements du couple (une dispute au sujet des projets de vacances, la visite inattendue d'un ami commun) étaient suivis au quotidien, les partisans de l'approche éprouvaient une passion encore plus vive lors des bons jours et ressentaient un déclin de passion moindre lors des mauvais jours.

Ces découvertes sont prometteuses : nous devrions tous nous efforcer de multiplier les expériences positives dans notre relation plutôt qu'éviter les expériences négatives. Indubitablement, les sexologues et thérapeutes peuvent proposer des stratégies complémentaires pour aider bien des couples, notamment l'apport périodique de nouveauté, de variété et de surprise, comme on l'a vu plus haut. La science ne sait pourtant pas grand-chose quant aux moyens d'entretenir un amour passionné, ni même si cela est faisable dans une minorité de couples. Est-ce une mauvaise nouvelle ? Tout dépend du point de vue. Pour moi, le déclin de l'amour passionné fait partie de la vie humaine, comme le fait de grandir ou de vieillir.

COMMENT NOURRIR UNE RELATION MOYENNEMENT SATISFAISANTE

Ce chapitre porte sur l'impression terrible d'avoir une vie de couple médiocre. Il n'y a pas de crise majeure, ni trahison ni incompatibilité, mais les conjoints prennent peu à peu conscience de leur ennui ou de leur insatisfaction. En outre, l'absence de traumatisme majeur peut avoir un effet insidieux : nous nous sentons coupables d'être mécontents. Ce mécontentement n'a pourtant rien de trivial, et marque peut-être un tournant dans notre relation. C'est pourquoi il est nécessaire de reconnaître que l'essentiel de notre insatisfaction résulte du processus d'adaptation hédonique, que cette adaptation est naturelle et prévisible, et que des mesures empiriquement validées pour la ralentir, l'empêcher ou la contrecarrer (décrites plus haut) doivent idéalement être prises bien avant que notre couple soit en difficulté. Si nous comprenons que cette difficulté est une composante d'une relation stable au même titre que la joie, que nous subissons presque tous le déclin de la passion et de la satisfaction, le travail nécessaire pour réparer le mal paraîtra moins insurmontable. Dès qu'on admet qu'il n'y a pas de formule magique pour le bonheur d'un couple, davantage de choix s'ouvrent quant à notre avenir.

Je m'en voudrais de ne pas signaler les autres stratégies avancées par de nombreux théoriciens, psychologues et spécialistes du couple pour renforcer nos relations intimes. Ils recommandent notamment de prendre du temps ensemble pour parler, pour une communication authentique (écouter vraiment, être « en harmonie » l'un avec l'autre, exprimer admiration, appréciation et affection), gérer les conflits, offrir un soutien aimant et loyal, partager avec l'autre ses rêves, ses rituels et ses responsabilités[63]. Même si elles ne visent pas directement à combattre l'adaptation hédonique, ces techniques améliorent la qualité et la satisfaction de nos relations, et minimisent donc l'ennui au sein du couple. Je propose ici trois autres stratégies dont l'efficacité est confirmée.

Partager les succès et ce qui arrive de positif avec son partenaire

Un des domaines de recherche que je privilégie est le partage des expériences positives au sein du couple. Beaucoup de gens seraient d'accord, l'un des principaux avantages du mariage est d'avoir quelqu'un vers qui se tourner en cas d'événement stressant, négatif ou traumatisant. Pourtant, même si nous demandons souvent à notre partenaire de nous aider à affronter le pire – et même si nous jugeons implicitement notre relation au degré de soutien, de compassion et de sensibilité de notre conjoint –, nous partageons souvent aussi le meilleur (des études montrent que c'est ce que nous faisons 7 ou 8 fois sur 10[64]). Plus étonnant, ce qui distingue les relations les plus proches, les plus intimes, les plus confiantes, ce n'est pas la façon dont chaque conjoint réagit aux déceptions, aux pertes et aux revers de l'autre, mais à ses *bonnes* nouvelles. Les relations épanouies sont celles où chacun réagit « de façon active et constructive », avec intérêt et ravissement, aux aubaines et aux réussites de l'autre[65]. Quand votre mari vous dit qu'il a été promu, votre joie et vos questions enthousiastes lui montrent que vous mesurez l'importance de ce succès (pour lui comme pour vous), le rendent plus mémorable, valident son importance et prouvent combien cela compte pour vous. Les hommes et les femmes dont le partenaire réagit de façon « active-constructive » ont les plus forts taux de satisfaction, de confiance et d'intimité dans leur couple.

Hélas, nous ne réagissons pas toujours de manière optimale aux bonnes nouvelles de notre partenaire et nos réactions peuvent même nuire à notre relation. Des études ont ainsi prouvé que si nous manifestons un soutien silencieux (qui n'exprime guère d'enthousiasme face à une promotion, par exemple), si nous signalons des complications ou des inconvénients (« Tu devras travailler le week-end », « On va devoir déménager ? »), si nous ne disons rien du tout, nous sapons le bonheur, la confiance et la chaleur de notre relation.

En somme, apprécier, valider et « capitaliser » les bonnes nouvelles de notre partenaire est une stratégie efficace pour renforcer notre couple et donc pour intensifier le plaisir et la satisfaction que nous en tirons ; en un mot, pour éviter l'adaptation hédonique. Comme l'ont montré nos recherches, les personnes qui manifestaient enthousiasme et soutien authentiques face aux bonnes nouvelles de leur partenaire, si menues soient-elles – et cela trois fois par jour pendant une semaine –,

---

Ce qui distingue les relations les plus proches, les plus intimes, les plus confiantes, ce n'est pas la façon dont chaque conjoint réagit aux déceptions et aux revers de l'autre, mais à ses *bonnes* nouvelles.

devenaient plus heureuses et moins déprimées[66]. Il n'est jamais trop tard pour commencer.

Aider son partenaire à devenir son moi idéal

On a beaucoup parlé de l'importance des « comportements positifs » dans les relations, comme ceux que je viens de décrire (apprécier, valider, respecter, réconforter, comprendre). Pourtant, j'y reviendrai, être trop positif ou toujours positif peut s'avérer dangereux. Un type particulier de comportement positif a néanmoins des vertus spécifiques en matière d'épanouissement pour notre couple comme pour notre conjoint. Les chercheurs l'appellent *affirmation du partenaire*, le fait de partager, soutenir et valider les valeurs, les objectifs et les rêves de notre partenaire.

Quand nous nous demandons comment satisfaire nos propres ambitions et aspirations, il y a de fortes chances que nous nous concentrions sur les démarches et les efforts à accomplir. Nous sous-estimons le rôle que peuvent jouer nos proches, qui nous aident énormément, et parfois à leur insu. Quand nous construisons notre personnalité, quand nous apprenons de nouvelles compétences et acquérons de nouvelles ressources, notre réussite est souvent conditionnée par d'autres, et surtout par nos partenaires intimes. Selon les chercheurs, « l'individu en vient à refléter ce que son partenaire voit en lui et révèle en lui[67] » : c'est ce qu'on désigne par la jolie expression « phénomène de Michel-Ange ». Auteur du *David* exposé à Florence, le grand artiste italien aurait déclaré : « J'ai vu un ange dans le marbre et j'ai seulement ciselé jusqu'à l'en libérer[68]. » Comme les sculpteurs, nous

---

Comme les sculpteurs, nous avons la capacité d'influencer et de modeler notre partenaire pour l'aider à devenir son moi idéal, à satisfaire ses plus hautes et plus profondes ambitions personnelles.

avons la capacité d'influencer et de modeler notre partenaire pour l'aider à devenir son moi idéal, à satisfaire ses plus hautes et plus profondes ambitions personnelles. Ce processus peut se dérouler de façon très progressive et subtile. Par exemple, si mon mari est très timide, je peux l'aider à devenir plus extraverti en guidant discrètement la conversation lors d'un dîner afin de créer une occasion idéale pour qu'il régale les invités avec une de ses histoires les plus charmantes[69]. En m'attendant à ce qu'il se montre sociable, je peux renforcer sa confiance en lui et faire s'accomplir ma propre prophétie. Je peux aussi révéler ce qu'il a de meilleur en lui en l'éloignant – consciemment ou non – des situations et des comportements néfastes (je peux par exemple le dissuader de toujours s'asseoir à côté de la seule personne qu'il connaît lors d'une soirée).

Quand ce processus de sculpture – le phénomène de Michel-Ange – réussit, notre partenaire en vient à ressembler à l'être qu'il veut être, notre relation en sort renforcée et nous devenons tous deux plus heureux, comme individus et comme couple[70]. Quand notre conjoint nous aide à nous affirmer et à nous approcher de notre moi idéal, nous nous sentons non seulement plus heureux et plus vigoureux parce que nous atteignons nos objectifs, mais aussi parce que nous nous sentons vraiment compris, reconnus et reconnaissants. Notre amour s'épanouit quand nous voyons combien notre conjoint nous aime et cherche à nous encourager. Et quand c'est nous qui soutenons notre conjoint, nous éprouvons, découlant de ce soutien, un amour plus fort (« Je dois vraiment l'adorer si j'en fais tant pour elle ») et une vision toujours plus positive (« Je découvre en elle une créativité incroyable »). Enfin, nous sommes personnellement heureux car de nombreuses études ont montré que faire le bien pour autrui améliore l'humeur positive et le bien-être général, sans doute par suite de liens sociaux renforcés et d'un sentiment accru d'efficacité et d'optimisme[71].

La puissance du toucher

Lorsqu'on envisage l'importance du contact physique dans une relation amoureuse, on pense vraisemblablement au sexe. Ce lien automatique entre contact et activité sexuelle est regrettable, parce que l'impact du contact est beaucoup plus large et plus fort.

Une caresse dans le dos, une pression de la main, une étreinte, un bras autour de l'épaule : ces gestes sont souvent très rapides et parfois à peine détectables. Mais un contact physique qui passe inaperçu n'est pourtant pas sans conséquence. La science indique même qu'il peut sauver un mariage moyen.

Le contact physique est essentiel dans la vie humaine (et encore plus dans la vie animale), cela ne fait aucun doute. Dans des domaines allant de la psychologie à l'anthropologie en passant par l'éthologie, des chercheurs ont observé l'usage du contact dans toutes sortes de comportements : communiquer sa force ou son statut, flirter, jouer, se réconcilier, réconforter, coopérer et exprimer des émotions particulières[72]. Chez les nouveau-nés, notamment, le sens du toucher est le plus développé de tous les sens[73]. Pour les tout-petits, le contact physique est lié à une santé physique et mentale meilleure[74], comme le montrent, par exemple, les bienfaits des « soins kangourou », peau contre peau, pour les bébés prématurés, et les graves séquelles constatées chez les orphelins privés de contact. Enfin, comme l'ont bien prouvé quelques illustres psychologues du développement, le contact physique est crucial pour qu'un enfant acquière un sentiment saint d'attachement et de sécurité dans sa relation avec ceux qui veillent sur lui[75]. Être touché, tenu et caressé par un parent donne à

Un contact physique qui passe inaperçu n'est pas sans conséquence. La science indique même qu'il peut sauver un mariage moyen.

l'enfant la sensation d'être protégé, et c'est cette sécurité qui lui permet d'explorer le monde, de prendre des risques, même dans des situations inconnues[76]. Curieusement, même les bébés araignées ont plus tendance à explorer un cadre nouveau si leur mère les a touchés davantage[77]. Par contraste, les bébés humains et animaux privés de contact sont craintifs, méfiants et réticents face à l'inconnu.

L'importance du toucher est indéniable, mais elle est étonnamment sous-évaluée. Bien sûr, il existe des différences culturelles (et subculturelles) radicales quant au caractère acceptable et répandu du contact physique dans la vie quotidienne. Les couples grecs et italiens se touchent davantage que les couples anglais, français ou néerlandais[78]. J'ai été frappée par une de ces différences culturelles durant mes débuts à l'université. C'était la première fois que je quittais le foyer familial. Venant d'une famille russe, j'avais grandi dans un bain de contacts physiques, de baisers et de câlins, et je ne m'étais jamais rendu compte jusque-là que tel n'était pas le cas de tout le monde. Je me rappelle être restée perplexe face à une scène de la série télévisée *La Tribu Brady*, où la fille aînée, Marcia, s'approche de sa mère pour l'embrasser et où celle-ci lui répond : « Pourquoi as-tu fait ça ? » Marcia avait-elle besoin d'une raison pour embrasser sa mère ? J'ai aussi été stupéfaite quand des amies m'ont dit n'avoir jamais été témoin du moindre signe d'affection physique entre leurs parents (et n'en avaient elles-mêmes guère reçu, surtout durant l'adolescence et au-delà). Bref, beaucoup de familles et de couples aux États-Unis, ainsi que dans d'autres cultures occidentales et orientales, ont un comportement où le toucher non sexuel est réduit au strict minimum.

Si votre relation vous semble ennuyeuse ou peu exaltante, y introduire chaque jour davantage de toucher (non sexuel) et d'affection contribuera énormément à raviver la chaleur et la tendresse, voire la passion, que le temps a atténuées. Les études montrent qu'un simple contact physique peut activer le système de récompense du cerveau, réduire les hormones de stress présentes dans le flux sanguin, et diminuer la douleur physique en limitant l'activation dans les zones du cerveau associées au stress[79]. Ces découvertes indiquent que le contact physique est presque comme une drogue : quand notre conjoint nous touche, nous planons, nous nous sentons moins épuisés, et nous remarquons une baisse de l'inconfort et de la détresse.

Notre conjoint peut aussi nous communiquer ses sentiments par le biais du toucher. Même si cette remarque semble évidente, la faculté de décoder des émotions distinctes à partir d'une simple tape sur le bras a fait l'objet de recherches. Dans une série d'études, par exemple, deux personnes qui ne se connaissaient pas, venant d'Espagne et des États-Unis, ont été invitées dans un laboratoire où on les a placées de part et d'autre d'une barrière qui les empêchait de se voir[80]. L'un des deux recevait alors l'instruction de toucher l'autre sur l'avant-bras par un trou ménagé dans la barrière, de manière à exprimer une émotion particulière. Les participants ainsi touchés (et des observateurs simplement témoins de la scène) ont pu identifier six émotions différentes communiquées par le contact physique : amour, gratitude, compassion, colère, peur et dégoût. De plus, quand l'autre participant était autorisé à toucher n'importe quelle autre partie du corps (dans les limites de la bienséance), et non plus seulement l'avant-bras, deux autres émotions purent être ajoutées : le bonheur et la tristesse[81].

Cette faculté d'identifier des émotions par un simple toucher s'avère inestimable dans les mille situations où nous pouvons nous trouver. Une légère caresse communiquant l'amour peut apaiser une querelle. Un petit geste de gratitude peut renforcer l'intimité. Une étreinte signifiant le bonheur que nous procure un succès récent de notre conjoint peut alimenter la satisfaction. Les scientifiques ont aussi montré que certaines formes de contact nous rappellent les sensations de sécurité que nous donnaient les étreintes de notre père ou de notre mère. Une tape dans le dos ou sur l'épaule peut susciter des sentiments de sécurité ou de réconfort, qui nous poussent à être plus aventureux, à prendre des risques de préférence fructueux[82]. De plus, la science peut prédire quels couples tiendront ou divorceront, en s'appuyant sur leur communication non verbale (gestes et contacts) plutôt que verbale[83].

Essayez d'augmenter le degré de contact physique dans votre relation en vous fixant un objectif précis chaque semaine. Par exemple, pendant la première semaine, caressez le dos de votre conjoint chaque fois que vous vous croisez dans la cuisine ; la deuxième semaine, asseyez-vous toujours assez près de l'autre pour vous toucher ; la troisième semaine, ne vous séparez ou ne vous saluez jamais sans vous embrasser, etc. Bien sûr, selon la personnalité, le milieu et l'histoire familiale de votre partenaire et de vous-même, votre goût pour le toucher non sexuel peut varier énormément. Si cela vous met tous les deux mal à l'aise, vous avez intérêt à procéder lentement et délicatement ; il peut même être utile d'évoquer ensemble vos objectifs en matière de contact physique.

L'ESPRIT BIEN PRÉPARÉ

Vous pensiez peut-être avoir tout compris. Vous aviez trouvé « la bonne personne », vous vous étiez marié, vous étiez heureux. Avec le temps, néanmoins, le « retour sur investissement » a beaucoup diminué. Vous avez commencé à éprouver de petites insatisfactions, puis vous avez jugé votre vie morne, vous vous êtes mis à aspirer à mieux. Vous avez compris que votre couple ne vous rendait plus heureux, mais ce n'est pas le bout du chemin. Et ce n'est pas non plus le début. Ce chapitre tient compte de votre expérience, la légitime et vous suggère comment réinvestir dans votre relation, à condition d'avoir l'esprit bien préparé.

Quand vous avez le sentiment de vous ennuyer et d'être malheureux en ménage, votre première réaction est souvent d'en conclure que quelque chose ne va pas dans votre relation, et vous cherchez un coupable. Vous vous dites que si votre mariage ne comble pas tous vos besoins d'intimité, de passion et de camaraderie, c'est que vous avez échoué, vous ou votre partenaire. Avant de comprendre quel type de changement est possible, vous devez dépasser ces premières pensées pour y réfléchir à deux fois. Pour adopter une perspective plus rationnelle, vous devez d'abord découvrir l'existence de l'adaptation hédonique. Prendre conscience de la banalité du phénomène vous permettra d'admettre que vos griefs conjugaux sont naturels et courants, ce qui vous disculpe, vous et votre conjoint ; vous pourrez alors prendre des mesures pour ralentir le processus d'adaptation. De là, vous parviendrez peut-être à une vision plus positive de votre relation. La meilleure solution est de pratiquer dès que possible les stratégies de lutte contre l'adaptation et pour la consolidation de votre couple. Le choix d'une stratégie dépend de vos préférences, de vos ressources et de vos besoins. Les uns commenceront par introduire de la nouveauté, de la variété et/ou de la surprise dans leur mariage. Les autres voudront exprimer combien ils apprécient réellement leur relation, révéler ce qu'il y a de meilleur chez leur partenaire, ou réagir avec plus d'enthousiasme quand celui-ci remporte un succès. À l'intérieur comme à l'extérieur de la chambre à coucher, vous pouvez opter pour des objectifs davantage tournés vers « l'approche », avoir des contacts physiques plus fréquents et plus réguliers.

Cependant, si aucun de vos efforts ne porte ses fruits, peut-être faut-il en conclure qu'il n'est plus possible ou utile de lutter contre votre perte d'intérêt et de passion. La trajectoire

---

Prendre conscience de la banalité du phénomène vous permettra d'admettre que vos griefs conjugaux sont naturels et courants, ce qui vous disculpe, vous et votre conjoint.

alternative consiste à quitter votre partenaire et à partir en quête de nouvelles amours. Cette voie peut être source d'un grand bonheur, surtout si vous avez la chance de trouver le conjoint idéal. Attention, pourtant, elle peut aussi causer de grandes déceptions, car dans cette nouvelle relation comme dans l'ancienne, votre passion risque fort de connaître des hauts et des bas. Vous savez maintenant que le cours naturel de l'adaptation va sans doute se reproduire. À vous de décider comment vous réagirez.

CHAPITRE 2
Je ne peux pas être heureux si... mon couple s'écroule

Dans les milieux universitaires circule l'histoire bien connue d'un éminent professeur à qui sa femme ne parlait plus que de la pluie et du beau temps. Un soir, au théâtre, il eut une révélation. Dans la pièce, on suit la vie du héros à 20, 30, 40 ans, et ainsi de suite, et à chaque décennie, le personnage se rapproche du désespoir tranquille. Après le spectacle, le professeur se dit : « Ça pourrait être moi. » Il décida sur-le-champ de quitter sa femme, son emploi dans le Michigan, et de regagner New York, sa ville natale. Aujourd'hui, son ex-femme et lui ont chacun refait leur vie, ils vivent à des milliers de kilomètres l'un de l'autre, avec leur nouvelle famille.

Bien sûr, cette histoire a quelque chose d'extrême ; rares sont ceux parmi nous qui décident en un instant qu'ils ont épousé la mauvaise personne et agissent en conséquence. Le plus souvent, cette pensée va et vient à la surface de notre esprit pendant des semaines, des mois et même des années. Les fantasmes de divorce sont très courants et, comme on pourrait s'y attendre, ils sont bien plus courants parmi les gens qui finissent par divorcer. De plus, le fantasme de divorce ne surgit pas de nulle part. La prise de conscience que notre relation est en crise est en général précipitée par un ou plusieurs événements pivots : le sentiment de solitude, de ne pas être sur la même longueur d'onde, de ne plus se soucier du bien-être du conjoint, ou la découverte d'une infidélité.

Ce chapitre aborde la réaction à un problème apparemment insurmontable dans un couple. Il peut s'agir d'un différend insoluble concernant vos finances, l'installation commune ou la conception d'un enfant. L'un de vous deux peut avoir irrémédiablement changé, entretenir une liaison, ne plus être amoureux ou refuser d'arrêter de boire. C'est bien sûr une période extrêmement douloureuse. Vous rêvez de divorce, mais cette perspective vous inquiète beaucoup, car vous êtes persuadé que votre vie de famille en sera à jamais détruite. Pourtant, cette souffrance et cette anxiété peuvent s'accompagner de la foi en un mythe du bonheur, selon lequel vous ne pourrez plus être heureux après l'échec de votre couple. Comme presque chacun sait, l'expérience du désamour ou de la rupture peut être très difficile, mais les êtres humains ont l'art de survivre et même de prospérer dans les pires situations. Nous sommes dotés de ressources exceptionnelles pour inventer des solutions et trouver des orientations positives. En décrivant quantité de solutions et d'orientations de ce genre, je voudrais réfuter ce mythe du bonheur et détailler des moyens précis pour être à la hauteur du défi. Une relation heureuse vous donne des ailes et révèle ce qu'il y a de meilleur en vous. Une relation malheureuse vous emprisonne et révèle ce qu'il y a de pire en vous. Pourtant, une relation malheureuse ne signifie pas que votre vie est finie ou que vous avez perdu tout espoir de bonheur. La recherche suggère diverses voies possibles. Vous pouvez rester et vous adapter à votre couple tel qu'il est devenu (voir plus loin). Vous pouvez rompre (voir plus loin également). Mais la méthode la plus optimiste est d'améliorer et de renforcer votre couple, d'essayer de sauver votre relation. C'est par cette voie-là que je commence.

ALLER DE L'AVANT : RENFORCER VOTRE COUPLE

Les émotions positives, antidotes aux émotions négatives

Si notre couple mérite d'être entretenu ou amélioré, nous connaissons pour la plupart fort bien les nombreux moyens d'y parvenir. Comme je l'ai décrit précédemment, les thérapeutes du couple et de la famille conseillent de tenter toutes sortes d'approches : décider de ne plus considérer notre conjoint comme une évidence, lui exprimer notre admiration, lui faire partager nos rêves, lui montrer le genre d'égards que nous avons pour les autres. C'est plus facile à dire qu'à faire. Quand nous sommes accablés par des problèmes ardus et par la menace d'un avenir sombre, ce genre de liste peut paraître décourageant, et même irréaliste. Il est peut-être plus envisageable de nous efforcer d'être un conjoint tolérable, uni à un mari ou à une femme tolérable, au sein d'un couple tolérable.

À certains moments de la vie, notre but suprême devrait être d'aborder les points négatifs d'un couple perturbé, et je propose quelques recommandations pour ce type de situation dans les paragraphes consacrés à l'art de faire face et au pardon. Cependant, les spécialistes de la psychologie positive ont appris que la voie du bonheur et de l'épanouissement consiste à prendre un chemin détourné plutôt qu'à foncer tête baissée. Autrement dit, au lieu de vouloir à tout prix résoudre les problèmes et les points négatifs, nous pouvons utiliser les émotions, les pensées et les attitudes positives pour *neutraliser* ce négatif. Par exemple, au lieu de lutter directement pour minimiser les émotions négatives (un désenchantement, une colère)

Au lieu de vouloir à tout prix résoudre les problèmes et les points négatifs, nous pouvons utiliser les émotions, les pensées et les attitudes positives pour *neutraliser* ce négatif.

que nous ruminons quand nous sommes avec notre conjoint, nous pouvons atteindre le même but en maximisant nos émotions positives (comme la tranquillité ou l'affection). Au lieu de nous efforcer directement de réduire nos pensées négatives (comme quand nous nous accusons d'être indignes de notre conjoint), nous devrions renforcer les pensées positives (penser que l'avenir sera meilleur que le passé), les secondes devant éliminer les premières. Au lieu de vouloir directement réduire les comportements négatifs dans notre couple (disputes ou regards méprisants), nous devrions tâcher de multiplier les attitudes positives (rires, paroles aimables), pour qu'elles l'emportent sur les négatives. Quand notre couple est au plus bas, il peut paraître vain de cultiver les pensées, les émotions et les attitudes positives. Ce peut être la dernière chose dont vous ayez envie ou que vous ayez la force d'entreprendre. Pourtant, la recherche indique que cette stratégie n'est jamais plus nécessaire ou plus précieuse qu'à ce moment précis.

Imaginez une carte des vols, comme on en trouve dans les dernières pages des magazines sur papier glacé offerts par les compagnies aériennes. Les avions décollent et atterrissent dans des centaines d'aéroports, et toutes les villes grandes et moyennes sont reliées entre elles. Certaines sont des plaques tournantes, mais d'autres sont moins bien desservies, ce qui vous oblige à changer d'avion plusieurs fois pour arriver à votre destination. Les psychologues cognitifs, qui étudient les états mentaux internes, affirment que nous avons tous d'importants « réseaux sémantiques » qui ressemblent un peu à ces cartes des vols. Au lieu de connecter des villes entre elles, les réseaux sémantiques relient tous nos souvenirs et toutes nos pensées. Los Angeles est relié à San Francisco par un trait épais (qui représente des vols nombreux), mais n'est rattaché à Fresno que par un trait mince (un ou deux vols seulement). De même, votre souvenir d'être resté cloué au lit par une pneumonie peut être solidement relié au souvenir du voyage d'affaires que vous avez été contraint d'annuler, et faiblement rattaché au souvenir d'avoir eu la varicelle enfant.

Si vous êtes déçu par votre couple, vous avez peut-être construit des dizaines, ou même des centaines de souvenirs négatifs, d'hypothèses pessimistes, d'images vengeresses et de prédictions cyniques. Ils sont tous reliés par le réseau sémantique de votre cerveau, de telle sorte qu'un mauvais souvenir en rappelle un autre, et qu'une inquiétude en active une demi-douzaine d'autres. C'est une des raisons pour lesquelles, dans un couple perturbé, une dispute banale peut aussi vite dégénérer en accusations ruminées pendant des années (« Tu ne t'es jamais intéressée à ma carrière ; tu te rappelles quand j'ai eu cette promotion, en 1988 ? »), en prophéties catastrophistes (« Je ne me vois vraiment pas avoir un enfant avec toi »). Bien entendu, ce genre de réseau sémantique extrêmement négatif peut être toxique, conduire à des cercles vicieux qui aggravent encore nos problèmes. Voilà pourquoi les thérapeutes cognitifs traitent la dépression et l'anxiété (ainsi que les couples en difficulté) en tentant de briser les associations négatives existant dans les réseaux sémantiques de leurs patients. Par exemple, le fait que vous vous trouviez laid peut être lié au souvenir du jour où votre femme a commenté votre prise de poids et à la crainte qu'elle ne vous aime plus. Le travail du thérapeute est de lutter contre ces pensées déformées en en contestant littéralement la logique ou en en proposant une interprétation plus charitable.

La thérapie cognitive est remarquablement efficace[1], en partie parce qu'elle parvient souvent à séparer nos pensées pessimistes de nos mauvais souvenirs. Néanmoins, comme tout le monde n'a pas le temps, les ressources ou les moyens de consulter un thérapeute, je propose une stratégie alternative pour affronter nos réseaux sémantiques négatifs. Elle consiste non pas à rompre la connexion entre telle pensée et tel souvenir (ce qui est souvent laborieux, car il faut pratiquer au coup par coup), mais à imprégner tout le réseau sémantique d'émotions positives, qui servent essentiellement à *dissoudre* les liens entre toutes nos images et pensées négatives, vengeresses et douloureuses.

Comment faire ? Les émotions positives ont des qualités remarquables, qui leur permettent de s'opposer aux états négatifs. Les sentiments de joie, de satisfaction, d'intérêt, de sérénité ou de fierté peuvent nous aider à voir notre couple sous un autre angle et offrent un « répit psychologique » au milieu des tensions ou épreuves conjugales, ce qui réduit la souffrance liée aux expériences déplaisantes. De plus, ces états positifs peuvent directement annuler les effets des émotions négatives sporadiques. Par exemple, une dispute avec notre conjoint nous met en général sur les nerfs : notre pression sanguine augmente, notre cœur bat plus vite, notre température monte. Fait remarquable, il suffit d'un éphémère sentiment positif (le plaisir du soleil sur notre joue, la perspective d'un déjeuner au restaurant) pour surmonter plus vite cet état malsain. Monopolisées face à nos ennuis, des émotions même brèves ou banales peuvent construire notre résistance et nous aider à rebondir[2].

Des études ont également montré que, lorsque nous ressentons de la joie, de la satisfaction, de la curiosité ou de la fierté, nous nous sentons prêts à affronter le monde, nous sommes plus conscients, plus créatifs, plus ouverts aux expériences nouvelles, plus confiants et plus en harmonie avec nos proches, nous trouvons la vie plus riche de sens et nous avons l'impression d'être seuls maîtres à bord[3]. Surtout, plus nous ressentons d'émotions positives, plus nous accumulons les pensées positives, au point que nos émotions positives finissent par acquérir une vie propre, déclenchant une spirale saine, qui nous tire vers le haut. Selon Barbara Fredrickson, sans doute la plus grande spécialiste de la question, « les émotions positives ouvrent des voies d'épanouissement qui permettent à chacun de devenir une meilleure version de lui-même[4] ».

Visez un rapport de trois pour un. Nous savons tous, et depuis toujours, que les émotions positives, les gratifications, les petits bonheurs nous font vraiment du bien. Nous savons maintenant que le plaisir des émotions positives dissimule leur véritable valeur pour nous et pour notre couple. L'étape suivante consiste à déterminer exactement ce que nous devons faire – quand, comment et à quel rythme – pour introduire plus d'émotions positives dans notre vie. S'appuyant sur plus de dix années de recherche dans son propre laboratoire et dans ceux d'autres scientifiques, Barbara Fredrickson nous conseille de viser cet objectif : trois fois plus d'émotions positives que d'émotions négatives, c'est-à-dire un rapport d'au moins trois pour un[5]. Elle a découvert que les individus, les couples et les groupes de travail les plus épanouis – ceux chez qui l'on observe croissance, générativité et résistance – ont tous un taux supérieur à trois émotions positives pour une émotion négative. Quand nous sommes en dessous de ce chiffre, nos émotions positives (pensées ou interactions sociales) sont trop peu nombreuses pour favoriser un fonctionnement optimal. Cela signifie que si nous ressentons à peu près autant d'émotions positives que négatives – et même si nous ressentons *deux fois plus* d'émotions positives que négatives –, nous risquons d'être malades, solitaires et désemparés.

Par exemple, les couples heureux se caractérisent par un rapport d'environ cinq pour un dans leur expression verbale et émotionnelle mutuelle, alors que les couples malheureux ont un taux inférieur à un pour un. Détail révélateur, ce même rapport optimal (cinq bons pour un mauvais) détermine les équipes de travail les plus productives. Les scientifiques qui étudient le vécu quotidien constatent également que les individus les plus sains et les plus épanouis signalent qu'il leur arrive chaque jour trois événements positifs pour un mauvais[6]. Bien sûr, cela ne signifie pas

Les individus, les couples et les groupes de travail les plus épanouis ont tous un taux supérieur à trois émotions positives pour une émotion négative.

que les expériences négatives sont trois fois plus mauvaises que les expériences positives, mais la science suggère que le « coup » porté par une émotion mauvaise, une remarque désagréable ou un événement déplaisant peut égaler ou annuler l'effet de trois bonnes nouvelles ou plus. Nous avons donc intérêt à viser trois fois plus de bonnes expériences que de mauvaises, et idéalement cinq fois plus. John Gottman, spécialiste du mariage et de la thérapie de couple, dit pouvoir prédire quels couples divorceront rien qu'en tenant compte du rapport bon/mauvais de leurs interactions mutuelles[7].

Ma recommandation est de tenir un journal des événements positifs ou négatifs qui interviennent entre votre partenaire et vous – par exemple, combien de fois par semaine vous vous disputez, vous vous manifestez de l'affection, vous vous exprimez de la gratitude, vous vous critiquez, vous vous ignorez, etc. Calculez votre rapport bon/mauvais et décidez d'augmenter le numérateur (les événements positifs dans votre couple ; autrement dit, faites l'amour, pas la guerre) et de diminuer le dénominateur (les événements négatifs ; anticipez les conflits et étouffez-les dans l'œuf). En d'autres termes, tout comme pour votre compte en banque, votre objectif devrait être de faire dans votre couple beaucoup plus de dépôts (positifs) que de retraits (négatifs). Je vous suggère de vous demander chaque matin : « Que puis-je faire pendant cinq minutes aujourd'hui pour rendre plus belle la vie de mon partenaire ? » Les études ont montré que des comportements très simples – par exemple, partager une anecdote banale mais amusante qui vous est arrivée, révéler un détail intime, sourire, écouter attentivement les mots de votre partenaire, avoir l'air enthousiaste, être de bonne humeur – peuvent affecter notre bonheur conjugal, notre intimité, l'issue d'une

---

Tout comme pour votre compte en banque, votre objectif devrait être de faire dans votre couple beaucoup plus de dépôts (positifs) que de retraits (négatifs).

dispute et même notre santé[8]. D'après les trois premières minutes de conversation d'un couple, on peut prévoir comment leur entretien se terminera un quart d'heure après[9]. Alors faites en sorte que ces trois premières minutes comptent ! Et même si cela vous coûte, tâchez de mettre fin au goutte-à-goutte d'émotions désagréables et d'interactions déplaisantes dans votre couple.

Trop de positif, c'est possible ? La psychologie positive aborde rarement l'idée que trop d'interactions ou d'émotions positives puissent être nuisibles. Pourtant, en matière de couple – en particulier dans le cas d'un couple en sérieuse difficulté –, un peu trop de positif peut devenir un risque.

Examinons ce que font les conseillers conjugaux qui suggèrent en général aux conjoints d'avoir des idées et des comportements positifs l'un envers l'autre. Par exemple, ils vous encourageront à attribuer des motifs charitables aux mauvaises actions de votre partenaire (« L'autre jour, il m'a crié dessus parce qu'il avait eu une journée stressante »), et vous dissuaderont de compter le nombre de fois où il vous a accusé ou repoussé cette semaine. Autrement dit, comme le conseillait Benjamin Franklin dans son *Almanach du pauvre Richard*, « Gardez les yeux grands ouverts avant le mariage, et à demi fermés par la suite ». La moitié des couples ne tirent cependant aucun avantage de ce genre de thérapie[10] ; selon certains scientifiques, c'est parce que, au lieu de garder les yeux à demi fermés, les conjoints désunis *ont besoin* d'observer à quel point ils s'accusent et se repoussent l'un l'autre. Ils ont besoin de garder les yeux grands ouverts. Ils ont besoin de voir quand ils se montrent négligents ou méchants. Bref, les couples en détresse ont besoin d'examiner et d'identifier leurs problèmes (même quand cela les rend momentanément coupables ou insatisfaits) pour pouvoir les régler.

On peut nous conseiller de ne pas trop nous focaliser sur les détails de notre relation, mais la vérité est que ces détails n'en sont pas forcément. Quand nous tâchons de minimiser une dispute, d'oublier une vexation, d'enterrer trop vite la hache de guerre, nous risquons de ne pas remarquer, et donc de ne pas résoudre un problème majeur apparu dans notre couple, ce qui permet au problème en question de s'envenimer. Les chercheurs ont découvert que les conjoints heureux ou dont les problèmes sont mineurs ou rares tirent profit des motivations positives qu'ils s'attribuent l'un à l'autre, de leurs grands espoirs et de leur art de ne pas suivre de trop près leurs blessures et vexations. Mais les couples à gros problèmes font exactement le contraire. Cela peut sembler contre-intuitif, mais ceux qui se portent le mieux sont ceux qui tirent le moins de conclusions rapides du mauvais comportement de leur partenaire, qui expriment le moins d'attentes positives, et qui tiennent le registre de tous les instants où ils ont blessé l'autre[11]. Bref, ceux d'entre nous dont le couple bat de l'aile doivent certes s'efforcer d'augmenter leurs émotions et interactions positives, mais pas au point de fermer les yeux sur leurs problèmes.

La danse de la conversation (synchrone)

Deux études récentes que j'aime beaucoup ont cherché à mesurer à quel point les adeptes du *speed dating* et les couples d'étudiants faisaient preuve de « synchronie linguistique » dans leurs conversations[12]. Avec votre partenaire, vous êtes en synchronie linguistique quand vous utilisez les mêmes termes, les mêmes expressions. Par exemple, il se peut que vous employiez tous deux beaucoup de clichés (« C'était le bon vieux temps »), que vous usiez d'un langage fleuri ou relativement guindé, que vous aimiez tous deux le vocabulaire affectif (*triste*, *inquiet*, *désireux*), que vous laissiez beaucoup de silences, de *euh,* ou que vous pratiquiez tous deux l'argot (« J'entrave que dalle aujourd'hui »). Il a déjà été remarqué que les gens dont le langage et les gestes (regard, posture, etc.) se ressemblent ont plus de chances d'être attirés l'un par l'autre[13]. Dans les études récentes, en revanche, on a tenté de mesurer à quel point les conjoints établis ou potentiels imitaient de manière subtile (et probablement à leur insu) l'usage de mots fonctionnels comme les articles (*un*, *le*) et les pronoms (*je, tu, nous, il*). Cela peut paraître un peu ésotérique, mais il s'avère que l'usage coordonné de termes fonctionnels peut refléter à quel point deux interlocuteurs tentent d'aller l'un vers l'autre, ou à quel point ils réussissent à communiquer et à se comprendre.

Résultat étonnant, ceux qui imitent le langage de l'autre dès la première rencontre ont plus de chances de vouloir se revoir, et les couples d'étudiants où chacun parlait comme l'autre avaient plus de chances d'être encore ensemble trois mois plus tard (ce qui est considéré comme long pour un flirt à la fac). Ceux dont le langage n'était pas assorti avaient moins de chances d'exprimer un intérêt romantique l'un pour l'autre (dans l'étude sur le *speed dating*) et plus de risques de rompre (dans l'étude sur les couples). Les chercheurs ont aussi analysé la synchronie linguistique dans la correspondance et les écrits de célèbres couples romantiques (les poètes Sylvia Plath et Ted Hughes, Elizabeth Barrett Browning et Robert Browning) – ou platoniques (Sigmund Freud et Carl Jung). Lorsqu'on suit les hauts et les bas de leur relation, ces analyses montrent que les moments les plus heureux – par exemple, les quatre premières années de mariage de Plath et Hughes – furent marqués par la plus forte synchronie linguistique et que les moments les plus malheureux (les deux années qui précédèrent le suicide de Sylvia Plath à 31 ans) furent marqués par la synchronie linguistique la plus limitée[14].

On pourrait répliquer que nous ne maîtrisons pas la façon dont notre langage imite celui de notre conjoint, que ce processus est incontrôlable et automatique, mais je crois que nous pouvons délibérément tenter d'imiter le type de discours de l'autre, et en tirer des avantages pour notre relation. Les femmes semblent naturellement plus douées pour ce type d'imitation verbale (et non verbale[15]), mais cela signifie peut-être simplement que les hommes doivent faire un effort plus important. Quand vous devez interrompre une conversation pour répondre au téléphone, ne changez-vous pas instantanément de registre en fonction de la personne que vous avez au bout du fil ? Cela se produit parfois sans aucun effort, mais il se peut que vous ayez conscience de devoir vous surveiller, mentalement et verbalement (vous êtes épuisé et soulagé à la fin du coup de fil). Votre corps reflète également celui de votre interlocuteur. Les études montrent que deux personnes qui bavardent ont tendance à s'imiter l'une l'autre (vous vous adossez à votre chaise, l'autre aussi ; vous vous frottez le menton, l'autre aussi ; vous riez, l'autre aussi, souvent sans même le remarquer).

Si vous pouvez consciemment changer de style de discours, alors vous pouvez consciemment vous mettre en synchronie linguistique avec votre conjoint ou partenaire et améliorer d'autant votre relation, même un peu. Cette synchronie est bénéfique avant tout parce qu'elle indique que nous nous écoutons, que nous essayons vraiment de nous connaître et de nous comprendre. L'attention est essentielle. Un auditeur distrait, par exemple, semble plus nuisible pour une expérience partagée qu'un auditeur hostile[16]. Cela peut paraître contre-intuitif, mais quand nous partageons un souvenir important, un incident ou un rêve avec un ami ou un partenaire, nous préférons une réaction négative à l'absence de réaction. La synchronie linguistique est donc surtout précieuse dans les relations à problèmes, qui ont une part plus importante de conversations difficiles. Si vous pouvez imiter le langage et les gestes de votre partenaire durant un échange tendu, vous avez plus de chances de vous entendre, et donc de résoudre le problème en question.

Si vous pouvez imiter le langage et les gestes de votre partenaire durant un échange tendu, vous avez plus de chances de vous entendre, et donc de résoudre le problème en question.

RÉPARER : COMMENT FAIRE FACE À UN COUPLE EN DIFFICULTÉ

Il y a dans toute relation des éléments qu'il est difficile d'améliorer. Notre partenaire peut présenter des traits de caractère que nous avons du mal à supporter (colère, narcissisme, addiction). Il peut avoir été infidèle. Il est possible que son travail nous prive de sa compagnie cinq jours par semaine. Nous avons vainement essayé de le faire changer ou de modifier la situation. Face aux conflits majeurs de notre couple, nous pouvons être tentés par un comportement qui nous permette d'apprendre à tolérer les difficultés et à tirer le meilleur parti de la situation. Même si cette voie paraît exiger des efforts démesurés, au début du moins, elle nous aidera à traverser cette mauvaise passe et nous rendra plus prêts à générer un changement majeur et à rompre, ou au contraire à atteindre plus de satisfaction, une fois l'obstacle surmonté.

Pour ceux d'entre nous qui choisissent cette voie, les découvertes de la recherche dans trois domaines peuvent s'avérer inestimables. La première est la quête de consolations et de joie hors du couple (auprès de nos amis et des membres de notre famille). La deuxième est l'apprentissage de nouvelles méthodes équilibrées pour aller de l'avant et donner un sens à notre quotidien. La troisième est le pardon.

Le soutien social

Le besoin d'appartenance, de réconfort, le désir de se reposer sur d'autres individus et groupes afin de s'épanouir et de survivre est un élément essentiel de notre nature d'être humain (et de primate)[17]. Le soutien social est surtout nécessaire pour nous aider à gérer des expériences stressantes et douloureuses. Quand nous avons des soucis conjugaux, se tourner vers un ami, un parent, un conseiller spirituel ou même un animal familier[18] peut nous remonter le moral instantanément et dissiper nos angoisses. Nos compagnons nous aident à nous sentir aimés et appréciés, ils nous aident à mieux comprendre notre situation et nous offrent des conseils précis sur la façon de l'affronter, ils peuvent nous apporter une assistance tangible ou financière. En un sens, une oreille attentive ou une épaule sur laquelle pleurer peut atténuer le chagrin que nous inspire notre couple et nous fournir les ressources qui nous manquent (assurance, information, issue possible).

Quand j'étais jeune, je sous-estimais terriblement la valeur du soutien social et affectif. Je me rappelle avoir passé des heures et des heures à pleurer, et à ruminer de façon obsessionnelle, sur une relation vouée à l'échec. Puis, après avoir confié mes sentiments pendant une heure à une amie proche, mon angoisse descendait de 10 à 3 sur une échelle allant de 0 à 10. J'aurais donné cher pour avoir une pilule ayant un effet salutaire équivalent !

Un problème majeur dans notre couple – infidélité de notre partenaire, disputes quotidiennes, désaccord fondamental sur le fait d'avoir des enfants – paraît si énorme et décourageant qu'il est difficile de deviner que la chaleur humaine apportée par un ami ou un membre de notre famille peut le dissiper. Bien sûr, la plupart du temps, le soutien social ne fait pas disparaître les difficultés, mais il peut grandement nous aider à affronter un problème, à l'atténuer et à alléger notre réaction émotionnelle. Dans une remarquable étude qui va dans ce sens, des volontaires se tenaient au pied d'une colline, seuls ou avec un ami[19]. Fait incroyable, ceux qui étaient accompagnés d'un ami – surtout un ami proche et de longue date – jugeaient la colline *moins abrupte* que ceux qui étaient seuls. Si l'on applique cette métaphore aux défis de la vie (et du couple en particulier), les compagnons et les confidents peuvent nous donner le sentiment que nos stress et nos problèmes sont également moins difficiles à surmonter.

Parfois, quand vous avez l'impression de vouloir quitter votre conjoint, c'est en réalité vous-même que vous voulez quitter. Bien sûr, le phénomène de Michel-Ange peut agir de manière positive ou pernicieuse. Au lieu de vous aider à devenir votre moi idéal, votre conjoint vous aide peut-être à devenir une personne que vous méprisez. C'est une autre situation dans laquelle vos amis et les membres de votre famille peuvent vous apporter un soutien inestimable, en vous permettant de prendre du recul et de l'assurance, de voir à quel point vous avez changé et de lutter contre ces changements.

En somme, si vous êtes un jour frappé par le sentiment terrible d'avoir choisi le mauvais conjoint, l'une des meilleures choses à faire est d'en parler à des gens qui vous inspirent confiance. Outre les avantages psychologiques et concrets dont je viens de parler, vous en tirerez peut-être un bienfait neurologique et physiologique. Le cerveau, le cœur, le système neuroendocrinien et le système immunitaire des personnes qui ont un confident montrent une réactivité moindre face aux situations de douleur ou de stress, quand leurs sentiments sont repoussés ou ignorés[20]. De plus, il suffit d'être conscient d'avoir un soutien social (si vous pensez que votre mère sera toujours là pour vous) pour réduire le stress et faire monter votre niveau de bonheur, surtout face à des défis. Et vous n'avez pas besoin d'être l'objet de toutes les attentions, entouré d'une dizaine de personnes prêtes à se sacrifier pour vous. Les avantages du soutien social concernent ceux d'entre nous qui participent à des groupes (association de parents d'élèves, cercle de lecture, club de gym, groupe religieux) et/ou qui peuvent nommer au moins un ami intime[21]. Avoir beaucoup d'amis intimes en dehors de votre couple ne semble pas indispensable[22].

La technique du « regard de l'autre »

Un couple en difficulté ne le serait pas s'il n'était pas marqué par une série de disputes et de brimades :

Elle a été froide envers moi aujourd'hui. Il m'a humiliée devant nos amis. Elle a repoussé ma manifestation de tendresse. Il a dépensé une somme énorme sans me consulter. Elle est rentrée tard hier soir et s'est ensuite enfermée dans son bureau. Il a gavé les enfants de sucreries sans tenir compte de mes objections. Elle s'est énervée pour rien. À cause de lui, je me suis sentie stupide. Ma grande nouvelle n'avait pas l'air de l'intéresser.

Je me sens épuisée et un peu triste rien qu'à envisager la litanie de ces incidents. Si nous nous retrouvons dans l'une des situations décrites ci-dessus, la réaction habituelle est de ruminer – de manière passive et répétitive – jusqu'à ce que notre tête grouille de récriminations, de soucis, de rejets, d'agacements, d'appréhensions, de doutes et de vulnérabilités. Autrement dit, plus nous ruminons un souci ou une blessure, plus nous nous sentons mal, plus nos conclusions deviennent négatives, et plus nous nous éloignons d'une solution ou d'une issue[23]. Cependant, même si mes recherches et d'autres indiquent qu'il vaut mieux ne pas penser à tout cela et qu'il est préférable de rediriger notre attention vers quelque chose de plus positif, ou simplement de ne pas trop nous attarder sur des détails[24], ce conseil est parfois impossible à suivre ou irréaliste. Quand notre partenaire nous néglige ou nous méprise, son comportement est la preuve d'un problème qui ne s'en ira pas tout seul, un problème qui exige qu'on y prête attention, pour le meilleur ou pour le pire.

Un nouveau type de recherche propose un moyen plus sain d'envisager les expériences douloureuses : nous devons analyser nos sentiments négatifs et nos ennuis d'un point de vue

---

Un nouveau type de recherche propose un moyen d'envisager les expériences douloureuses : analyser nos sentiments négatifs et nos ennuis d'un point de vue « autodistancé ». En d'autres termes, nous devons tenter de nous voir avec les yeux d'un autre.

« autodistancé[25] ». En d'autres termes, nous devons tenter de nous voir avec les yeux d'un autre. Nous devons aussi *éviter* d'envisager et de visualiser notre expérience passée (revivre telle dispute ou humiliation) avec nos *propres* yeux, puisque cette perspective « auto-immergée » précipite régulièrement la rumination toxique.

L'idée, c'est que si nous envisageons une mauvaise expérience en simple observateur, comme si nous nous regardions de loin, nous pouvons recadrer cette expérience de façon à nous aider à la comprendre et à nous apaiser. À l'inverse, quand nous nous remémorons un événement négatif avec nos propres yeux, comme si nous le revivions, nous finissons par ressasser en détail exactement ce qui s'est passé, qui a dit quoi, et ce que nous avons ressenti. Les recherches montrent que les gens qui adoptent spontanément une perspective détachée à propos d'un épisode récent et pénible, ou qui sont encouragés à adopter cette perspective dans le cadre d'une étude, ont plus de chances de résoudre leurs problèmes de façon constructive et moins de risques de riposter de manière aussi hostile que leur partenaire[26].

En outre, l'autodistanciation nous protège de la colère, de la tristesse et du pessimisme[27], et nous rend moins physiologiquement réactifs au stress (avec moins de pics de la pression sanguine, par exemple), ce qui est bon non seulement pour nos émotions, mais aussi pour notre santé physique[28].

Alors, la prochaine fois que vous traversez une crise majeure ou mineure dans votre couple, laissez passer un peu de temps, puis réfléchissez en adoptant le point de vue d'un observateur objectif, votre thérapeute, un ami équitable ou même un inconnu, en vous examinant à distance, votre conjoint et vous. Les scientifiques ont montré que cet exercice vous empêchera de pratiquer la rumination circulaire ou l'évitement[29], et vous conduira à une vision plus claire et plus cohérente de la crise en question, et même à une prise de conscience qui vous permettra de parvenir à une décision ou à l'apaisement.

Enfermer les expériences négatives dans une boîte hermétique

Dans un couple, il y a beaucoup de difficultés qu'il faut identifier et s'efforcer de résoudre, mais il y en a d'autres qu'il faut accepter et oublier. Ce sont celles qu'il faut « enfermer dans une boîte hermétique ». Vous vous demandez peut-être quelles expériences apportent leur confirmation empirique à cette recommandation, ou comment cette idée peut se traduire en laboratoire. En fait, aucune traduction de ce genre n'est nécessaire. Les chercheurs ont demandé aux participants de transcrire des souvenirs très pénibles, puis très littéralement d'enfermer ces souvenirs (dans une enveloppe, pas dans une boîte[30]).

Si vous voulez en faire autant, pensez d'abord à quelque chose qui vous met vraiment mal à l'aise, un événement ou une décision concernant votre couple que vous regrettez pleinement (l'infidélité de l'un des conjoints, par exemple) ou pensez à un fort désir personnel qui a été contrarié (avoir un enfant ou changer de travail[31]). Mettez cette expérience noir sur blanc, ce qui vous plongera encore plus dans l'embarras, du moins au début. Enfin, pliez les feuilles de papier, glissez-les dans une enveloppe que vous fermerez avant de la jeter ou de la remettre au responsable de l'expérience. Cette procédure affaiblit l'impact émotionnel de l'événement déplaisant et rend les gens moins tristes, moins anxieux, moins déçus, moins tourmentés par le regret ou la colère.

Quand nous parlons de gérer ou de maîtriser nos émotions, nous utilisons souvent des images comme « enterrer son chagrin », « mettre ses ennuis dans sa poche et son mouchoir par-dessus », « balayer ses émotions sous le tapis ». Or, l'acte physique d'enfermer ou de mettre sous clé nos problèmes nous aide à atteindre l'apaisement. Déposer nos soucis dans une enveloppe cachetée nous procure un certain soulagement et nous donne l'impression de contrôler nos émotions. Cette technique peut paraître simple, voire stupide, mais je vous encourage à l'essayer. Enfermer dans une boîte hermétique un objet lié à vos ennuis – une page de journal intime, une lettre ou une photographie – peut grandement atténuer votre détresse et vous aider à aller de l'avant.

LE PARDON EST-IL TOUJOURS BON ?

Il y a quelques minutes, au travail, vous avez reçu un appel de votre partenaire qui vous disait qu'il ou elle venait de rentrer à la maison après avoir passé la nuit chez sa maîtresse/son amant. Vous traversez une période difficile, mais vous aviez l'impression que votre relation était fondamentalement saine. Votre partenaire vous présente des excuses et souhaite vous retrouver ce soir[32].

Ce scénario hypothétique, chargé d'émotions, est utilisé par une équipe de chercheurs qui veut mesurer et cultiver le pardon. Imaginez aussi vivement que possible que cet événement vient de vous arriver. Comment réagiriez-vous ? Comment feriez-vous pour gérer vos sentiments et votre relation à partir de cet instant ? Trouveriez-vous en vous-même la force de pardonner ?

J'ai toujours été un peu intimidée par les gens qui savent vraiment pardonner. Les parents qui pardonnent à l'assassin de leur enfant. Le suspect incarcéré à tort qui pardonne au système qui l'a trahi. Le plus célèbre de ces prisonniers est sans doute l'ex-président sud-africain et prix Nobel de la paix Nelson Mandela. Lors de son investiture en 1994, « Madiba » déclara à son auditoire, largement composé de dignitaires, de monarques, de présidents et de Premiers ministres du monde entier, qu'il était très honoré d'avoir pour invités ce jour-là

Déposer nos soucis dans une enveloppe cachetée nous procure un certain soulagement et nous donne l'impression de contrôler nos émotions.

trois geôliers de Robben Island, la prison où il avait été détenu pendant dix-huit ans, nourri de maigres rations et condamné aux travaux forcés dans une carrière de chaux. Mandela expliqua plus tard que, s'il ne pardonnait pas, il passerait le restant de ses jours dans l'amertume et la haine[33]. Cette réflexion est non seulement admirable, mais elle est aussi confirmée par l'expérience. Que l'acte soit extraordinaire, comme dans les exemples spectaculaires évoqués plus haut, ou qu'il s'agisse de lâcher prise face aux transgressions de notre quotidien, pardonner peut nous libérer de bien des manières.

Ce que dit la science

« L'erreur est humaine, le pardon divin[34]. » Que ce proverbe nous vienne des magazines ou de notre mère, nous avons pour la plupart entendu dire que le pardon était bon pour nous. Le pardon implique de changer notre point de vue sur ceux qui nous ont blessé, de changer d'attitude à leur égard, en renonçant à l'amertume vengeresse et en optant pour le bon vouloir[35] (les pensées, émotions et actions positives). Il est censé nous libérer de notre colère et de notre haine, améliorer nos relations et finalement nous rendre plus heureux, en meilleure santé. De fait, il a été observé que le vrai pardon réduit les griefs, minimise les pensées négatives, colériques ou dépressives, renforce la pensée optimiste, inspire le contentement, favorise l'engagement et la satisfaction au sein du couple, améliore la santé physique et augmente même la productivité au travail[36]. Si vous êtes peiné par les actes de votre conjoint, prenez le temps de réfléchir aux conséquences de ces découvertes.

Des études d'intervention qui enseignent des stratégies visant à promouvoir le pardon ont été menées avec des groupes divers, couples mariés, survivants de l'inceste, parents dont l'enfant s'est suicidé, hommes dont la compagne a avorté contre leur avis, enfants blessés dans des relations, couples divorcés en conflit pour la garde des enfants[37]. Les scientifiques ont établi que quand notre conjoint nous maltraite et que nous ne lui pardonnons pas, sa transgression contamine nos futures interactions maritales, et finit par se dresser comme un obstacle entre nous, nous empêchant de résoudre nos problèmes. Le pardon peut non seulement éviter cette spirale qui nous entraîne vers le bas, mais aussi déclencher des pensées et des interactions chaleureuses. Une étude a même révélé que pardonner à quelqu'un (notre conjoint ou notre voisin) profite à toutes nos relations. Il suffit de nous rappeler une personne à qui nous avons pardonné pour renforcer le lien avec la famille, les amis et les collègues, pour nous rendre plus susceptibles de faire un don à une œuvre caritative ou nous porter volontaires pour une bonne cause[38].

Mais… le paillasson

Si le pardon est tellement bienfaisant, et si ses illustres adeptes sont si vertueux, pourquoi sommes-nous si nombreux à rechigner à le pratiquer régulièrement, surtout au sein de notre couple ? Pourquoi avons-nous un avis mitigé face à ces conjoints qui souffrent depuis longtemps et qui pardonnent l'un après l'autre tous les péchés de leur partenaire ? La psychologie évolutionniste et la sociopsychologie proposent une réponse. Nos possibilités de survie et de reproduction dépendent tantôt de notre capacité à pardonner, tantôt de notre désir de vengeance, et il est essentiel de distinguer ces deux types de situation[39]. Par exemple, quand le pardon est accordé trop vite et sans discernement, nous risquons de nuire à notre amour-propre, de regretter notre capacité à nous défendre, d'endommager notre couple en empêchant notre conjoint de tirer la leçon de ses erreurs[40]. Si nous pardonnons trop vite et trop souvent à notre conjoint, nous risquons de perdre de vue nos valeurs, d'ignorer les vrais problèmes de notre couple et de devenir le paillasson de l'autre.

Quand pardonner et quand ne pas pardonner ? Les scientifiques ont récemment établi des critères pour distinguer le pardon bénéfique et le pardon néfaste. Après le tort commis par votre conjoint, si vous croyez :

(1) que vous resterez ensemble, unis en un couple qu'il faut à tout prix préserver,

(2) que votre partenaire ne risque pas de répéter sa transgression et de vous blesser à nouveau,

(3) et que ses écarts de conduite sont rares,

le pardon aura des conséquences positives.

Par exemple, dans une étude portant sur des couples mariés, les conjoints qui pardonnent à ceux dont les méfaits sont fréquents ont rencontré des problèmes de plus en plus nombreux (et vice versa), mais les conjoints qui pardonnent à ceux dont les torts sont rares se sont déclarés davantage satisfaits de leur couple[41].

D'autres études montrent que pardonner à un conjoint charmant ou repentant permet de consolider sa propre identité et son estime de soi, alors que pardonner à un conjoint qui n'est ni charmant ni repentant conduit à se sentir nettement moins bien dans sa peau[42]. En somme, si votre conjoint – qui a été infidèle ou a fait preuve de méchanceté à votre égard – vous signale que votre couple est sûr et que vous êtes apprécié, alors lui pardonner vous rendra plus sûr de vous-même et de votre valeur, préserva votre couple et facilitera la gestion des problèmes inévitables. Il faut pourtant examiner si notre propension à pardonner résulte du désir légitime et réfléchi de sauver notre couple, ou si nous sommes tellement terrorisés par la certitude de ne jamais plus être heureux si notre couple prend fin que nous ferions n'importe quoi pour éviter une confrontation majeure. Le pardon est un choix qui requiert un effort conscient, et cet effort peut s'avérer extrêmement payant, pour vous comme pour votre relation. Mais si tous les signes indiquent que votre partenaire n'éprouve aucun remords et recommencera à mal se conduire, alors votre pardon n'aura rien de « divin ».

PARTIR AVANT QU'IL NE SOIT TROP TARD

Vous avez tout essayé, mais la proportion d'expériences positives par rapport aux expériences négatives reste d'un pour un dans votre couple. Vous êtes profondément et constamment malheureux et vous n'avez pas envie de gâcher d'autres belles années de votre vie. La séparation et le divorce sont des décisions tellement personnelles que personne, même le plus accompli des conseillers conjugaux, ne peut dire à un couple s'il doit en passer par là. Je ne me prononce pas non plus, mais je souhaite divulguer le résultat d'études sociologiques récentes, qui pourraient (ou non) influencer votre décision.

La valeur de l'attente

Selon le proverbe, « le temps guérit toutes les blessures », et c'est sans doute vrai, du moins dans certaines circonstances, mais ce n'est pas agréable à entendre. Si votre couple est naturellement sujet à des hauts et des bas, et si vous êtes au creux de la vague depuis trop longtemps, peut-être est-il temps de vous en sortir. On m'a jadis raconté une belle histoire au sujet d'un récipient d'eau trouble. Cette eau était obscurcie par la terre qu'elle contenait et le propriétaire ne savait comment la rendre à nouveau claire. Fallait-il la faire bouillir ? Ou la faire geler ? La secouer ? La filtrer ? Un produit chimique aurait-il pu absorber ou neutraliser la terre ? Il tenta ces méthodes, sans succès. Ce qui fonctionna, ce fut de laisser le récipient d'eau boueuse immobile un moment. Le propriétaire renonça à tout effort, se détendit et laissa l'eau tranquille. Après un moment, il remarqua que les particules de terre se réunissaient au fond, et que l'eau redevenait transparente[43].

Si vous laissez votre couple au repos, vous verrez peut-être les particules qui le troublent se détacher toutes seules.

Après le divorce, vous allez résister et progresser

Et si la saleté ne se détache pas d'elle-même ? Alors, vous déciderez peut-être de vous séparer ou de divorcer, comme plus de 40 % des couples, et la décision sera terrible[44]. Un événement aussi important va non seulement changer votre vie et votre famille de mille manières, mais il peut aussi ébranler votre vision de vous-même, de votre vie passée, présente et à venir, ce récit qui vous donne une cohérence et un but. Après tout, ce n'est pas ainsi que l'histoire était censée se terminer.

En général, les gens passent par toute une gamme d'émotions pendant et après un divorce, du sentiment de trahison et de rejet à la tristesse et au soulagement, de la colère et de la peur à la culpabilité et à l'apitoiement sur leur propre sort. De plus, les émotions vont et viennent en l'espace de quelques minutes, ce qui donne un nouveau sens à la formule « montagnes russes émotionnelles ». Vous avez l'impression que votre vie est un échec et vous perdez les pédales. Vous commencez à douter de votre propre valeur, comme individu et comme partenaire. Vous affrontez des tonnes de paperasses à remplir, les interminables conversations téléphoniques avec votre avocat, les négociations stressantes avec votre ex au sujet de vos biens et de la garde des enfants, ceux-ci se replient sur eux-mêmes ou deviennent invivables. Par-dessus le marché, vous risquez de rencontrer d'autres tensions dans votre vie sociale, sur votre lieu de travail ou dans vos finances. Vous allez devoir chercher un emploi mieux payé, ou un emploi tout court. Et au moment où vous avez le plus besoin de soutien social, vous vous sentez isolé, abandonné, parce que les amitiés évoluent quand un couple se défait et que certains amis s'éloignent de vous.

Malgré tous les problèmes et toutes les tensions, la plupart des gens arrivent à survivre à leur divorce et même à s'épanouir. L'analyse de huit études différentes qui ont suivi des personnes avant et après leur divorce a montré que la réaction typique était une hausse progressive du bonheur des intéressés[45]. Un des thèmes de mon livre est la résistance remarquable des êtres humains, leur faculté à transformer les traumatismes en atouts et les mauvaises expériences en raisons de progresser ; par exemple, rebondir après un divorce et en sortir même plus fort. J'aime parler à ce propos de « magie ordinaire » et non d'un don qui n'appartiendrait qu'à certains individus hors du commun, dotés de pouvoirs spéciaux que nous ne pourrons jamais égaler[46]. C'est plutôt une caractéristique fréquente, qui implique la capacité à se relever après un coup dur et à ressentir des émotions positives. Pourtant, comme nous ne sommes généralement pas conscients de la banalité de cette compétence, nous sous-estimons souvent notre capacité à supporter presque tous les maux. Parce que nous craignons de ne plus jamais être heureux après un événement pénible ou traumatique, comme l'éclatement de notre famille, nous sous-estimons cette magie ordinaire dont nous sommes tous pourvus.

Les chercheurs et les spécialistes du *self-help* ont beaucoup écrit sur les ressources spécifiques qui nous aident à aller de l'avant et même à « profiter » des sentiments de perte, de souffrance et de traumatisme typiques d'un divorce[47]. Ces forces nous aideront à résister et à progresser durant les heures les plus sombres.

L'analyse de huit études différentes sur des personnes avant et après leur divorce a montré que la réaction typique était une hausse progressive du bonheur des intéressés.

Développer ses ressources intérieures

À partir d'aujourd'hui, pratiquez l'une des activités suivantes, peut-être celles qui vous paraîtront les plus naturelles ou les plus gratifiantes, ou du moins celles qui vous causent le moins d'inquiétude :

– demandez-vous comment vous êtes devenu plus fort à la suite de votre séparation et de votre divorce ;

– écrivez le récit de ce qui s'est passé pendant et après la fin de votre couple, comment vous avez progressé et changé grâce à cela, et quelles nouvelles priorités et ambitions vous imaginez pour votre avenir ;

– réfléchissez à la chose la plus drôle qu'on vous ait dite depuis votre divorce ;

– demandez-vous ce que vous ressentez exactement, et pourquoi, pendant cette période de votre vie, et obligez-vous à faire part de ces sentiments à d'autres ;

– accomplissez tous les jours une action, si banale soit-elle, qui vous rend heureux pendant au moins quelques instants ;

– essayez de vous rappeler ce qui vous a aidé à rebondir après des traumatismes plus anciens, et mobilisez à nouveau ces mêmes ressources ;

– réfléchissez à ce que la spiritualité signifie pour vous et à la façon dont vous pourriez vous en servir pour vous rapprocher des autres ;

– liez-vous à un autre en l'aidant ou en lui enseignant quelque chose.

Ces démarches vous aideront à construire et à consolider votre capacité à conserver une attitude positive, même dans la souffrance, à donner un sens à cette rupture, à réviser l'ordre de vos priorités, et à mieux apprécier les objectifs qui sont désormais significatifs et accessibles[48]. Ces activités visent aussi à « alléger » le fardeau en vous encourageant à ne pas prendre les choses trop au tragique, à aiguiser la conscience de vos émotions et de celles des autres, à mieux communiquer vos sentiments et à vous connecter avec les autres[49]. Enfin, ces tâches vous aideront à vous impliquer dans quelque chose qui dépasse votre situation personnelle et à vous reposer sur d'autres relations importantes en dehors de votre couple.

Enfin, il existe une ressource que presque tout le monde a besoin de renforcer. En raison de sa grande influence dans de nombreux domaines de l'existence, l'amour-propre est l'un des traits humains les plus étudiés. Évaluer l'estime que vous ressentez envers vous-même en ce moment devrait donc être une priorité.

Évaluez votre estime de soi

Essayez, en notant à quel point vous êtes d'accord avec chacune des affirmations ci-dessous[50] (1 = *pas du tout d'accord*, 2 = *pas tellement d'accord*, 3 = *plutôt d'accord*, 4 = tout à fait d'accord) :

1. J'ai le sentiment d'être une personne de valeur, au moins à égalité avec les autres ;
2. J'ai le sentiment d'avoir beaucoup de qualités ;
3. Somme toute, j'ai tendance à penser que je suis un raté ;
4. Je suis capable de faire les choses aussi bien que la plupart des gens ;
5. Par rapport à la plupart des gens, je n'ai pas grand-chose dont je puisse être fier ;
6. J'ai une attitude positive par rapport à moi-même ;
7. Dans l'ensemble, je suis content de moi ;
8. J'aimerais me respecter davantage ;
9. Il m'arrive de me sentir totalement inutile ;
10. Parfois, je me sens bon à rien.

Pour déterminer votre score, commencez par inverser vos résultats pour les affirmations 3, 5, 8, 9 et 10 (si vous vous êtes donné 1, faites-en un 4 ; si vous vous êtes donné 2, faites-en un 3 ; changez le 3 en 2 et le 4 en 1). Maintenant, faites le total.

Le score le plus élevé que vous puissiez réaliser est de 40 (si vous êtes tout à fait d'accord avec toutes les évaluations positives et si vous n'êtes pas du tout d'accord avec toutes les formulations négatives). Dans le monde, la moyenne est de 31 ; aux États-Unis, elle est de 32. Si votre score est inférieur à 31 ou 32, cela signifie que plus de la moitié des gens qui vous entourent ont plus d'amour-propre que vous ; si vous êtes en dessous de 20, vous vous situez alors dans le dernier tiers de la population.

Si votre score est en dessous de la moyenne, un de vos objectifs premiers doit être d'améliorer l'estime dans laquelle vous vous tenez, si difficile que cela soit. Commencez par de petites étapes, avec des buts qui vous aident à accomplir quelque chose, à enrichir une amitié, à faire preuve de compassion envers autrui, et à vous sentir mieux[51]. Ce livre propose plusieurs directives en ce sens.

Après le divorce, la vie continuera

La recherche sur l'adaptation hédonique montre que nous nous habituons vite aux événements les plus négatifs. Par exemple, dans une étude, lors des deux premières années suivant un divorce, les personnes éprouvaient une grande détresse psychologique, mais ils semblaient ensuite rebondir[52]. La vie continuait, et une multitude de hauts et de bas quotidiens, sans lien avec leur couple, retenaient leur attention la plupart du temps.

Voici l'une des raisons pour lesquelles nous adhérons à l'idée reçue selon laquelle le divorce (ou tout autre problème) nous rendra plus malheureux (et bien plus longtemps) qu'il ne le fait réellement : nous pensons que, dans un an ou dans cinq ans, nous serons autant préoccupés par notre divorce et toutes ses conséquences que nous le sommes aujourd'hui. Nous n'arrivons pas à imaginer les mille autres événements qui adviendront et rivaliseront pour attirer notre attention durant l'année ou les cinq années à venir[53]. Après tout, nous pouvons avoir besoin d'aller chez le dentiste, de faire réparer la climatisation. Notre fils fera peut-être des études brillantes, nous renouerons peut-être avec un cousin perdu de vue depuis longtemps. Nous apprendrons peut-être à cuisiner de somptueuses paellas pour nos amis, et nous ferons peut-être un délicieux (ou désastreux) voyage en Floride avec nos enfants. Bref, notre jugement et notre participation seront requis par bien des situations sans aucun rapport avec notre divorce.

Un divorce ne se produit pas dans le vide[54]. La vie continue, d'autres circonstances s'imposent et prennent le contrôle de nos émotions, autant ou davantage que le traumatisme initial. Pour vraiment saisir cette notion, imitez ce qu'on a demandé de faire aux participants de plusieurs études très habiles : ceux qui prenaient le temps de mettre par écrit tous les autres événements et engagements qui retiendraient leur attention à l'avenir (les rendez-vous médicaux, les dîners en ville, les réparations de voiture, les hausses de salaire) couraient moins le risque d'exagérer le chagrin du divorce[55].

Dans *House Lights*, un livre sur la vie de famille, un père est confronté à l'idée qu'il ne vivra plus jamais avec sa femme. Quand il demande à sa fille ce qu'il va devenir, elle répond quelque chose qui vaut pour nous tous :

« Tu seras triste… Elle va te manquer. Tu continueras à voir tes patients, à rencontrer tes amateurs d'oiseaux, à enregistrer des livres pour les aveugles. Tu iras voir des amis, tu iras au restaurant, tu… feras changer ton huile… achèteras des légumes… assisteras aux concerts de l'église. Tu nettoieras tes jumelles avec ta petite trousse de nettoyage. Tu déneigeras, tu tondras la pelouse et tu ramasseras les feuilles mortes. Tu liras et tu feras la cuisine[56]. »

La vérité, c'est que chaque mois, votre divorce et ses répercussions auront sur votre quotidien un impact moindre que le mois précédent.

Et les enfants dans tout ça ?

Vous vous en remettrez, vous oublierez, à défaut de pardonner, et votre vie deviendra peut-être infiniment plus belle, mais que deviendront vos enfants ? Les études montrent que les enfants sont de loin la première raison pour laquelle les couples malheureux choisissent de ne pas se séparer[57]. Cette réalité n'est ni déraisonnable ni étonnante, mais il est important de déterminer si les hypothèses sont exactes, au sujet des effets d'un divorce tant sur les enfants que sur d'autres points importants. Les écrits publiés dans ce domaine peuvent adopter deux points de vue extrêmes. Le premier est que le divorce ne laisse aucune séquelle durable sur les enfants, le second est qu'il cause des dégâts permanents. Comme dans la plupart des débats, la réponse se situe quelque part au milieu, même si ma lecture des recherches penche plutôt du côté « pas d'effets à long terme ». Bref, le divorce a incontestablement quelques effets négatifs sur les enfants, mais ils sont souvent mineurs et ne s'appliquent pas à toutes les familles[58].

D'une part, comme on pourrait s'y attendre, après un divorce les ex-conjoints ont plus de mal à être de bons parents. Par exemple, ils ont du mal à encadrer, à superviser et à discipliner leurs enfants de façon efficace et cohérente, à leur apporter amour et affection, et à dédramatiser les conflits. C'est le cas à cause des nouveaux arrangements de cadre, de la fragmentation de la cohésion familiale et du stress accru des parents. Pourtant, les effets néfastes sont souvent éphémères et n'ont rien d'universel.

Les enfants de couples divorcés

Un chercheur a voulu savoir si les enfants de divorcés étaient moins heureux et moins confiants, s'ils avaient de moins bons résultats scolaires, des relations moins saines et plus de problèmes de comportement que les enfants dont les parents restaient ensemble. Sur 177 comparaisons entre ces deux groupes d'enfants, plus de la moitié (103) n'ont révélé aucune différence[59].

D'autres études ont établi que 75 % des enfants dont les parents divorcent ne souffrent d'aucun handicap à long terme, et que les effets du divorce sur le comportement, la réussite scolaire et le bien-être sont moindres comparés aux effets liés à l'appartenance à tel ou tel sexe[60]. Bien sûr, cela signifie qu'un quart des enfants souffrent bel et bien du divorce, même à long terme, et cette vérité doit être prise très au sérieux. Par exemple, notre couple court deux fois plus de risques de finir par un divorce si nos parents ont divorcé, et notre santé est compromise[61].

Les tentatives visant à déterminer si le divorce est nuisible pour les enfants se heurtent néanmoins à une limite très importante. Toutes les études sont nécessairement corrélationnelles, car il serait impossible (et contraire à l'éthique) d'imposer au hasard le divorce à certains couples et la stabilité à d'autres. Cela signifie que nous ne pouvons écarter le rôle joué par la génétique. Le divorce comporte une part héréditaire : les éléments qui font que les uns divorcent et que les autres ne divorcent pas (qui semblent liés à des personnalités particulières, comme être généralement négatif et malheureux) se transmettent d'une génération à l'autre[62]. Donc quand nous apprenons que les enfants de parents divorcés ne réussissent pas aussi bien dans certains domaines, cela tient peut-être aux gènes que ces enfants partagent avec leurs parents et non aux effets du divorce en soi.

Une autre pièce essentielle du puzzle consiste à savoir s'il faut rester en couple uniquement pour ses enfants. Autrement dit, est-il pire pour eux de continuer à vivre avec des parents qui se disputent et sont malheureux ou de subir les conséquences d'une séparation ? La réponse courte est que les enfants s'en sortent mieux quand ils peuvent (par le biais du divorce) échapper aux querelles et aux cris de parents qui les poussent à prendre parti pour un camp ou pour un autre. Dans une maison remplie de souffrances, de litiges ou de froideur, les enfants sont exposés au stress chronique, qui les pousse à prendre l'habitude de toujours

---

Les enfants s'en sortent mieux quand ils peuvent (par le biais du divorce) échapper aux querelles et aux cris de parents qui les poussent à prendre parti pour un camp ou pour un autre.

rester vigilants[63]. Mon amie Josie se souvient qu'elle se cachait dans sa chambre quand ses parents se battaient et se jetaient des objets à la figure. Elle intervenait souvent dans leurs querelles, se joignait aux cris, tentait de protéger sa mère et avait peur quand elle entendait son père mettre la clé dans la serrure. Aujourd'hui, elle reste ultrasensible à tout type de conflit ; dès que son mari hausse la voix, elle a le cœur qui bat. Josie a suivi une thérapie et a réussi à avoir des relations saines et fructueuses à l'âge adulte, mais à quel prix !

Quand nous comparons l'équilibre des enfants dans les foyers où les parents se disputent et après un divorce, le résultat est très clair : dans le second cas, ils vont beaucoup mieux. Par exemple, dans une étude, des enfants exposés à de nombreuses disputes à la maison étaient relativement plus susceptibles de mal se comporter, d'être anxieux ou déprimés, et d'avoir des relations difficiles avec leurs amis et camarades de classe, mais le fait que leurs parents soient mariés ou divorcés n'avait aucun effet sur leurs problèmes. Ce qui compte, c'est donc le conflit, pas le divorce.

Bien sûr, cela signifie que les études qui découvrent les effets néfastes du divorce sur les enfants découvrent peut-être simplement les effets du conflit inévitablement associé à ce divorce. La recherche sur la santé reflète notamment de très près ces résultats. Même si les gens qui divorcent ont plus de problèmes de santé – système immunitaire plus faible, plus de maladies cardiaques et de diabète, moindre résistance au cancer, dysfonctionnements physiques liés au vieillissement[64] –, la santé des couples malheureux en pâtit tout autant, voire davantage[65]. Même si nous n'en avons pas conscience, au milieu d'une dispute, le fonctionnement de notre système immunitaire commence à décliner, nos blessures physiques guérissent moins vite, et notre taux de calcium coronaire (qui signale le risque de maladie cardiaque) augmente[66]. Comme le conclut un psychologue de la santé, un mariage malheureux représente un facteur de risque de maladie cardiaque aussi important qu'une tabagie régulière[67].

Si vous envisagez de divorcer, si vous redoutez l'impact que cela aura sur l'adaptation psychologique de vos enfants, sur leurs résultats scolaires, sur leur comportement et même sur leurs futures relations en tant qu'adultes, pensez qu'un foyer monoparental chaleureux, aimant et paisible (ou deux foyers monoparentaux) vaut mieux qu'un foyer où deux parents se querellent. Attention pourtant, si vous soupçonnez que vos problèmes graves sont invisibles pour vos enfants. Cela peut sembler peu plausible, mais nous connaissons tous des couples qui parviennent à cacher si bien leur malheur que leur séparation éclate comme une bombe pour tout le monde, y compris leurs plus proches amis (parfois même pour l'autre conjoint). Il s'avère que les enfants qui ignoraient totalement les problèmes de leurs parents souffrent de conséquences plus durables et plus négatives quand ces parents les surprennent (et les anéantissent) en divorçant[68]. Cette situation constitue une difficulté quasi insoluble : il ne s'agit pas de vous disputer délibérément devant vos enfants uniquement pour qu'ils ne soient pas surpris le jour où vous vous séparerez. La meilleure solution est, pour les conjoints habitués à faire bonne figure, de continuer à forger un environnement chaleureux et favorable pour leurs enfants, tout en préservant des interactions cordiales entre eux, pendant la séparation, le divorce et au-delà.

L'ESPRIT BIEN PRÉPARÉ

Le moment de vérité qui implique la possibilité de quitter votre partenaire ou de rester est l'un des plus délicats à affronter. Vous avez le choix de partir. Vous avez le choix de rester et de tirer le meilleur parti de la situation. Vous avez le choix de rester

---

Un mariage malheureux représente un facteur de risque de maladie cardiaque aussi important qu'une tabagie régulière.

en vous efforçant d'améliorer votre relation avec votre conjoint. L'une des leçons de ce chapitre est que, le jour où vous prenez conscience des conceptions erronées qui risquent d'aggraver votre situation de crise, vous comprenez que vous avez accès à plus de choix que vous ne le pensiez. Je présente donc ici plusieurs stratégies permettant d'améliorer son couple ou de le supporter. Plus vous commencerez à pratiquer ces stratégies tôt – de préférence après le premier fantasme de divorce plutôt qu'après la première séparation –, plus elles seront efficaces. Bien sûr, un fantasme de divorce n'est parfois rien de plus, un rêve éveillé qui vous permet de décharger votre colère et votre désarroi, avant de vous remettre au travail en faveur de votre couple. Mais à d'autres moments, les fantasmes de divorce sont les signes avant-coureurs de ce qui va suivre. Dans ce cas, plus tôt vous tiendrez compte des résultats de la recherche (le divorce *n'a pas* de conséquences irréparables pour la plupart des enfants), plus tôt vous serez prêt à prendre une décision fondée sur la raison plutôt que l'intuition (quand vous croyez que vous ne pouvez pas partir, si malheureux que vous soyez).

Surtout, avant de prendre une décision cruciale, vous devez déterminer à quel point votre malheur conjugal vient de vous, à quel point il vient de votre conjoint, à quel point il tient à la dynamique de votre couple, et à quel point il est lié à des circonstances qui échappent à votre contrôle. Cette prise de conscience ne changera peut-être rien à votre décision, mais elle identifiera quels éléments de votre couple ou de votre vie vous devez tenter de changer. Savoir que ce mythe du bonheur est infondé, que votre vie ne s'arrête pas avec la fin d'une relation, vous ouvre de nouvelles voies et de nouvelles possibilités positives pour concrétiser ce changement.

CHAPITRE 3
Je serai heureux quand... j'aurai des enfants

Je me promenais avec une amie lorsqu'elle m'a tout à coup avoué une chose que je n'avais jamais entendu personne dire tout haut : « Je n'aime pas être mère. » Elle adore son fils, peut-être plus que tout. Elle essayait d'avoir un enfant depuis dix ans lorsqu'elle y est finalement parvenue, à l'aide de multiples traitements contre l'infertilité. Elle en est ravie. Mais peut-être parce que le désir d'enfant fut si fort et si long, et l'effort si lourd et si stressant, il lui a fallu plusieurs années pour admettre la réalité : le métier de parent ne lui convient pas. Elle ne se sent pas à l'aise entourée d'enfants, elle a l'impression de devoir jouer un rôle devant les autres parents. Elle ne veut pas se sacrifier entièrement au service d'une autre vie. Loin de voir un défi et une aventure dans les soucis incessants, les horaires et les déceptions, comme semblent le faire certaines de ses collègues et amies, elle ne perçoit qu'un pesant fardeau. Je dois ajouter qu'un observateur objectif serait incapable de deviner ce qu'elle ressent. C'est une mère formidable, et elle le sait ; simplement, elle n'aime pas ça.

Beaucoup de questions peuvent nous venir à l'esprit en entendant cette histoire. Sommes-nous censés aimer être parents ?

Après tout, combien d'entre nous savaient vraiment à quoi ressemblerait le fait d'avoir un enfant, même après avoir lu une dizaine de livres et avoir parlé avec tous les parents que nous rencontrions ? Et la conclusion de mon amie n'est-elle pas prématurée, puisque aucun métier au monde ne change peut-être aussi radicalement avec le temps que celui de parent ? Dans quelques années, quand son fils ira à l'école primaire, son activité de mère aura entièrement changé d'aspect, et quelques années encore après, tout sera à nouveau transformé, et ainsi de suite. Une évolution fondamentale peut parfois se produire en quelques mois dans la relation parent-enfant. Enfin, est-ce simplement un exemple extrême sans pertinence pour la majorité d'entre nous ?

Les enfants sont la source de nos plus grandes joies et de nos plus grandes tristesses. Il n'est donc pas étonnant que certains des moments les plus importants de notre existence se situent dans le cadre de notre vie familiale. Avant de nous résigner aux sentiments que nous inspire le métier de parent, de désespérer ou de les combattre, nous devons déterminer si notre situation est si exceptionnelle. L'idée qu'avoir des enfants nous rendra formidablement heureux n'est pas seulement enracinée dans notre culture, elle est aussi inscrite dans notre évolution. Même si ce mythe du bonheur empêche les êtres humains de renoncer à se reproduire, il contribue également à créer une situation de crise à partir d'un chapitre archétypal de notre vie. Quand le métier de parent ne nous rend pas aussi heureux que prévu, nous nous sentons épuisés, malheureux et découragés, mais aussi honteux.

LE MÉTIER DE PARENT N'EST PAS CE QUE J'ESPÉRAIS : QUELQUES DÉCOUVERTES SURPRENANTES

Être parent ne vous procure guère de joie, vous détestez les mille tâches et soucis que ce rôle implique. Face à ces dix-huit années d'efforts quotidiens, celles que vous avez derrière vous et surtout celles qui vous attendent encore, vous succombez à la lassitude et au désenchantement. Et pour tout arranger, vous avez l'impression de ne pas avoir de place dans une culture de farouche nucléarité familiale, vous avez peur d'exprimer vos sentiments et d'être blâmé par les autres. Curieusement, en partie parce que ces sentiments sont si tabous, très peu de gens savent à quel point ils sont partagés. Une analyse de plus de cent études a révélé que les couples suivis avant et après la naissance d'un enfant souffraient d'un déclin apparemment permanent quant à la satisfaction que leur inspire leur couple[1]. Alors que beaucoup de parents se déclarent ravis et comblés, les études prouvent aussi que, si vous êtes une jeune femme non mariée et sans emploi, et si vos enfants sont très jeunes ou adolescents, s'ils sont ceux de votre compagnon ou s'ils sont difficiles, être parent risque de vous rendre moins heureuse et moins satisfaite de votre vie et de votre partenaire[2] (si vous en avez un).

Avoir des enfants est coûteux, stressant et émotionnellement épuisant – à tel point que nous ne sommes pas capables d'envisager précisément les difficultés du métier de parent avant que l'enfant n'arrive à la maison. Et aucun parent ne sera étonné d'apprendre que si l'on demande aux gens quel était leur degré de bonheur avant et après le jour où leur premier bébé est arrivé à la maison, la réponse est nettement moins bonne dans le second cas[3]. Toujours pour aller dans ce sens, on observe que la satisfaction conjugale monte en flèche lorsque le dernier enfant quitte le foyer[4]. Et même si les témoignages varient, nombre d'études qui comparent le taux de bonheur ou de satisfaction des parents et des non-parents de tous âges et de toutes conditions révèlent que les parents éprouvent un moindre bien-être[5]. Par exemple, dans une étude souvent citée, des mères actives du Texas déclaraient ressentir moins d'émotions positives au quotidien et plus d'émotions négatives. Quand on leur demandait d'évaluer ce qu'elles avaient ressenti à chaque heure de la veille, elles estimaient que s'occuper de leurs enfants était à peine plus agréable que les trajets en transports en commun et les tâches ménagères[6].

De toute évidence, si élever vos enfants vous rend souvent nerveux, irritable, las ou inquiet, vous n'êtes pas seul dans ce cas. Vous n'êtes pas le seul dont l'univers rétrécisse après la naissance des enfants, et vous devez dire adieu aux aventures risquées, aux intimités spontanées et aux décisions prises sur un coup de tête. Vous n'êtes pas le seul dont le couple a pu terriblement souffrir – du moins quand les enfants ont moins de 6 ans ou plus de 12 ans[7] –, à tel point que les petits ennuis et les menus agacements se transforment en lignes de faille qui méritent qu'on envisage le divorce. Les études montrent que les deux principales sources d'affrontement pour les couples mariés sont l'argent et les enfants. Le stress et le manque de sommeil suffisent pourtant pour augmenter les risques de conflit[8]. Comme l'exprimait assez crûment un jeune père : « Les enfants sont une immense source de joie, mais avec eux, toutes les autres sources de joie ne sont plus que de la merde[9]. »

J'espère que le fait de savoir que bien d'autres parents partagent nos souffrances de temps à autre nous aidera à nous sentir moins exclus et soulagera un peu notre culpabilité. Aimer ses enfants, ce n'est pas la même chose qu'aimer le fait d'être parent. Néanmoins, nous avons tout intérêt à nous focaliser sur ce que nos enfants nous apportent et qui échappe à la question : « Êtes-vous heureux ? » Même les parents qui détestent le métier de parent vivent des moments pleins de sens, de joie et même d'euphorie qui contribuent au sentiment d'une vie bien vécue – quand notre enfant naît, le jour où il court dans nos bras après une séparation, quand il lit son tout premier mot, quand il est la vedette de son premier spectacle scolaire, quand il suffit de penser à lui pour atténuer une déception professionnelle, ou quand il réussit brillamment ses études. Dans une récente étude, avec mes collègues, nous avons découvert que les

Aimer ses enfants, ce n'est pas la même chose qu'aimer le fait d'être parent.

parents trouvaient que les moments passés avec leurs enfants étaient ceux où leur vie avait le plus de sens[10].

Être vivant et citoyen du monde, c'est utiliser nos capacités au maximum, rencontrer différentes dimensions de l'expérience humaine, grandir et en apprendre davantage sur nous-mêmes, nous lier avec les autres, atteindre les buts culturellement prescrits, faire l'expérience d'une large gamme d'émotions (des sommets de la joie aux abîmes de la dépression), façonner sa propre identité, écrire l'histoire de sa vie, laisser après soi un héritage qui persistera au-delà d'une vie[11]. Les enfants nous permettent de faire tout cela et plus encore.

Bien sûr, la plupart du temps, nous ne pensons pas à ces avantages transcendants ; nous ne passons pas notre temps à savourer les moments mémorables et profonds que nous accordent nos enfants. Nous nous concentrons sur les tâches quotidiennes, et surtout sur les petites crises et les grandes urgences que nous affrontons. Ce proverbe sur les mères juives s'applique en réalité à toutes les mères et à tous les pères : « Une mère juive n'est jamais plus heureuse que le moins heureux de ses enfants. » Les psychologues ont montré que le mauvais est toujours plus fort que le bon, et que le chagrin causé par un enfant l'emporte aisément sur le plaisir procuré par un autre[12]. Par conséquent, les obstacles au bonheur d'un parent – surtout celui qui est vécu d'instant en instant – sont grands, et il est parfaitement rationnel de réagir en avouant que l'on n'aime pas le métier de parent.

Malgré tous les signes indiquant qu'il n'y a rien d'aberrant à ne pas aimer être parent, les gens admettent rarement qu'ils regrettent d'être devenus parents lorsqu'on leur demande quels

---

Dans une récente étude, avec mes collègues, nous avons découvert que les parents trouvaient que les moments passés avec leurs enfants étaient ceux où leur vie avait le plus de sens.

sont leurs plus vifs regrets dans la vie. 94 % des personnes interrogées affirment que les plaisirs l'emportent, si élevé que soit le coût d'être parent[13]. Au bout de quelques années, ces biberons à donner en pleine nuit, ces moments déchirants où l'on serre dans ses bras un enfant inconsolable, ces disputes sur l'heure à laquelle les ados doivent rentrer à la maison, tout cela se métamorphose en souvenirs que la nostalgie rend délicieux. Le regret de ne pas avoir eu d'enfants ou de ne pas en avoir eu plus est pourtant très courant[14]. Nous devons garder ces deux faits présents à l'esprit quand nous sommes convoqués par le proviseur pour la énième fois et quand nous avons l'impression de ne plus pouvoir supporter un jour de plus le métier de parent.

LES AGACEMENTS QUOTIDIENS VOUS RENDRONT PLUS MALHEUREUX QUE LES TRAUMAS MAJEURS

Être parent est une tâche de plusieurs décennies, mais nous pouvons rendre les mauvais moments plus supportables et plus propices à l'affirmation de soi. Une stratégie contre-intuitive consiste à prendre le temps de distinguer les difficultés majeures des difficultés mineures ; vous pouvez même dresser un tableau à deux colonnes séparant les « gros problèmes » et les « petits problèmes ».

Une famille m'a récemment décrit ses soucis dans le moindre détail. Le fils cadet de Sarah et James souffre d'une forme bénigne du syndrome d'Asperger (qui inclut des handicaps sociaux) et de troubles de déficit de l'attention. À l'école, il est très doué dans certaines matières, mais il a du mal dans d'autres. Il a un ami proche, mais n'a guère de relations avec les autres élèves. Bref, les difficultés liées à sa maladie surgissent presque

---

94 % des personnes interrogées affirment que les plaisirs l'emportent, si élevé que soit le coût d'être parent.

tous les jours. « Ce n'est pas invivable, disent ses parents. Il y a beaucoup de journées, de semaines formidables. » Mais il y a les soirs où ils s'arrachent les cheveux et se disputent quant à la manière de gérer un nouveau problème. Leur fils aîné semble psychologiquement équilibré, mais il aimerait mieux passer du temps avec ses copains plutôt qu'étudier, ce qui signifie que les devoirs sont un combat à mener chaque soir. Évidemment, la santé mentale du fils cadet figure parmi les gros problèmes de cette famille, tandis que la « bataille des devoirs » se range parmi les petits problèmes. Dans cette seconde liste figurent aussi diverses épreuves, sources de stress et blessures ressenties au quotidien. Récemment, par exemple, Sarah voulait inviter un ami de son fils cadet pour jouer, mais l'invitation a été déclinée et elle est persuadée que l'autre mère ne voulait tout simplement pas que son enfant passe du temps avec le sien. Puis leur sèche-linge est tombé en panne, ce qui a entraîné une irritation apparemment disproportionnée. Enfin, le fils aîné ne retrouvait plus le portable qu'il venait de recevoir en cadeau d'anniversaire, et ils ont passé bien des heures à le chercher en vain.

Laquelle de ces deux listes rend cette famille (et la nôtre) plus malheureuse, plus désemparée ? Même si nous pensons pour la plupart que les gros problèmes créent une insatisfaction plus intense et plus durable, la recherche révèle qu'il s'agit là d'un mythe. C'est en fait le contraire qui est vrai : les menus agacements et les petites joies que nous causent nos enfants au quotidien influencent notre bien-être beaucoup plus que les événements majeurs de la vie[15]. L'idée que les petits ennuis sont pires que les grandes calamités semble contre-intuitive et sans

Les menus agacements et les petites joies que nous causent nos enfants au quotidien influencent notre bien-être beaucoup plus que les événements majeurs de la vie.

beaucoup de sens… jusqu'au moment où nous réfléchissons à son explication.

Il y a plusieurs années, quand j'étais célibataire et que je vivais seule, j'ai eu deux expériences négatives le même jour : une compagnie aérienne m'a annoncé que mon siège hublot réservé de longue date avait été vendu par erreur à un autre passager, et ma voiture a fini en accordéon dans un accident. Je n'étais pas en faute et j'ai abandonné l'épave en toute sérénité, avec un parfait sang-froid : j'ai appelé les secours, ma compagnie d'assurances, j'ai loué un autre véhicule pour le lendemain, etc. Je savais instinctivement qu'il s'agissait là d'une urgence et que je devais rester calme, avoir une réaction rationnelle, maîtriser toutes les ressources et les compétences nécessaires. En revanche, avec la compagnie aérienne, je me suis mise en rage. J'ai trouvé leur erreur impardonnable, et je bouillais encore quelques jours plus tard, au volant de ma voiture de location.

Selon les chercheurs, quand nous vivons un événement négatif grave (accident de voiture, licenciement, renvoi de l'école pour un de nos enfants), nous sommes motivés pour affronter la crise et y survivre aussi vite que possible. Nous cherchons un réconfort émotionnel auprès de nos amis, les conseils et les informations de notre employeur, une opinion auprès des médecins et spécialistes, des renseignements dans les livres et sur Internet. De plus, nous faisons beaucoup de « travail cognitif » pour accepter ce qui s'est passé. Nous nous donnons du mal pour rationaliser l'événement, lui donner un sens, ou prendre les choses du bon côté. Quelques minutes après mon accident de voiture, j'avais confié mes malheurs à ma meilleure amie et je me persuadais que « c'était une bonne chose » car je pourrais utiliser l'argent de l'assurance pour acheter la décapotable dont j'avais toujours eu envie. Par contraste, aucun effort de ce genre n'a lieu après les petites déceptions. Je n'ai pas essayé de me persuader que l'employé de la compagnie aérienne, sans doute mal payé, dans un pays étranger, avait fait une erreur bien humaine et compréhensible parce qu'il avait eu une dure journée. Je n'ai pas non plus cherché de conseils ni d'informations auprès d'autres personnes pour mieux gérer la situation. Cela m'aurait semblé excessif.

Nous cherchons rarement un soutien social pour affronter les petits désagréments, en partie parce que nous pensons que les autres ne s'en soucieront pas autant que nous (même l'être qui nous est le plus cher se lasse si nous ruminons trop longtemps ce genre de tracas). En outre, les études montrent que révéler nos petits soucis pousse les autres à exprimer leur soutien en minimisant ces tracas (« C'est dommage que Charlie ait piqué une colère à bord de l'avion, mais ça aurait pu être bien pire ») et en laissant entendre qu'il n'y a pas de quoi s'en faire, ce qui a pour effet d'aggraver encore notre cas[16].

En somme, parce que les problèmes graves déclenchent des efforts visant à tenir bon et à réévaluer positivement notre situation, ainsi qu'à susciter un vigoureux soutien émotionnel de la part des autres (et parce que les problèmes moins graves n'entraînent pas cet effet), nous souffrons davantage des petits soucis que des gros, paradoxalement[17]. « Il se peut que les petites choses nous blessent précisément *parce que* nous les appelons petites[18]. » Cependant, nous en sommes pour la plupart inconscients, hélas. Une série d'études a ainsi montré que les gens s'attendent à détester un individu qui leur fait beaucoup de mal pendant une longue durée, bien davantage que celui qui leur fait un peu de mal, mais la réalité est inverse[19]. Nous sommes donc incapables de maîtriser les énergies appropriées pour gérer les chagrins quotidiens que nous rencontrons dans la vie, et surtout dans notre vie de parent.

Les gens s'attendent à détester un individu qui leur fait beaucoup de mal pendant une longue durée, bien davantage que celui qui leur fait un peu de mal, mais la réalité est inverse.

Regardez la colonne des petits soucis concernant vos enfants. Peut-être inclut-elle l'irritation croissante que vous inspirent l'usage que votre fille fait de son ordinateur, les hurlements d'hier soir à propos des vêtements jetés en travers de la pièce, l'inquiétude de ce matin pour l'otite de votre bébé, ou le fait que vous ne savez pas qui gardera votre fils alors que votre conjoint et vous avez des réunions très tôt le matin. Il est important de tenter de régler ces questions en apparence mineures, en cherchant de l'aide, en négociant avec des membres de votre famille, en recadrant les événements de manière plus positive, ou en prenant le temps de vous détendre, de recharger vos batteries ou de méditer. Si nous décidons de concentrer notre attention sur les petits problèmes du métier de parent, nous nous en remettrons plus vite, nous serons plus heureux, et nous aurons la vitalité et l'énergie nécessaires pour affronter un autre jour.

TROUVER ÉQUILIBRE ET SENS À TRAVERS L'ÉCRITURE

Vous saurez instinctivement qu'il ne faut pas négliger la colonne « gros problèmes » concernant vos enfants, mais cela ne signifie pas que ce sera facile. Votre fille a de mauvaises fréquentations, elle a une conduite addictive nuisible pour sa santé. Votre fils se fait racketter à l'école. Votre bambin souffre d'une maladie chronique. Le développement intellectuel de votre bébé ne progresse pas comme il le devrait. Certains parents affrontent sans mal la routine du métier de parent, mais perdent les pédales quand apparaît un problème sérieux.

De plus, vos épreuves peuvent être liées non à un enfant en particulier, mais à votre façon d'exercer le métier de parent en général. Le combat constant pour garder l'équilibre – entre votre conjoint et vous, entre votre vie familiale et votre travail – est presque devenu un cliché. Même si beaucoup de parents le mènent avec brio, certains sont accablés par l'effort nécessaire.

Dès le premier jour, quand votre bébé arrive à la maison, vous comprenez les dizaines, les centaines de négociations qui devront avoir lieu avec votre conjoint au sujet de l'éducation et de la famille. Qui sera le prochain à changer la couche, à laver les assiettes, à se lever en pleine nuit, à décider l'heure de la sieste, à emmener le bébé chez le pédiatre, à remplir la déclaration d'impôts ? En outre, au moment où vous pensez avoir aplani les difficultés avec votre conjoint en matière de division du travail, l'enfant grandit (inévitablement) ou un autre naît, et tout change. Le cycle des négociations – ou des querelles – recommence. Qui emmènera les enfants à l'école, à leurs activités, chez leurs amis, chez le médecin ; qui décidera de leurs vacances, de leur scolarité et de leur traitement médical ; qui remplira des dizaines de formulaires d'inscription ; qui se renseignera sur les établissements scolaires ou les activités sportives ? La liste des corvées et des obligations est interminable, et il faut toujours que quelqu'un s'y colle.

L'équilibre famille/travail est encore plus problématique que la guerre des corvées, et il n'existe aucune solution miracle à ce mal quasi universel. La plupart des parents – même ceux qui sont aidés et dont les horaires sont souples – admettent que les journées ne sont pas assez longues pour être à la fois un bon parent et un travailleur efficace (sans parler d'être un bon conjoint, un bon fils, un bon ami…). Dans une étude réalisée en 2008, plus de la moitié des parents actifs déclaraient avoir du mal à gérer les responsabilités du travail et de la famille[20].

Jongler avec les multiples obligations du métier de parent et de la carrière professionnelle peut être extrêmement stressant, les exigences de vos différents rôles rivalisent pour obtenir votre attention, votre temps, votre énergie, et se télescopent. Par exemple, durant une journée de travail stressante, les pères ont tendance à s'éloigner de leur famille, tandis que les mères se montrent moins chaleureuses et moins attentives avec leurs enfants[21]. À leur tour, les problèmes liés aux enfants entraînent des interruptions dans le travail, de la fatigue et des difficultés à se concentrer. En outre, l'énergie mentale requise pour garder en tête les priorités de la maison et du travail et conserver son sang-froid sur les deux fronts (paraître heureux quand vous allez chercher votre enfant à la garderie ou vous concentrer sur les directives de votre supérieur, même si c'est la dernière chose dont vous ayez envie) peut conduire au stress et même à la dépression.

Avant que ce stress ne se transforme en désespoir, il est important d'acquérir les stratégies qui peuvent vous aider à trouver le bon équilibre, à accepter votre situation, ou à en tirer le meilleur parti. L'une des plus efficaces consiste à recourir à l'écriture ou au journal intime pour donner un sens à votre combat de parent. James Pennebaker, professeur de psychologie à l'université d'Austin, a découvert que mettre noir sur blanc ce que nous inspirent nos tourments (ce qu'il appelle « dévoilement émotionnel » ou « écriture expressive ») peut consolider notre santé physique et mentale[22]. D'autres scientifiques et lui-même ont réalisé plus d'une centaine d'études confirmant ce résultat. Imiter les procédures qu'ils ont employées est très simple : procurez-vous un carnet ou un cahier et commencez à transcrire – pendant au moins trois à cinq jours consécutifs, de préférence plus longtemps – vos pensées et émotions les plus profondes à propos de vos expériences les plus difficiles et les plus douloureuses en tant que parent.

Quand les scientifiques comparent les participants qui notent régulièrement leurs malheurs aux participants de contrôle qui écrivent sur des sujets neutres ou superficiels (comme la disposition de leur chambre ou une description détaillée de leurs chaussures), il apparaît toujours que les « écrivains expressifs » sont plus heureux, plus satisfaits de leur vie et moins déprimés. En outre, lorsqu'on les retrouve quelques jours ou quelques semaines plus tard, on apprend que les écrivains expressifs consultent moins souvent leur médecin dans les mois qui suivent, ont des fonctions immunitaires plus solides, obtiennent de meilleurs résultats en classe ou au travail, ont moins tendance à l'absentéisme et ont plus de chances de retrouver un emploi après un licenciement[23]. Bref, l'écriture expressive émotionnelle a des avantages hédoniques, physiques et cognitifs très nets, avantages qui peuvent tempérer le stress ininterrompu du métier de parent, l'angoisse des traumatismes familiaux, et la difficulté qu'il y a à jongler entre nos besoins et obligations et ceux de nos partenaires, de nos enfants et de notre carrière. Tenir le journal de notre vie de parent est l'une des stratégies les plus précieuses pour tenter de maîtriser nos pensées et émotions douloureuses ou conflictuelles.

Au départ, Pennebaker pensait que le secret résidait dans la catharsis, le lâcher-prise que l'écriture permet aux gens qui retiennent leurs sentiments depuis longtemps. Par exemple, il se peut que nous nous sentions toujours coupables de rentrer tard du travail, que nous en voulions à notre conjoint parce qu'il n'est pas conscient de nos efforts, ou que nous ne supportions plus nos déplacements professionnels. Pourtant, il apparaît que l'essentiel n'est pas d'exprimer des émotions retenues, mais bien d'écrire, de tracer les mots. Mettre noir sur blanc nos soucis familiaux nous aide à les accepter et à les comprendre. Mettre en mots nos tourments affectifs nous aide à leur donner un sens, à les tolérer et à les dépasser ; cela nous prépare à en faire part à nos proches. Le langage joue donc un rôle critique. L'acte de convertir en récit cohérent des émotions ou des images intenses transforme notre façon de structurer notre détresse ou notre souffrance, d'y réfléchir, de l'intégrer à l'histoire de notre vie. Un ami me disait récemment que mettre par écrit des expériences pénibles les *réduit*, les comprime, les rend plus petites. Quand nos traumas et nos difficultés rétrécissent, nous pouvons les ranger, les diluer plus vite et plus efficacement. Si nous prenons l'habitude de tenir un journal expressif – et de l'utiliser même après de petits tracas –, cette pratique portera ses fruits quand

---

Tenir le journal de notre vie de parent est l'une des stratégies les plus précieuses pour tenter de maîtriser nos pensées et émotions douloureuses ou conflictuelles.

les grands bouleversements du métier de parent s'abattront sur nous. Autre avantage : nous acquerrons une estime, un humour et une perspicacité supplémentaires quand nous relirons ce journal, quelques années ou quelques décennies plus tard.

VOIR L'ENSEMBLE DU TABLEAU

La vie avec des enfants – nouveau-nés, bambins, préados ou ados – peut signifier une maison pleine de désordre, de constants appels à notre attention et à notre porte-monnaie, des vagues régulières d'irritation, de gêne, de regrets et de rage, sans parler de la panique que tous ces frais peuvent entraîner. Certains d'entre nous se sentent tellement enchaînés à cette vie pour des années et des années encore qu'ils deviennent malheureux, déçus ou, pire, apathiques et déprimés. Durant ces moments, il est bon d'adopter une perspective plus large, de voir « l'ensemble du tableau » : pourquoi avons-nous choisi d'avoir des enfants, comment notre expérience de parent évoluera et s'améliorera avec le temps, que voulons-nous apporter à la société et aux générations futures ? Cette perspective large nous incite à poser les grandes questions : quel est le but de notre vie, et que faisons-nous ici ?

Nous pouvons aussi envisager une perspective plus personnelle, quant à nos priorités durant les différentes étapes de notre vie. Se réveiller chaque jour avant le lever du soleil pour être avec votre enfant est peut-être une chose dont vous avez besoin à présent, comme dans dix ans vous devrez le pousser pour qu'il obtienne de meilleures notes, comme dans vingt ans vous lui demanderez son soutien émotionnel. Les personnes plus âgées bénéficient beaucoup d'avoir des relations positives avec leurs enfants adultes, et déclarent qu'avoir des petits-enfants est l'une des meilleures expériences de leur vie[24]. Même si les gens ont des enfants plus tard qu'auparavant, même si ces enfants restent plus longtemps avec leurs parents, une hausse colossale de l'espérance de vie signifie que les parents ont un nombre plus élevé d'années à passer avec leurs enfants adultes – 30,5 années en moyenne pour les mères, 22 années pour les pères[25]. Dans les entretiens concernant la sagesse accumulée au fil des années, les adultes plus âgés soulignent qu'il est important d'envisager les relations avec leurs enfants à l'échelle d'une vie entière. En résumé, leur conseil est le suivant : « Que faites-vous avec votre enfant lorsqu'il a 5, 10 ou 15 ans qui créera une relation durable et aimante durant la période bien plus longue de sa vie d'adulte et de votre maturité et de votre vieillesse ? Parce que, croyez-moi, à mesure que le temps passe, *vous aurez envie que vos enfants soient là…* Quand vous serez septuagénaire et au-delà, vos enfants vous offriront continuité, sens, attachement, et surtout le sentiment d'un but supérieur dans la vie[26]. » Bref, la récompense de vos épreuves d'aujourd'hui viendra dans longtemps, elle sera durement gagnée, mais elle sera appréciée.

Mais qu'en est-il du présent ? Savoir que je serai ravi quand mes enfants m'aideront dans ma vieillesse n'atténue pas vraiment le coup que j'encaisse quand mon nourrisson pique une colère ou quand mon fils adolescent se montre brutal. Avoir une vue d'ensemble du métier de parent est difficile et exige un réel effort, tout comme il est difficile de pardonner après une offense ou d'avoir des pensées positives après une déception. Nous autres humains sommes tellement séduits par l'étroitesse de l'ici et maintenant ; il est tellement plus facile pour nous de dire oui aux gratifications immédiates plutôt que retarder la satisfaction pour nous adonner à des travaux plus essentiels. Cette capacité est ce que les psychologues appellent autorégulation (ou maîtrise de soi) et, ce n'est pas étonnant, l'échec de l'autorégulation est à la base de nombreux maux de notre société. Mais si vous pouvez vous obliger à aller au travail même les jours où vous détestez ça, ou à vous brosser les dents à fond sans aucune garantie de récompense, vous pouvez réussir à affronter les corvées incessantes du métier de parent en adoptant une perspective plus large.

Lors d'une visite dans une école de commerce en Caroline du Nord, un des enseignants, John Lynch, m'a raconté une histoire tout à fait révélatrice à propos d'une leçon de science dispensée dans un collège. Le professeur commence en prenant un grand vase transparent, vide, au goulot large, et il le remplit de gros cailloux. « Le vase est-il plein ? » demande-t-il aux élèves. « Oui », répondent-ils. Alors il sort de la classe, puis revient avec une poignée de petits cailloux, qu'il jette dans le vase. Les petits cailloux se glissent dans les interstices entre les gros. « Le vase est-il plein ? » redemande-t-il. Les élèves comprennent, ils répondent que non, il n'est pas entièrement plein. « Comment le remplir encore plus ? » Ils suggèrent d'utiliser des pierres encore plus petites. Alors le prof quitte à nouveau la salle pour aller chercher du sable, dont il remplit le vase, de sorte que tous les vides se remplissent. « Quelle est la leçon à en tirer ? » « Qu'il ne faut pas formuler de conclusions hâtives », disent les uns. « Qu'il y a plus d'une façon de résoudre un problème », proposent les autres. « Non. La leçon, c'est qu'il faut mettre les gros cailloux en premier. »

Autrement dit, accomplissez d'abord les « gros projets » lourds de sens dans votre vie – aider votre communauté, améliorer votre couple, élever vos enfants –, même si cela vous détourne des « petits » projets plus immédiatement gratifiants. À partir d'aujourd'hui, décidez quels sont les gros cailloux de votre vie, les petits et les poignées de sable, et engagez-vous en priorité pour les plus gros.

S'ACCORDER DES PAUSES

Le flou des années intensives du métier de parent rend très difficile le fait de prendre du recul pour reconsidérer nos priorités

---

Décidez quels sont les gros cailloux de votre vie, les petits et les poignées de sable, et engagez-vous en priorité pour les plus gros.

et nos possibilités. Quand nous n'avons pas le temps de réfléchir, nous devenons incapables de voir les solutions viables à notre quotidien. Une possibilité est de vous accorder des pauses dans l'exercice du métier de parent.

Au cours des deux dernières décennies, l'institution « famille » a subi des secousses sismiques sur le plan culturel, notamment l'incitation à passer plus de temps avec nos enfants[27]. Même les mères qui travaillent à plein temps, par exemple, ne passent chaque semaine avec leurs enfants que dix heures de moins que les mères au foyer[28], et les unes comme les autres sont poussées à pratiquer une hyper-parentalité intensive, qui implique un flux apparemment discontinu d'activités enrichissantes pour l'enfant[29]. Le résultat est un taux d'anxiété chronique, une conception du métier de parent où le gagnant rafle tout, et un perfectionnisme qui pousse beaucoup de gens à se sentir en échec même s'ils se sacrifient à l'éducation de leurs enfants.

Cette pression dans le sens d'une vie dont l'enfant serait le centre rend impensable pour les parents l'idée de s'accorder une pause. Si nous nous sentons coupables parce que nous achetons un gâteau tout fait pour la fête de la maternelle, qu'éprouverons-nous quand nous manquerons des après-midi, des jours ou même des semaines entières de la vie de notre enfant ? Pourtant, l'éducation était par le passé une obligation collective[30]. Nos ancêtres élevaient les jeunes enfants dans le contexte du village, du clan ou de la tribu, ce qui permettait un partage des responsabilités entre de nombreux membres de la famille et du voisinage. Dans certaines cultures et sous-cultures, cette approche a persisté jusqu'à nos jours. Même mes propres parents, il n'y a pas si longtemps, m'envoyaient avec mon petit frère chez nos grands-parents passer des étés entiers, à partir de l'âge de 2 ans. Nos grands-parents vivaient à 1 500 kilomètres de chez nous, à Kyshtym, en Russie, site d'une des pires catastrophes nucléaires au monde, qui avait eu lieu dix ans auparavant et s'était traduite par des milliers de morts causées par les radiations[31]. Je n'imaginerais jamais en faire autant avec mes enfants (même si mes parents nous supplient encore en vain de leur confier leurs petits-enfants chaque été), mais il existe sûrement des solutions intermédiaires.

Si nous sommes épuisés et malheureux, ou, pire, déprimés, nous ne pouvons pas être des parents formidables. Nous accorder une pause dans la routine quotidienne peut nous revitaliser, nous fortifier, et nous rappeler où sont les gros cailloux dans notre vie. Nous pouvons demander à un membre de notre famille de veiller sur nos enfants pendant que nous nous absentons (seul, avec notre partenaire ou notre meilleur ami). Mon mari et moi, nous partions un week-end par an dans un bel hôtel, dans un endroit intéressant que nous n'avions jamais exploré. Ce n'était jamais à plus d'une demi-heure de route, mais nous avions le sentiment d'être à des milliers de kilomètres. S'accorder une pause, cela peut être échanger des heures de baby-sitting avec des amis, ou payer quelqu'un pour quelques heures chaque semaine, afin de pouvoir nous détendre et ne faire absolument rien. Nous pouvons envoyer nos enfants en camp de vacances ou chez leurs meilleurs amis. Les possibilités sont nombreuses. Nos enfants nous manqueront peut-être moins que nous ne le pensions, ou bien, au contraire, ils nous manqueront tellement que notre attitude face au métier de parent, et face à nos priorités – famille contre travail –, sera transformée à jamais.

L'ESPRIT BIEN PRÉPARÉ

Si vous adhérez au mythe selon lequel vous ne pouvez pas être vraiment heureux sans enfants, alors la découverte de votre peu de goût pour le métier de parent – plus pénible et plus ingrat que vous ne le pensiez – peut précipiter un moment de crise dans votre vie. En ce cas, je parie que la première idée qui vous est venue à l'esprit quand vous avez compris que vous n'aimiez pas être parent était quelque chose du genre : « Je ne dois pas être quelqu'un de bien. » Le problème, c'est que cette première idée est non seulement dangereuse pour votre bonheur et la qualité de votre attitude de parent, mais qu'elle est aussi tout simplement fausse. En découvrant ce que la recherche révèle de la banalité de ce sentiment, et donc le caractère illusoire de vos convictions sur la joie que vos enfants vous apporteront, vous sentirez que vous n'êtes pas seul. Adopter une perspective large, réfléchir aux situations qui ont le plus d'influence sur votre bonheur, préserver l'équilibre en tenant un journal intime, s'accorder des pauses, tout cela vous aidera à surmonter les moments difficiles dans l'éducation de vos enfants et contribuera à vous faire apprécier les bons moments. Après tout, « Pour le reste du monde vous n'êtes peut-être qu'une personne, mais pour une personne vous êtes le monde[32] ».

CHAPITRE 4

Je ne peux pas être heureux si... je n'ai pas de partenaire

J'ai reçu la lettre suivante d'une femme qui avait essayé toutes sortes d'exercices censés rendre plus heureux :

> *[Ces exercices] m'ont énormément aidée dans presque tous les aspects de ma vie. Il m'est devenu plus facile d'être heureuse, mais l'idée de ne pas avoir de compagnon me déprime vraiment. Je peux passer ma journée dans la gratitude, à exprimer de la gentillesse et de l'amour, mais quand je vois des couples heureux, je perds courage et mon attitude change. À l'intérieur je me sens si seule et si abattue, même si je fais semblant de sourire quand un couple me voit contempler leur amour et leur union. Même si je suis reconnaissante pour ce que j'ai, je deviens si triste de n'avoir personne avec qui partager mon amour. Comment trouver un moyen de surmonter la tristesse et le sentiment d'indignité que m'inspirent les relations amoureuses*[1] *?*

Comme le montre l'expérience de cette femme, la douleur d'être seul peut être intense. Si l'idée que vous serez toujours seul vous hante chaque jour, vous êtes confronté à plusieurs voies d'action ou d'inaction possibles. Avant de décider laquelle vous rendra le plus heureux et le plus épanoui, vous devez comprendre le sens et les implications du fait d'être seul, et les raisons pour lesquelles ce statut vous inspire de tels sentiments.

LE MYTHE DE L'ÊTRE SEUL ET TRISTE

Aux États-Unis, la plupart des gens finissent par se marier ou par vivre une relation à long terme[2], et si vous êtes l'un des rares à ne pas le faire, vous avez peut-être éprouvé au fil des années toute une gamme d'émotions allant de la déception à la colère en passant par la solitude et le rejet. Vous avez peut-être été victime de la discrimination des employeurs, du fisc et du système politique, vous avez été stigmatisé par la société, ignoré par les chercheurs et méprisé par vos amis en couple depuis peu[3]. Si vous avez toujours rêvé d'un mariage de conte de fées ou de préparer le dîner chaque soir avec votre partenaire, rester seul est indéniablement douloureux. Il est cependant sage d'examiner à quel point votre fantasme romantique est entretenu par les normes sociétales (qui stipulent ce que nous sommes tous censés accomplir à chaque étape de la vie) et alimenté par vos parents, votre belle-famille et vos amis mariés. C'est un fantasme qui suppose que vous connaîtrez le vrai bonheur uniquement quand vous aurez trouvé un partenaire ou un conjoint. Avant de décider comment agir, il est important d'évaluer la vérité de ce mythe du bonheur.

L'attention des scientifiques et des médias s'est concentrée sur l'idée que les individus les plus heureux sont ceux qui se marient. Même si c'est techniquement vrai, les chercheurs ont montré qu'être marié pousse simplement les gens à se déclarer plus satisfaits de leur vie dans son ensemble (en partie parce que la question « Êtes-vous heureux dans l'ensemble ? » les contraint sans doute à inclure leur vie conjugale comme facteur de bonheur). Mais le fait d'être marié n'incite pas nécessairement à éprouver plus de bonheur à chaque instant[4]. Par exemple, une étude sur la façon dont les femmes mariées occupent leur temps à chaque heure de la journée a révélé que, pour les femmes, le mariage présente des avantages et des inconvénients qui semblent s'équilibrer. Les femmes mariées passent moins de temps seules que les célibataires et plus de temps à faire l'amour, mais elles consacrent aussi moins de temps à leurs amis, à lire ou à regarder la télé, et plus de temps à accomplir les tâches ménagères, à préparer les repas et à s'occuper des enfants (presque tous les résultats concernant le mariage valent également pour les liaisons romantiques à long terme).

De plus, bien que les gens mariés se déclarent dans l'ensemble plus satisfaits de leur vie que les non-mariés, il s'avère que cette différence est plus forte ou seulement manifeste quand la comparaison se fait entre mariés et divorcés, mariés et séparés, ou mariés et veufs[5]. Les individus qui ont toujours été seuls se portent extrêmement bien. Ces données vont dans le même sens qu'une étude évoquée plus haut, qui a suivi sur quinze ans le parcours de 1761 personnes qui se sont mariées et le sont restées. Selon cette enquête, le surcroît de bonheur que les jeunes mariés tirent de leur union dure environ deux ans ; après la deuxième année de mariage, ils reviennent à leur point de départ, du moins en termes de bonheur[6]. Les célibataires ne vivent pas cette augmentation, mais ils ne subissent pas non plus ce déclin.

On peut en dire à peu près autant des célibataires en matière de santé. Par exemple, même si les personnes mariées qui n'ont jamais divorcé sont en meilleure santé et vivent plus longtemps que celles qui divorcent, celles qui ont toujours vécu seules sont en aussi bonne santé que celles qui ont toujours été mariées, et vivent tout aussi longtemps[7]. Cela peut paraître étonnant, puisque le mariage, l'amour et les relations intimes semblent être pour nombre d'entre nous la source du bonheur, de l'identité et du sens. Certains affirment même que notre culture se caractérise par sa « nucléarité intensive », à tel point que les personnes seules semblent être passées à côté des expériences les plus transcendantes de la vie et doivent donc, comme cette femme qui m'avait écrit, être plus solitaires, plus tristes, plus dépourvues et même moins mûres[8]. C'est faux.

Les gens qui restent seuls toute leur vie ne sont assurément pas démunis, parce qu'ils trouvent leurs valeurs et leurs objectifs dans d'autres aspects de leur existence : leurs amis, leur famille, leur communauté, leur travail ou leur dévouement à une grande cause. En un mot, ils ont suivi le vieux conseil de ne pas mettre tous leurs œufs dans le même panier. Au lieu de tabler sur les avantages du mariage, une femme seule qui possède différentes identités – courtière en bourse, sœur, amie, cycliste et jardinière – ne risque pas de perdre sa confiance en soi, son sentiment de compétence et sa joie de vivre quand les choses tournent mal. Quels que soient ses choix, ou son manque de choix, elle aura toujours un domaine dans lequel exceller et se faire plaisir, qu'il s'agisse d'un triathlon intense, d'un déjeuner avec sa meilleure amie, d'une présentation réussie à son travail ou d'une excursion avec ses frères et sœurs.

Le fait le plus notable est pourtant que les gens seuls ont des relations plus gratifiantes, durables et significatives. Par rapport aux gens mariés (ou qui l'ont été), ils ont tendance à être plus proches de leurs frères et sœurs, cousins et cousines, neveux et nièces ; ils continuent à se faire de nouveaux amis, et ils restent plus en contact avec les anciens. Les chercheurs soulignent que les proches des célibataires sont des personnes qu'ils ont choisies, alors que les proches des gens mariés ont souvent été choisis pour eux (par les parents des amis de leurs enfants, leur belle-famille, les amis de leur conjoint, etc.). Notamment, les femmes plus âgées qui ont toujours vécu seules peuvent avoir jusqu'à une douzaine d'amitiés importantes, qu'elles conservent pendant des décennies[9]. Lecteurs mariés, et parents surtout, pouvez-vous en dire autant ?

Les gens seuls ont des relations plus gratifiantes, durables et significatives.

Aucun individu, même l'amour de notre vie, ne peut être tout pour nous en tout temps et dans toutes les situations. Parfois, nous avons besoin de soutien émotionnel lors d'une crise personnelle. Parfois, nous avons envie de stimulation intellectuelle ou d'informations sur l'évolution de la situation politique. Parfois, il nous faut des conseils techniques ou financiers. Parfois, nous voudrions qu'on nous donne une bonne tape dans le dos. À d'autres moments, nous avons désespérément besoin qu'on nous tire de l'ornière. Ceux d'entre nous qui comptent la plupart du temps sur leur partenaire – alors que celui-ci ne peut satisfaire toutes ces exigences – sont désavantagés. Les célibataires qui ont plusieurs cercles d'amis, à qui faire appel au beau milieu de la nuit, qu'ils entretiennent depuis des décennies, sont au moins aussi bien, voire mieux placés pour affronter une urgence, un ennui, un stress ou un triomphe.

Bref, quantité de recherches prouvent que les relations interpersonnelles fortes, chaleureuses et épanouissantes nous rendent heureux[10]. Cependant, la relation idéale n'a pas forcément à être sexuelle ou romantique.

DEVENIR LE MEILLEUR « MOI CÉLIBATAIRE » POSSIBLE

Quand nous avons le très net sentiment que nous ne pourrons jamais être heureux sans partenaire amoureux, plusieurs voies s'offrent à nous. L'une est de nous efforcer de sortir de notre bulle et de rencontrer autant de gens que possible. L'un de ces individus finira bien par être « le bon ». Même si je n'évoque pas cette option, quantité d'articles et de livres peuvent nous aider à atteindre ce but. Une autre voie, évoquée dans la section qui va suivre, consiste à décider que nous pouvons être heureux sans partenaire amoureux, nous détacher de cet objectif, et nous construire une vie pleine et riche en tant que célibataire. Bien sûr, tout en évitant que cela soit notre principal rêve dans la vie, nous pouvons laisser la porte ouverte à toutes les rencontres. Enfin, nous pouvons faire de notre mieux pour devenir la personne la plus heureuse, la plus optimiste, la plus complète possible, avec la certitude que cette nouvelle personne est susceptible d'attirer le meilleur partenaire possible.

Je commencerai par envisager cette troisième option : une personne positive, heureuse, optimiste, profitera de sa vie solitaire au maximum, et rendra une vie en couple infiniment plus vraisemblable. Les individus plus positifs sont perçus comme plus attirants, plus intelligents, plus chaleureux, plus honnêtes et plus sociables que les individus moins positifs ; comme on pourrait s'y attendre, ils sont plus susceptibles de trouver un conjoint et de former un couple durable et épanouissant[11]. Dans l'une de mes études préférées, par exemple, des étudiantes qui semblaient positives sur leur photo d'identité à l'âge de 20 ou 21 ans avaient relativement plus de chances d'être mariées à 27 ans, et moins de risques d'être encore célibataires à 43 ans[12].

Comment devenir cette personne authentiquement optimiste ? La littérature scientifique offre plusieurs recommandations. Il faut d'abord se pencher sur la définition de l'optimisme, car nous pouvons en avoir une conception erronée. Beaucoup de gens s'en remettent à la formule de Voltaire : pour eux, l'optimisme est « la rage de soutenir que tout est bien quand on est mal[13] ». En réalité, les chercheurs, dont je suis, optent pour une définition bien plus étroite : l'optimisme, c'est espérer « juste que les choses ne tournent pas à la cata[14] ». Quand nous nous sentons seuls, créer notre meilleur moi possible permet ce genre de « petit optimisme », du moins pour commencer. Nous

---

Dans l'une de mes études préférées, des étudiantes qui semblaient positives sur leur photo d'identité à l'âge de 20 ou 21 ans avaient relativement plus de chances d'être mariées à 27 ans, et moins de risques d'être encore célibataires à 43 ans.

pensons pouvoir survivre à cette journée ; nous n'accomplirons peut-être pas tout ce que nous voulons, mais nous en accomplirons une partie ; nous n'obtiendrons pas toujours ce dont nous avons envie, mais nous obtiendrons ce dont nous avons besoin ; nous pouvons faire confiance à la vie, nous ne serons pas écrasés, et même si tout ne va pas bien, cela s'arrangera.

Que notre optimisme soit grand ou petit, nous hésitons souvent quant à nos attentes pour l'avenir. Par chance, la recherche montre que beaucoup d'activités renforcent la pensée positive. La stratégie la plus énergique consiste à tenir son journal régulièrement pendant dix à vingt minutes par jour, afin de noter nos espoirs et nos rêves pour l'avenir (par exemple, « Dans dix ans, je serai marié et propriétaire de ma maison »), pour les imaginer se réalisant, et décrire comment nous pourrions y parvenir et ce que nous ressentirions. Cet exercice, même pratiqué pendant seulement deux minutes, rend les gens plus heureux et en meilleure santé[15]. De plus, c'est une bonne idée que d'entraîner nos muscles optimistes quand nous sommes confrontés aux petites hésitations (« Dois-je m'asseoir à côté de cet homme qui lit mon roman préféré ? ») afin d'être mieux préparés aux grandes (« Suis-je fait pour l'amour ? »).

Et si nos objectifs et nos rêves de conjoint sont trop ambitieux, voire irréalistes ? Et si nos attentes sont démesurées ? Même l'optimiste le plus acharné se heurte parfois à des obstacles. La recherche montre que la pensée optimiste nous aide à aller de l'avant, malgré l'adversité et les barrières[16]. Quand nous concevons des attentes positives, nous devenons plus assurés, plus motivés, et plus énergiquement impliqués dans le sens de nos objectifs, nous prenons des mesures plus proactives pour les atteindre, nous sommes plus déterminés, plus concentrés sur notre tâche. Autrement dit, nous nous comportons d'une manière qui augmente les probabilités d'attirer le bon partenaire.

Pourtant, indubitablement, il y aura des moments où nos pensées optimistes ne résisteront pas à la dure réalité, et où nous

nous laisserons gouverner par des conclusions négatives. Dans de telles situations, nous pouvons tenter un exercice qui aide à combattre la pensée négative en trouvant délibérément des moyens de réinterpréter les circonstances de façon plus positive. Par exemple, nous pouvons mettre par écrit (1) notre problème ou obstacle présent (des pensées intrusives comme « Je ne réaliserai jamais mon rêve de trouver l'amour vrai ») ; (2) notre interprétation initiale (« Parce que j'ai fait échouer toutes mes relations jusqu'ici ») ; et enfin (3) notre *ré*interprétation positive (« J'ai beaucoup mûri ces cinq dernières années et je juge désormais bien mieux les gens »).

Bien sûr, il arrive que notre verdict fataliste soit vrai : tel objectif peut se situer hors de notre portée. Quand ma correspondante anonyme écrit qu'elle n'a « personne avec qui partager [son] amour », sa conclusion est peut-être pessimiste, mais elle n'est ni infondée ni irrationnelle. Dans cette situation, les optimistes sont en fait plus susceptibles que les pessimistes de renoncer à un but irréaliste (par exemple, une femme de 39 ans décidée à être mariée et enceinte avant 40 ans) et, en même temps, de présenter la situation sous le meilleur jour possible[17]. Par essence, l'optimisme nous accorde la flexibilité et la perspective large nécessaires pour juger sereinement nos rêves et nos objectifs, abandonner ceux qui sont inaccessibles, reconnaître à quel point nous avons mûri, à quel point les défis affrontés nous ont fait progresser, et évoluer en nous fixant de nouveaux objectifs significatifs.

Apprendre à être plus positif et optimiste, c'est apprendre à voir les opportunités dans les difficultés[18], à interpréter le monde comme rempli de possibilités et de merveilles. Si nous sentons que nous serons toujours seuls, à tort ou à raison, nous ne pourrons en avoir confirmation qu'en restant impliqués, en gardant une approche positive et en continuant à essayer.

REDIRIGER SES OBJECTIFS

Pendant que certains d'entre nous continuent à rechercher le conjoint idéal, d'autres préféreront peut-être se dégager entièrement de cette quête. Les raisons de ce choix peuvent être complexes, et pour y voir plus clair, nous devons nous demander pourquoi nous sommes seuls. Si nous avons l'habitude de saboter les relations parce que nous avons eu de mauvais modèles, parce que nous manquons d'expérience ou parce que nous redoutons les étapes suivantes (intimité, engagement, compromis) ou les dangers possibles (infidélité, rejet, blessure), nous pouvons envisager de rechercher l'aide d'un thérapeute, les conseils d'amis ou de livres. Nous pouvons également préférer être seul mais ne pas en avoir conscience (ou ne pas vouloir en prendre conscience). Il se peut aussi que nous ayons pesé le pour et le contre et que, au vu de notre situation présente, nous ayons décidé que nous étions mieux sans partenaire ou que nous avons peu de chances d'en trouver un qui corresponde à notre personnalité et à notre style de vie.

Si nous renonçons à l'objectif de passer le reste de notre vie avec l'âme sœur, comment devons-nous nous y prendre ? Les scientifiques ont beaucoup appris sur les avantages de la sérénité face aux rêves inassouvis, sur le courage et la souplesse nécessaires pour renoncer à un but irréaliste au profit de buts plus adaptés. La recherche montre que les personnes confrontées à des objectifs impossibles vont nettement mieux quand elles peuvent y renoncer au profit d'activités nouvelles et significatives[19].

Les études indiquent que trois étapes sont requises pour avancer en individu responsable[20] :

• premièrement, nous commençons à limiter nos efforts pour trouver un conjoint – par exemple, en disant à nos amis de ne plus nous présenter personne, et en voyant les gens que nous rencontrons non comme des partenaires possibles, mais comme des amis potentiels ;

• deuxièmement, nous commençons à sentir que trouver un conjoint n'est pas aussi important ou essentiel à notre bonheur que nous le pensions auparavant[21], peut-être en découvrant les travaux sur le mythe du triste célibataire ;

• troisièmement, nous nous mettons à pratiquer d'autres activités (renouer les liens avec des vieux amis, adopter un enfant, reprendre des études), et nous apprenons peu à peu à percevoir différemment notre propre identité (comme ami formidable plutôt que comme conjoint formidable). Aux États-Unis aujourd'hui, la moitié des adultes sont célibataires, et des enquêtes récentes montrent que de plus en plus de gens adoptent délibérément le célibat comme mode de vie[22]. Se joindre à une communauté de célibataires positifs peut être à la fois réconfortant et épanouissant. Bref, notre temps, notre énergie et nos efforts jusque-là investis dans la recherche du partenaire sont redirigés vers un autre objectif : devenir un ami, un dirigeant ou un oncle exemplaire.

L'importance de ces trois étapes a été étudiée chez des individus confrontés à diverses situations : couples récemment séparés, couples dont l'un des conjoints est en train de mourir du sida, parents d'enfants handicapés. Dans toutes les études, les individus qui ont pu aller de l'avant et préserver leur bonheur sont ceux qui ont su :

• minimiser le rôle de leurs objectifs initiaux (désormais inaccessibles) pour leur bien-être (soigner leur partenaire, mener une brillante carrière tout en s'occupant d'enfants présentant des besoins particuliers) ;

• et revaloriser d'autres objectifs plus réalistes[23]. Par exemple, si notre partenaire souffre d'une maladie chronique, nous pouvons mettre notre carrière en suspens et tâcher d'être le meilleur soignant et compagnon possible.

Quant au problème de la solitude, les chercheurs ont aussi examiné comment les gens partent à la recherche de nouvelles relations au lendemain d'une séparation[24]. Ceux qui avaient des occasions limitées de trouver un nouveau partenaire amoureux (les plus âgés) étaient plus susceptibles de renoncer, ce qui finissait par leur procurer plus de bonheur. Les plus jeunes, à l'inverse, étaient moins susceptibles de renoncer, et ceux qui renonçaient devenaient moins heureux avec le temps.

Même si ces conclusions peuvent paraître déprimantes, les conséquences méritent qu'on y réfléchisse. Jusque quand pouvons-nous continuer à ruminer sur notre célibat, en espérant trouver ce conjoint idéal qui n'existe peut-être pas ? Quand faut-il accepter notre vie telle qu'elle est et aller de l'avant en formulant d'autres projets ? Dans les années 1950, l'éminent psychanalyste Donald Winnicott introduisit le concept de « mère suffisamment bonne », une femme qui n'essaie pas de satisfaire immédiatement tous les besoins de son enfant, mais qui le laisse s'épanouir en un adulte socialement adapté[25]. Ceux d'entre nous qui affrontent l'heure du bilan évoquée dans ce chapitre devraient peut-être se demander s'ils ont un « célibat suffisamment bon ». Pour beaucoup, la réponse sera non, et nous persisterons à vouloir devenir notre meilleur moi possible, un individu plus capable d'attirer le bon partenaire. Certains, en revanche, seront peut-être surpris de découvrir que la réponse est oui, du moins pour le moment.

L'ESPRIT BIEN PRÉPARÉ

La situation de crise sur le thème « Je suis seul et j'ai l'impression que je le serai toujours » est indéniablement douloureuse pour beaucoup de personnes. Si vous vous trouvez à ce carrefour, vous pouvez choisir de continuer à ruminer votre situation et d'y rester malheureux. Vous pouvez aussi réagir, tenter de vous épanouir en tant qu'individu et rester ouvert aux possibilités de rencontres. Enfin, vous pouvez vous rendre compte que vous n'avez pas besoin d'un homme ou d'une femme pour vous rendre heureux. Si votre première idée est « Je ne serai jamais heureux seul » ou « Je suis un loser », demandez-vous si votre désir de vous marier est authentiquement vôtre ou s'il est dicté par votre famille et la culture environnante. La recherche montre de manière convaincante que les individus mariés ne sont pas plus heureux que les célibataires, et que les célibataires trouvent beaucoup de bonheur et de sens dans leurs autres relations et activités. Si vous n'aimez pas votre vie seul, changez-la. Si vous ne pouvez ni ne voulez changer votre vie, changez la perception que vous en avez. En vérité, le mythe du bonheur selon lequel vous ne pouvez être heureux qu'avec un partenaire est aussi puissant qu'erroné. Cela devrait vous accorder un peu de répit et d'espoir, et vous ouvrir de nouvelles perspectives.

DEUXIÈME PARTIE

TRAVAIL ET ARGENT

Si nous avons un poste à mi-temps à l'université, puis un emploi qui nous occupe quarante heures par semaine jusqu'à l'âge de 67 ans, nous aurons travaillé près de cent mille heures de notre vie, un quart de notre temps de veille étant consacré à notre activité professionnelle. Aux États-Unis, la journée de travail dure en moyenne neuf heures et demie, 35 % des Américains travaillent le week-end, et 31 % travaillent plus de 50 heures par semaine[1]. Bien sûr, « en moyenne » signifie que la moitié d'entre nous travaillent davantage, et parfois bien plus que cela. Pour la plupart, nous acceptons notre emploi et notre carrière comme une partie essentielle de notre identité, avec ses triomphes et ses déceptions. De plus, notre travail nous procure de quoi nous nourrir, nous amuser ; ou alors nous fait souffrir quand nous gagnons bien trop peu ou quand nous dépensons de manière déraisonnable. Quand on demande aux gens de quoi ils auraient le plus envie, beaucoup répondent « plus d'argent[2] ». Il n'est donc pas étonnant que les mythes sur ce qui nous rend le plus heureux (trouver l'emploi idéal, être riche et puissant) ou le plus malheureux (gagner trop peu d'argent) imprègnent notre vie active, génératrice de revenus, qui s'étend sur quatre ou cinq décennies, et causent des moments de crise perturbants. Au cours des trois chapitres suivants, je dénonce ces mythes et propose divers moyens de surmonter ces situations de crise.

CHAPITRE 5
Je serai heureux quand... je trouverai le travail parfait

Vous trouvez que votre travail n'est plus satisfaisant, ou qu'il est même insupportable ? Dans ce cas, des études récentes montrent que de plus en plus d'individus partagent votre expérience[1]. Il se peut que vous soyez épuisé, lassé par votre travail, vous avez l'impression que la réussite professionnelle vous a échappé à tout jamais. Plus encore, le sentiment que votre travail n'est plus ce qu'il était peut susciter une pénible situation de crise, qui vous pousse à remettre en question votre jugement, vos compétences, votre zèle et votre motivation. Au cœur de ce chapitre figure le mythe du bonheur qui alimente cette situation de crise : le bonheur qui vous échappe se matérialisera le jour où vous aurez trouvé l'emploi idéal. Pour affronter cette idée reçue, il faut comprendre les véritables sources du malaise lié à votre travail ou à votre degré de réussite professionnelle. C'est seulement alors que vous pourrez faire les choix les plus sains et prendre les mesures évoquées ci-après.

QUAND LE TRAVAIL DEVIENT ROUTINIER

Au chapitre 1, je me suis focalisée sur le tournant à partir duquel vous décidez que votre couple vous ennuie. Existe-t-il un moment semblable où vous admettez que votre emploi vous ennuie ? Même si l'amour et le travail ne semblent guère avoir de choses en commun – sinon, pourquoi faudrait-il jongler entre l'un et l'autre ? –, ils sont tous deux les principales sources de notre santé mentale, comme Freud l'avait bien vu[2]. En outre, comme les relations interpersonnelles, le travail est un aspect de notre vie concerné par l'adaptation hédonique et que nous avons tendance à considérer comme acquis, situation qui suscite l'apathie et l'ennui, et donc le sentiment douloureux que notre travail ne nous procure plus aucun plaisir et que nous serions tellement plus heureux à faire autre chose. Une possibilité consiste bien sûr à vous engager dans une nouvelle carrière. Vous pouvez aussi tenter d'identifier à quel point votre ennui est lié à votre situation spécifique (et problématique) et à quel point elle tient au processus général et prévisible d'adaptation hédonique, qui pourrait fort bien se reproduire si vous changez d'emploi. Dans le deuxième cas, quantité d'études empiriques peuvent interrompre le phénomène d'habituation hédonique et dissiper le sentiment que votre travail n'est plus satisfaisant. Avant de prendre une décision drastique, mettez ces stratégies à l'épreuve pour voir si elles fonctionnent avec vous, ou si votre situation professionnelle n'a aucune chance de s'améliorer. Surtout, dites-vous que quand votre travail n'est plus épanouissant, il y a de l'espoir.

J'ai des collègues qui changent souvent d'emploi, qui se déplacent avec leur famille de la côte Est à la côte Ouest tous les deux ou trois ans. Ils semblent sincèrement ravis à chaque nouvelle opportunité et remodèlent entièrement leur mode de vie à chaque fois. Puis, inévitablement, au bout d'environ un an, comme les étudiants qui vivent la « déprime de la deuxième année », ils commencent à s'agacer, à s'ennuyer, à se plaindre à juste titre de leurs supérieurs, de leurs collègues, de leurs obligations quotidiennes. Peu à peu, ils en viennent à fantasmer sur un autre emploi qui serait encore mieux, où ils auraient un chef plus raisonnable, moins de temps à passer dans les transports, des collègues plus compréhensifs et des charges moins lourdes.

Bien sûr, tout le monde n'a pas la possibilité de changer d'emploi et de domicile, ce qui indique que beaucoup de gens rêvent seulement de ce que quelques-uns ont la chance de pouvoir faire. Pourtant, s'agit-il vraiment de chance ? Ceux qui changent sans cesse d'emploi sont-ils vraiment plus heureux à chaque fois et, si c'est le cas, cet avantage l'emporte-t-il sur les amitiés brisées, le déracinement, les changements d'établissement scolaire ? Même si chacun de nous doit peser le pour et le contre, nous avons intérêt à connaître les recherches montrant pourquoi nous avons tous tendance à nous lasser d'un emploi tout à fait correct.

Une étude pionnière dans ce domaine a suivi des cadres de haut niveau pendant cinq ans pour déterminer leur satisfaction professionnelle avant et après un changement volontaire d'emploi, qu'il s'agisse d'une promotion ou d'une délocalisation au sein de la même entreprise, vers une ville plus attrayante[3]. Les cadres étaient surtout des hommes blancs, âgés d'environ 45 ans, avec un salaire annuel de 135 000 dollars. Ils vivaient bien. Ce que les chercheurs ont pourtant découvert, c'est que ceux-ci éprouvaient un soudain surcroît de satisfaction (une sorte de lune de miel) aussitôt après avoir changé d'emploi, mais leur satisfaction retombait au bout d'un an et revenait au niveau antérieur. Autrement dit, il s'agissait d'un « effet gueule de bois ». Par contraste, les cadres qui choisissaient de ne pas changer d'emploi durant cette même période de cinq ans vivaient des changements négligeables quant à la satisfaction liée à leur travail. Pendant que j'occupe le même poste, qui ne me rend ni plus ni moins malheureux d'année en année, mes collègues itinérants traversent à plusieurs reprises les mêmes enthousiasmes et les mêmes déceptions.

Cet effet gueule de bois est une bonne illustration de l'adaptation hédonique à notre travail. L'être humain est capable de s'adapter à presque tout dans sa vie professionnelle, et surtout à ce qui ne change pas. Une de mes anciennes étudiantes m'a récemment écrit pour m'avouer ce qu'elle avait ressenti lorsqu'elle avait commencé son nouvel emploi à San Francisco :

> *J'adorais tellement la vue que j'avais sur la baie que je la photographiais. Maintenant, je m'amuse à chaque fois que je vois un bus rouge à deux étages passer devant la fenêtre de mon bureau, et que tous les passagers se bousculent pour prendre une photo. Je sais que la vue est magnifique parce que les gens me le disent, mais je m'y suis déjà adaptée à 100 % ; je dirais même que je me suis entièrement adaptée à la façon dont on vit ici, et je suis revenue au point de départ.*

Nous nous habituons à la ville où nous vivons, à notre glace préférée, à notre œuvre d'art préférée, à notre chanson préférée ; à notre nouvelle maison et à notre nouvelle voiture, à notre augmentation (j'y reviendrai) et, comme je l'ai évoqué au chapitre 1, à nos relations et même au sexe[4]. Quand nous atteignons un but, nous ne sommes contents que brièvement avant de sentir que nous ne serons pas satisfaits tant que nous n'aurons pas accédé à un objectif plus élevé encore. Nous nous fixons ainsi des attentes et des désirs toujours supérieurs. En général, ce n'est pas une mauvaise chose. C'est parce que nous désirons toujours plus que nous pouvons évoluer ; si l'accomplissement de nos désirs nous rendait entièrement satisfaits, nous ne chercherions jamais à faire mieux, à construire de meilleurs meubles, à publier plus de livres, à apprendre plus de langues, à découvrir de nouvelles sources d'alimentation, et à faire plus de découvertes scientifiques. Si notre dernier triomphe nous plongeait dans une euphorie béate, nous serions incapables de rivaliser avec autrui et nous serions peut-être incapables d'identifier les dangers et les opportunités dans notre environnement.

Avant d'examiner les moyens possibles de combattre, d'empêcher ou de ralentir le processus de lassitude professionnelle, il est important de savoir exactement ce qui se passe durant le processus d'adaptation hédonique, et pourquoi. Deux explications principales entrent en jeu : avec le temps, nous prenons de moins en moins de plaisir à effectuer notre travail et nos attentes s'élèvent.

Quand nous commençons à travailler à un nouveau poste enviable, nous en tirons un énorme surcroît de bien-être, et même une certaine euphorie. Nous pensons souvent à ce nouvel emploi (et à ce qu'il nous offre de satisfaisant), nous ressentons quantité d'émotions positives suite à la chaîne d'événements positifs mise en branle par cet emploi, par les toutes nouvelles possibilités d'interactions, de défis, de découvertes et d'aventures. Pourtant, comme le dit un de mes étudiants, ces flaques de plaisir s'assèchent peu à peu et finissent par s'évaporer entièrement. Le frisson de nos nouvelles responsabilités continue à décliner au bout de la dixième ou vingtième fois où nous les exerçons, et ainsi de suite. L'enthousiasme, le bonheur et l'orgueil que nous ressentions se raréfient, à mesure que nous oublions la nouveauté de ce travail pour nous tourner vers les mille agacements, plaisirs et préoccupations de la vie[5]. Après un moment en poste, nous ne remarquons même plus ce qui nous faisait sourire.

En même temps, alors que nous tirons de moins en moins de plaisir de notre nouveau poste, il se produit un autre phénomène critique : nos attentes s'élèvent. C'est là quelque chose qui peut saper notre bonheur, *même si* nous avons la chance d'avoir un emploi qui nous apporte autant de joie aujourd'hui qu'en 2011 ou en 2001. Le poste qui était autrefois exceptionnel devient notre dû, notre privilège. Qu'il s'agisse de l'autorité, de la flexibilité ou de la maîtrise de notre temps qu'il nous a apportées, nous commençons à penser que nous n'en méritons pas moins. Nous commençons à penser que nos expériences professionnelles nouvelles et stimulantes font désormais partie de notre

---

Avec le temps, nous prenons de moins en moins de plaisir à effectuer notre travail et nos attentes s'élèvent.

vie normale, et nous comptons bien sur ce bonheur dont nous jouissons à présent. Cette évolution extrêmement courante a pour conséquence regrettable non seulement d'amoindrir notre enthousiasme, en nous faisant revenir à ce que nous ressentions avant le changement, mais nous fait même aller au-delà, en nous inspirant toujours plus de désirs, de sorte que nous ne sommes presque jamais contents de ce que nous avons, même quand nous avons la chance d'avoir beaucoup.

Exemple extrême, après que *Thriller* est devenu l'album le plus vendu de tous les temps, Michael Jackson a déclaré qu'il ne serait satisfait qu'à la condition de vendre deux fois plus d'exemplaires de son album suivant. En fait, il en vendit 70 % de moins. La plupart des chanteurs tueraient père et mère pour vendre trente millions de disques, mais pour Michael Jackson, le contraste avec son précédent succès fut douloureux.

Pour les mêmes raisons qui font que nous nous adaptons à nos relations, nous nous adaptons très vite à notre emploi. Cette réalité devrait peut-être nous faire hésiter un peu avant de nous jeter à l'eau. Mais ce n'est pas parce que l'adaptation hédonique est naturelle et liée à notre évolution adaptative – tout comme le goût des sucreries, la jalousie sexuelle et la peur des bêtes féroces – que nous ne pouvons pas lutter contre elle.

NE PAS METTRE LA BARRE TROP HAUT

Les ambitions immodérées sont néfastes pour le bonheur. Il est vrai que plus nous obtenons de choses, plus nous sommes heureux. Mais en même temps, plus nous possédons, plus nous désirons, ce qui sape ce bonheur accru. Un exemple révélateur est celui des recherches montrant que les gens qui ont fait des études supérieures sont (curieusement) moins satisfaits de leur

---

Les gens qui ont fait des études supérieures sont (curieusement) moins satisfaits de leur vie.

vie[6]. Autrement dit, la plus grande satisfaction que je pourrais tirer de ma maîtrise dans telle prestigieuse université (les amitiés, les relations, le prestige qui l'accompagnent) est diminuée par mes aspirations accrues et le risque de déceptions et de regrets (« J'ai un diplôme délivré par une fac cotée, pourquoi ne puis-je pas trouver un emploi bien payé à Wall Street ? »). Un nouvel emploi mieux payé, plus stimulant et plus gratifiant que le précédent nous rendra heureux mais, avant que nous en ayons conscience, nous commencerons à *exiger* un meilleur salaire, plus de stimulations et de gratifications pour nous déclarer heureux.

Comment éviter de considérer notre situation professionnelle comme acquise ? Une des stratégies les plus efficaces – et les plus difficiles – est de limiter nos désirs et de juguler l'inflation de nos attentes[7]. Je ne dis pas que nous devons attendre moins de notre métier. Nous devons simplement ne pas laisser nos désirs continuer à grimper jusqu'à un point où nous croyons que tout nous est dû, persuadés que nous serions heureux *si seulement* nous obtenions ceci ou cela. Étant donné les défis inhérents au contrôle de nos aspirations, nous aurons besoin de tout un arsenal d'outils psychologiques pour y parvenir. Je propose d'essayer (souvent en même temps) plusieurs approches et de les affiner, sans renoncer trop vite. Voici cinq de ces outils psychologiques.

Revivez concrètement les expériences passées

Rappelez-vous régulièrement et de façon tangible à quoi ressemblait votre vie professionnelle antérieure[8] (moins

---

Nous devons simplement ne pas laisser nos désirs continuer à grimper jusqu'à un point où nous croyons que tout nous est dû, persuadés que nous serions heureux *si seulement* nous obtenions ceci ou cela.

satisfaisante). Si vous étiez payé moins, définissez certains moments (par exemple une semaine par mois) où vous limiterez vos dépenses pour retrouver vos anciennes habitudes de consommation. Si vous aviez des collègues hostiles, déjeunez seul de temps à autre. Si vous travailliez souvent le soir, obligez-vous périodiquement à rester plus tard sur votre lieu de travail. Revivre les expériences passées vous encouragera à apprécier votre emploi présent et à en tirer plus de plaisir, rien qu'en vous transportant mentalement dans ce passé moins heureux.

Observez concrètement

J'ai un jour donné une conférence sur le bonheur dans les bureaux de Google, et nous avons fini par discuter de la facilité avec laquelle les gens s'adaptent aux bonnes choses de la vie. Quelques employés m'ont fait visiter les locaux et m'ont avoué qu'ils adorent leur travail : ils sont tellement gâtés qu'ils craignent de ne plus jamais pouvoir travailler ailleurs que chez Google. Ils ont droit chaque jour à deux repas chauds gratuits, à quantité d'en-cas, des auteurs invités viennent les voir, ils ont accès à toutes sortes d'activités ludiques (il y a une salle où ils peuvent jouer de la batterie et de la guitare). Ils ont même le droit d'emmener leur animal familier. Au début, tous ces avantages leur semblaient extraordinaires, mais ils s'y sont très vite habitués et ils ont même trouvé des raisons de se plaindre (« Ah non ! Encore de la terrine de crabe ! »). Je leur ai recommandé de faire un effort pour observer d'autres lieux de travail, peut-être même celui où ils étaient employés auparavant, si possible.

Rendez-vous de temps à autre sur le lieu de travail de vos amis ou de vos anciens collègues, et comparez-le discrètement au vôtre. Ces observations vous laisseront une impression plus durable et vous aideront à vous sentir privilégié dans votre propre vie professionnelle.

Soyez authentiquement reconnaissant

Tenez un journal de gratitude – une liste dans votre tête, sur papier ou dans votre smartphone[9] – qui vous aide régulièrement à contempler les aspects positifs de votre emploi. Rien ne nuit autant à la gratitude que des attentes trop élevées, et plus hautes seront vos attentes, moins vous éprouverez de gratitude. Si vous vous attendez à rentrer à la maison à 17 heures demain, et que vous le faites, il est très peu probable que vous en soyez reconnaissant. Le problème avec la pratique de la gratitude, cependant, c'est qu'elle est extrêmement difficile à exercer de manière sincère et authentique. Mais cela vaut aussi pour un programme rigoureux d'entraînement physique, un régime alimentaire sain ou la pratique quotidienne d'un instrument de musique. Cela requiert à la fois effort et engagement, deux attributs accessibles à tous[10].

Changez de point de référence

Quand vous pensez au job idéal, quel est votre point de référence ? Pour beaucoup d'entre nous, il s'agirait d'un poste mieux payé, moins stressant, plus intéressant, plus épanouissant. C'est peut-être l'emploi qu'occupe à présent un ami de lycée, celui dont il était question dans un article de journal ou un film que nous avons vu. Plus vraisemblablement, notre point de référence est un poste fantasmatique qui n'existe pas réellement. Vous rêvez d'être footballeur professionnel, réalisateur de cinéma, sénateur, commissaire de police, journaliste d'investigation, neurochirurgien, auteur à succès ou biologiste marin ? Alors vous oubliez sans doute que même ces métiers fabuleux ont leurs moments de grand stress, de monotonie, leurs collègues désagréables, leurs tâches ingrates, leurs résultats exaspérants et leurs longs temps de transport. Par exemple, l'emploi de testeur de jeux vidéo, classé parmi les vingt premiers « incroyables métiers de rêve[11] », exige de longues périodes de concentration, ce qui peut être stressant et épuisant. Voici comment une testeuse décrivit sa première journée intégralement consacrée aux jeux vidéo : « Les deux dernières heures, j'avais envie de vomir. Grave[12]. » D'anciens espions internationaux en disent à peu près autant. Selon Lindsay Moran, auteur de *Blowing My Cover* : « Vous savez, je ne m'attendais certainement pas à être James Bond, mais en fin de compte, la CIA, c'est un tas de gens assis dans des bureaux avec des chaussures normales aux pieds, et c'est ce genre de réalité qui est sans doute un choc pour les gens comme moi qui arrivent en s'attendant à quelque chose de plus prestigieux[13]. »

Ce que je veux dire, c'est que le « métier de rêve » est un mauvais point de référence. Choisissez-en un plus adéquat et plus propice à la gratitude : le poste similaire mais un peu moins épanouissant pour lequel vous avez un jour présenté votre candidature, ou l'emploi que vous occupiez avant votre promotion, ou encore un emploi complètement différent à l'école voisine, à l'hôpital, au supermarché, à la ferme, à l'usine ou dans un bureau. Autre élément important, changez votre point de référence de temps à autre, pour vous entraîner à visualiser des emplois alternatifs.

Faites comme si cette journée de travail devait être la dernière

Je procède en ce moment à une « intervention bonheur » d'une durée d'un mois, dans laquelle on demande aux participants de vivre ce mois comme si c'était le dernier de leur vie. Il ne s'agit pas de faire comme s'ils étaient en phase terminale, mais plutôt d'imaginer aussi pleinement et fidèlement que possible qu'ils sont sur le point de partir très loin de leur emploi, de leur école, de leurs amis et de leur famille, pour une période indéfinie. Jusqu'ici, la recherche indique que cet exercice devrait nous pousser à apprécier profondément ce que nous nous apprêtons à quitter. Quand nous croyons voir (ou entendre, faire, vivre) les choses pour la dernière fois, nous les voyons (entendons, faisons, vivons) comme si c'était la première fois[14].

Les employés de Google pourraient ainsi apprécier à nouveau leur terrine de crabe, leurs stimulations intellectuelles et leur animal familier sous leur bureau ; nous pourrions apprécier notre supérieur équitable, nos horaires souples et nos occasions de voyager.

Pensées finales

Vous avez peut-être remarqué que beaucoup de ces techniques ont pour effet de renforcer notre appréciation du métier que nous exerçons. Ce n'est pas un hasard, car l'appréciation est sans doute l'un des meilleurs moyens de maîtriser nos attentes. Un authentique sentiment de gratitude pour notre carrière est tout simplement incompatible avec l'exigence de satisfactions toujours plus élevées.

Un jour, lors d'un colloque, une étudiante est venue me raconter que ses parents avaient été unis par un mariage arrangé et qu'elle se demandait depuis toujours comment ils avaient réussi à faire fonctionner leur couple. À ses questions, ils répondaient que leur secret, du moins durant les cinq premières années ensemble, était de n'avoir *absolument aucune attente* ! « Ainsi, disait son père, quand ma femme faisait quelque chose de merveilleux, de bien ou même de normal, j'étais heureux. » Je trouve remarquable que ces conjoints aient su maîtriser leurs attentes. Cela exige du talent, ou au moins beaucoup de travail. La leçon pour nous tous est pourtant que, si ce couple a pu avoir une attente zéro, nous devrions être capables de limiter les nôtres.

Néanmoins, un obstacle mineur persiste. Beaucoup de recherches montrent que les objectifs et les attentes élevés sont essentiels dans le domaine de la performance humaine[15]. Si nous sommes motivés par le désir de réussir un entretien d'embauche, devant le conseil des médecins, ou lors d'un premier rendez-vous, nous avons plus de chances d'y parvenir. Les objectifs ambitieux peuvent favoriser l'assurance, encourager l'effort, combattre l'anxiété et faire s'accomplir nos prophéties. Alors comment concilier cette donnée avec le conseil de *réduire* nos aspirations ? Il faut prendre en compte d'une part notre histoire personnelle, d'autre part le domaine en question.

D'abord, avons-nous l'habitude de voltiger d'un poste à un autre (d'une relation à une autre, d'une maison à une autre) ? Si notre emploi est vraiment insatisfaisant ou sans débouchés, alors cela vaut la peine de viser plus haut ou dans une autre direction. Mais si nous occupons un poste que la plupart des gens jugeraient très bon, alors nos attentes sont disproportionnées par rapport à la réalité et nous privent de tous les plaisirs, sauf les plus éphémères.

Ensuite, quand je conseille de limiter nos aspirations professionnelles, je parle de notre carrière, de notre position et du travail en général (« Cet emploi est-il assez bon pour moi ou ai-je mérité mieux ? »), pas de telle ou telle prestation spécifique (« Suis-je vraiment prêt pour cette présentation PowerPoint demain ? »). En matière de performance, nous devons toujours viser haut.

SURMONTER LE CREUX ULTRADIEN

Le 9 août 2010, un avion JetBlue en provenance de Pittsburgh atterrit à l'aéroport JFK International. Pendant la circulation au sol, une altercation éclate entre un passager et un steward, Steven Slater. À bout de nerfs, Steven Slater profère dans le micro des insanités à l'adresse des passagers (« Allez vous faire foutre ! »). Puis il prend deux bières dans le chariot à boissons (« Je me casse ! »), met en place le toboggan d'évacuation et s'en va. Cette procédure d'urgence, utilisée sans nécessité, mettait en danger les personnes présentes sur la piste et a coûté 10 000 dollars à la compagnie aérienne, mais Slater est aussitôt devenu un héros des classes laborieuses, s'attirant la sympathie de tous les employés qui aimeraient eux aussi envoyer promener leur employeur sans ménagement.

Pourtant, nous ne sommes pas toujours mécontents de notre emploi. Le malaise, l'exaspération reviennent plutôt de manière périodique. Seriez-vous surpris d'apprendre que ces creux, où vous auriez envie de faire une sortie remarquée, se produisent toutes les quatre-vingt-dix minutes ? Si nous comprenions ce fait, nous pourrions anticiper ces moments et les étouffer dans l'œuf. Les stewards exaspérés, et les salariés du monde entier, y réfléchiraient à deux fois.

Nous avons pour la plupart entendu parler des rythmes circadiens, ces cycles journaliers qui régulent notre somnolence (à l'heure de se coucher et pendant la nuit) et notre vivacité (au réveil et pendant la journée). Le mot *circadien* signifie « environ une journée », et un rythme circadien occupe donc vingt-quatre heures. Cela correspond fondamentalement à notre horloge biologique interne, qui est sensible à la lumière et à l'obscurité.

Bien peu d'entre nous, en revanche, connaissent un autre type de cycle corporel, qu'on appelle rythme ultradien. Ces cycles durent environ quatre-vingt-dix minutes (et jamais plus de cent vingt) pendant le sommeil. Et ils continuent à se produire à l'état de veille. Concrètement, cela signifie que pendant une heure et demie ou deux heures après nous être levés le matin, nous nous sentons particulièrement vigoureux et concentrés, capables de vaquer énergiquement à nos activités. À la fin de cette période, cependant, nous traversons une période de fatigue, de léthargie, vingt minutes pendant lesquelles nous avons du mal à nous concentrer. C'est le « creux ultradien ».

Les gourous du travail ont su mobiliser ces idées comme base de conseils pratiques lorsqu'ils coachent des dirigeants d'entreprise. Le message est que tous les employés devraient avoir conscience de leur rythme ultradien : lorsqu'ils sentent venir leurs vingt minutes de défaillance, au lieu de s'accrocher (risquant ainsi inefficacité et erreurs), de manger une sucrerie ou de fumer une cigarette, ils devraient faire une pause qui apporte revitalisation et renouveau. À ces moments-là, il faut se détendre, passer complètement à autre chose, par exemple, faire une sieste de vingt minutes (il a été prouvé qu'une telle durée offre le meilleur rendement[16]), aller prendre l'air, méditer, écouter de la musique, lire un chapitre de roman, ou bavarder avec ses collègues (mais pas au sujet du travail[17]). Dans une étude réalisée avec les employés de douze banques Wachovia dans le New Jersey, ceux qu'on incitait à renouveler ainsi leurs énergies se déclaraient plus impliqués et satisfaits de leur travail, avaient de meilleures relations avec les clients, et généraient 13 % de revenus en plus sur les prêts et 20 % de plus sur les dépôts par rapport au groupe de contrôle[18].

Rappelez-vous la dernière fois où vous vous êtes senti particulièrement mécontent et stressé au travail. Vous traversiez très probablement un de ces creux de vingt minutes. Cela ne veut pas dire que vos sentiments de désaffection ne soit pas symptomatiques d'un réel problème, mais qu'il faut éviter de les surinterpréter. Nous sommes nombreux à vivre des moments où nous éprouvons le vif sentiment d'en avoir assez de notre carrière, de notre conjoint, de nos enfants et même de notre vie. Rétrospectivement, nous reconnaissons que ces pensées sont en général excessives et éphémères. Il est donc bon de savoir que le rythme ultradien revient tout au long de la journée et que les moments où notre corps passe d'un pic d'énergie à un creux léthargique sont ceux où apparaissent nos pensées les plus pessimistes. Avant de prendre une décision hâtive, neutralisez vos creux ultradiens en vous ménageant des pauses relaxantes. Si ces pensées persistent obstinément, alors il est temps de les prendre au sérieux.

Le rythme ultradien revient tout au long de la journée et les moments où notre corps passe d'un pic d'énergie à un creux léthargique sont ceux où apparaissent nos pensées les plus pessimistes.

MONTEZ LE FILM DE VOTRE VIE ET VISUALISEZ UN AVENIR PLUS RADIEUX

Le sentiment que notre emploi n'est plus satisfaisant peut déferler sur nous un jour, si puissant que nous n'y voyons pas d'issue. Les vertus passées ou les opportunités à venir semblent anéanties par la force de ces émotions soudaines. Avant de laisser ce sentiment nous dicter nos décisions et nos actes, nous devons prendre du recul et examiner de façon impartiale nos expériences passées et nos possibilités futures.

Votre passé

« Il m'a fallu beaucoup de temps pour apprendre que le film et la vraie vie étaient deux choses différentes. Cela continue à m'aider aujourd'hui quand je me rappelle que les histoires de ma vie, mes interprétations des événements, sont comme un film et que je peux changer de bobine[19]. » Cette remarque très profonde de Susyn Reeve, qui suggère que notre passé n'est ni une page blanche ni un ensemble de circonstances, d'expériences et d'événements fixés à jamais. Nous exerçons en réalité un contrôle sur notre histoire, parce que nous choisissons quelles expériences mettre en relief ou minimiser, quels événements nous rappeler ou oublier, quelles circonstances préciser ou laisser floues. Croyons-nous réellement que les huit dernières années de notre carrière ont été improductives, vaines et en rien gratifiantes ? Si oui, quel est notre degré de partialité quand nous fouillons notre passé pour confirmer cette idée ? Un observateur objectif pourrait-il parvenir à une conclusion tout autre ? Afin de prendre la meilleure décision, ces questions – et leurs conséquences – doivent être posées avec sincérité. Mettre noir sur blanc les éléments qui confirment la vision pessimiste ou la vision optimiste de notre expérience professionnelle peut nous aider à y voir plus clair.

Votre avenir

Même si nous pouvons exercer un certain contrôle sur notre manière de voir et de vivre notre passé, nous possédons une maîtrise bien supérieure de notre façon d'appréhender notre avenir. La raison en est évidente : l'avenir est encore « à venir » et donc plein de possibilités, d'opportunités et de perspectives inexplorées. Hélas, au lieu d'envisager un paysage futur attrayant pour notre travail, beaucoup d'entre nous se fixent sur les montagnes d'obstacles qui les attendent. Il est bien plus facile (et plus agréable) de s'adonner à des « fantasmes d'évasion », qui nous permettent d'imaginer un emploi de rêve offrant tous les avantages qui nous manquent et, bien sûr, aucun inconvénient.

Avant de tout lâcher pour trouver cet emploi rêvé, il me paraît crucial de réexaminer nos prédictions sur ce qui pourrait se produire au poste que nous occupons. Par exemple, tout comme les adeptes de la thérapie cognitive enseignent à leurs patients déprimés comment combattre leurs pensées négatives (« Mon patron veut ma mort ») en trouvant des preuves qui les démentent (« Il m'a félicité la semaine dernière devant tous les autres employés »), nous pouvons apprendre à réviser et contester nos prédictions pessimistes. Comme je l'ai dit plus haut, je ne suggère pas de nous obliger à tout voir en rose dans notre avenir. La pensée positive consiste simplement à nous dire : « Écoute, ce projet va être difficile, mais tu t'en sortiras » ou « Jusqu'ici, j'ai fait des choses peu passionnantes, mais j'aurai bientôt un grand défi à affronter. » Nous devons nous entraîner à interpréter les périodes de stress ou de monotonie dans notre travail comme des moments brefs ou limités, et non durables et lourds de conséquences. Cette nouvelle perspective nous montrera clairement si notre emploi est vraiment lamentable (ou acceptable).

JE NE DEVIENS NI PUISSANT NI CÉLÈBRE, JE N'OBTIENS PAS LE PRIX NOBEL

Nous avions de grandes ambitions. Nous avons travaillé dur. Nous avons fait à peu près tout ce qu'il fallait faire. Pourtant, malgré nos efforts, nos succès et quelques coups de chance, nous sommes frappés un jour par l'idée que notre réussite a fait long feu. Nous voyons des amis, des amis d'amis, d'anciens collègues nous distancer pendant que nous stagnons dans la médiocrité. Alors que notre carrière ne décolle pas, ils fêtent le succès de leur entreprise, ils achètent des résidences secondaires, on les interviewe à la télévision, ils sont acclamés lors des cérémonies de remise de prix. Qu'avons-nous raté ? Pourquoi ne comptons-nous pas parmi ceux qui sont considérés comme des *top executives*[20] ? Pourquoi nos talents n'ont-ils pas été reconnus ?

Quand nous ruminons ces questions, il est temps de prendre du recul pour réexaminer nos priorités, nos objectifs et nos points de référence. Comme le sentiment que notre travail n'est plus épanouissant, cette impression est alimentée par le mythe du bonheur selon lequel « Je serai heureux seulement quand… j'aurai du succès », et a donc le potentiel de créer un sentiment d'insatisfaction injustifié. Pourtant, l'impression de ne pas avoir réalisé nos rêves professionnels appelle une nouvelle série de recommandations. En suivant les suggestions évoquées ci-après, nous pourrons évaluer notre carrière de façon plus réaliste, plus indulgente, et éviter même d'être harcelés par ces interrogations.

LE POISON DE LA COMPARAISON SOCIALE

La plupart du temps, il est impossible de *ne pas* se comparer à autrui. Chaque fois que nous dînons chez des amis ou que nous demandons à notre voisin ou notre conjoint comment ils vont, chaque fois que nous allumons la télévision, nous sommes inondés d'informations sur les victoires et les tragédies des autres, sur leurs opinions, leur mode de vie, leur personnalité et leur couple. Nous sommes bombardés d'images de demeures hollywoodiennes et d'appartements somptueux, de beaux visages et de corps trop nourris, de violonistes virtuoses et d'imbéciles patentés. Nous sommes confrontés à des individus dont le succès semble accentuer encore l'injustice de notre potentiel gâché, dont la carrière semble n'exister que pour faire honte à la nôtre.

Les comparaisons sociales apparaissent de manière naturelle, automatique et sans effort. Bien entendu, les études ont montré que se comparer à d'autres – quand un enfant remarque que tel camarade de classe a un cartable plus à la mode que le sien, quand un cadre découvre qu'il gagne plus que ses collègues – a un effet profond non seulement sur l'estime de soi, mais aussi sur l'humeur et le bien-être émotionnel[21]. Ces comparaisons sont les principales responsables de nos sentiments d'inadéquation et de mécontentement. Pour la plupart d'entre nous, l'impression de ne pas répondre à certains critères exigeants vient de l'observation du succès d'autrui, réel ou imaginaire. Au lieu de nous demander : « Ma carrière (ma productivité, ma fortune) correspond-elle à mes besoins ? », nous nous demandons « Que vaut ma carrière (ma productivité, ma fortune) par rapport à celle de mes voisins ? » Au lieu de nous sentir personnellement de plus en plus riches, nous avons le sentiment d'atteindre de nouveaux degrés de pauvreté relative[22].

Pourtant, nous ne pouvons simplement fermer les yeux sur toutes les comparaisons, ne prêter aucune attention aux autres. Durant mes études universitaires, j'ai commencé à m'interroger sur ces comparaisons. Ce type de recherche, nous le verrons bientôt, révélait que le secret de la satisfaction résidait non pas dans l'indifférence aux forces et aux réussites d'autrui, mais dans l'absence de conséquences négatives de ces observations. Autrement dit, ne vous laissez pas atteindre par les comparaisons sociales.

J'ai réalisé une série de tests pour voir si ceux d'entre nous qui savent échapper à l'aiguillon des comparaisons défavorables sont réellement plus heureux[23]. Par exemple, dans une expérience, j'ai demandé à deux volontaires de donner une leçon sur l'amitié à un groupe imaginaire d'écoliers[24], avec deux marionnettes. Les deux cobayes se produisaient à tour de rôle devant un écran et étaient censés être filmés et évalués. Nous avons fait croire à chacun qu'il avait obtenu une très mauvaise note (une moyenne de 2 sur une échelle allant de 0 à 7), mais que l'autre avait été encore plus mal noté (moyenne de 1). Dans un deuxième groupe de volontaires, nous avons annoncé à chacun qu'il avait réussi l'épreuve (avec une moyenne de 6), mais que l'autre avait fait encore mieux (et avait obtenu la note maximale, 7). Certains participants accomplissaient cette tâche seuls, et découvraient leur note sans qu'on ne leur dise rien sur celle obtenue par d'autres.

Des années plus tard, je suis encore un peu ébahie par le résultat. Pour analyser les données, j'ai divisé les participants entre ceux qui, avant l'expérience, se déclaraient très heureux et ceux qui se déclaraient relativement malheureux. En examinant les données « avant » et « après » des participants très heureux, je me suis aperçue que ceux à qui l'on avait attribué une très mauvaise note s'avouaient moins positifs, moins assurés, et plus tristes après l'expérience. Leur réaction à un échec flagrant était parfaitement naturelle et pas du tout surprenante. Par contraste, les participants très heureux qui apprenaient avoir très bien réussi (note 6) se sentaient ensuite mieux à tous points de vue, et le plaisir de leur succès n'était pas amenuisé en apprenant qu'un autre avait fait *encore mieux*.

Pour mes participants malheureux, en revanche, les résultats étaient spectaculaires. Leur réaction était apparemment gouvernée davantage par la note attribuée aux autres que par la leur. L'étude brosse le tableau tout à fait déplaisant d'un individu malheureux. Les volontaires les plus malheureux déclarèrent se sentir plus heureux et plus assurés quand ils avaient obtenu une mauvaise note (en sachant que l'autre avait fait pire) que lorsqu'ils recevaient une excellente évaluation (en sachant que l'autre avait fait mieux). Il semble que les individus malheureux aient adopté cette maxime sarcastique attribuée à Gore Vidal : « Pour être vraiment heureux, il ne suffit pas d'avoir réussi, il faut aussi voir ses amis échouer. »

Après cette étude, et une demi-douzaine d'autres sur le même thème, voici ma conclusion : quand nous nous demandons « À quel point suis-je doué/malin/aimable/riche/honnête ? », ceux d'entre nous qui se fient à leurs propres critères objectifs sont les plus heureux. Ces habitudes nous rendent moins susceptibles d'être ballottés par les vents des jugements externes et des réalités extérieures (en découvrant par exemple que notre voisin présente une émission de télévision ou que notre ancien camarade de classe fait la une d'un magazine). Par contraste, ceux d'entre nous qui fondent leur autoévaluation sur des comparaisons avec autrui sont malheureux, car cette pratique s'avère néfaste. Être attristé ou déprimé par la réussite d'autrui, se sentir soulagé plutôt que déçu ou compatissant face au malheur des autres, voilà qui semble une bien mauvaise recette pour le bonheur.

L'habitude de la comparaison sociale commence très tôt. Dès l'enfance, nous apprenons que la performance se mesure le plus souvent en termes relatifs. Nous sommes fréquemment comparés à nos frères et sœurs et à nos camarades d'école, sur le plan des bonnes manières ou des talents, et l'on nous renvoie même à l'excellence dont nos parents ont jadis fait preuve en classe ou en sport. Par conséquent, nous sommes conditionnés pour désirer connaître notre position par rapport aux autres, et nous aimons apprendre que nous leur sommes supérieurs. Résultat de ce conditionnement précoce, la comparaison sociale

---

Il semble que les individus malheureux aient adopté cette maxime sarcastique : « Pour être vraiment heureux, il ne suffit pas d'avoir réussi, il faut aussi voir ses amis échouer. »

est inévitable. L'habitude est si profondément ancrée que, comme les humains, les singes capucins se révèlent sensibles à la comparaison avec leurs pairs[25]. Pourtant, comme il y a toujours quelqu'un de plus riche, de plus talentueux, de plus populaire ou de plus mince que nous, ces comparaisons nous font généralement plus de mal que de bien[26]. Comme mes recherches le montrent, notre objectif devrait être de nous fier un peu moins aux autres pour déterminer notre propre valeur et de nous fier un peu plus à nos critères personnels.

Si vous concluez un jour que vous avez échoué, ce verdict est-il fondé sur vos objectifs personnels ou sur une norme fixée par d'autres ? Vos sentiments sur vos triomphes passés (ou sur leur absence) sont-ils dictés par ce que pensent les autres ? Si la réponse est oui, mes recherches suggèrent que vous devriez tâcher d'ignorer ces comparaisons sociales autant que possible, par exemple en criant « stop » ou en passant aussitôt à une activité agréable quand vous vous surprenez à pratiquer ce genre de comparaison. Et quand il est impossible de fermer les yeux, vous devriez viser le *schlep naches* (« tirer du plaisir de la réussite des autres », en yiddish) plutôt que la *Schadenfreude* (« prendre plaisir au malheur des autres », en allemand). Quand il n'y aura plus en vous « ni dépense, ni sentiment d'appauvrissement, ni soupçon d'anxiété lié à la découverte qu'un autre est bien plus avancé que vous dans un domaine particulier[27] », vous aurez atteint une maturité – et donc un bonheur – bien supérieure à la moyenne. Au lieu de pleurer votre manque de succès, vous prendrez conscience des efforts accomplis et vous agirez pour aller de l'avant.

Si vous concluez un jour que vous avez échoué, cette conclusion est-elle fondée sur vos objectifs personnels ou sur une norme fixée par d'autres ?

QUÊTE DU BONHEUR ET BONHEUR DE LA QUÊTE

Quand vous pensez ne pas avoir atteint le point auquel vous vouliez parvenir à ce moment de votre vie, vos soucis ne sont peut-être pas entièrement infondés. En ce cas, votre priorité devrait être de remédier à la situation, d'identifier ce qui vous passionne et d'agir en conséquence. Beaucoup de recherches, les unes anciennes et classiques, les autres récentes et à la pointe, suggèrent des moyens de nous donner de l'énergie, de nous fixer des objectifs pleins de sens et de lutter pour les atteindre. En appliquant ces méthodes à notre vie, nous aurons plus de chances de trouver le bonheur et le succès. Pourtant, il ne faut jamais oublier que réaliser nos rêves n'est pas la formule magique du bonheur ; comme je l'explique, c'est la quête qui compte surtout.

Quand les scientifiques étudient la « poursuite d'un but », ils étudient avant tout l'infinie variété de projets, de plans, de tâches, d'entreprises, de missions et d'ambitions (grandes et petites) qui remplissent notre quotidien. Quant à notre métier et nos loisirs, beaucoup d'enquêtes ont montré que ceux d'entre nous qui *tentent* (sans forcément réussir) sont plus heureux, surtout quand nos objectifs sont réalistes, souples, valorisés par notre culture, authentiques, non matérialistes et sans effets négatifs sur les autres aspects de notre vie[28].

Néanmoins, la recherche révèle une ironie. La situation de crise qui est au cœur de cette partie porte sur la crainte de ne pas avoir encore réalisé nos rêves, mais les données empiriques indiquent que le facteur critique dans la poursuite d'un but est dans le plaisir de la quête et *non* dans son aboutissement. Bien sûr, cela contredit les convictions et les intuitions de beaucoup

---

Les données empiriques indiquent que le facteur critique dans la poursuite d'un but est dans le plaisir de la quête et *non* dans son aboutissement.

d'entre nous, pour qui atteindre tel ou tel but est le bonheur suprême. Cela contredit l'un des mythes fondamentaux, selon lequel le bonheur viendra quand nous aurons réalisé nos rêves. Pourtant, quand nous obtenons enfin ce rôle dans un spectacle de Broadway, cette promotion ou cette récompense, nous ressentons un frisson immédiat, mais ce frisson est souvent suivi d'un sentiment de satiété, d'attentes accrues ou même de dépression[29]. Quand Paul Krugman, économiste et collaborateur du *New York Times*, apprit qu'il avait remporté le prix Nobel tant attendu, « son épouse Robin, une fois le frisson initial dissipé, lui dit : "Paul, tu n'as pas le temps pour ça[30]" ». De même, un de mes collègues remporta la plus haute distinction dans sa discipline, le Distinguished Scientist Award décerné par la Société américaine de psychologie. Quand on lui demandait combien de temps son bonheur avait duré, il répondait : « Une journée. »

Par contraste, si nous apprécions chaque étape de la quête, nous tirerons plaisir et satisfaction d'avoir simplement travaillé à atteindre notre objectif. Cela nous permettra d'acquérir de nouvelles compétences, de découvrir des opportunités, de progresser, d'apprendre, de devenir plus capables, plus experts. Que ce soit dans notre travail ou dans nos passe-temps, la connaissance peu à peu ajoutée fournira de plus en plus d'occasions d'appréciation et de plaisir, ainsi que la satisfaction (selon certains scientifiques) de notre besoin inné de défi, en utilisant notre potentiel au maximum. Que notre but soit d'inventer quelque chose ou de finir nos études, il nous donne une raison de faire des efforts, un moment à espérer.

De plus, la poursuite d'un but confère structure et sens à notre quotidien, en créant des obligations, des dates limites, un emploi du temps, ainsi que des occasions d'apprendre de nouvelles compétences et d'entrer en action avec autrui. Au cours de cette quête, nous pouvons trouver une raison d'être, nos progrès nous inspirent un sentiment d'efficacité, de maîtrise de notre temps. Tout cela rend les gens heureux. Et quand nous avançons d'une étape (en terminant un stage ou un article, par exemple), nous devrions savourer ce moment, susceptible de doper notre ego, avant de passer aussitôt à un autre objectif[31]. Bref, au lieu de trop nous focaliser d'emblée sur la ligne d'arrivée, nous devrions surtout tâcher de franchir les nombreuses étapes nécessaires, et d'en tirer autant de plaisir que possible.

La question à un milliard de dollars

Beaucoup d'auteurs et de chercheurs, de Malcolm Gladwell (à qui l'on doit les livres *Le Point de bascule* et *La Force de l'intuition*) à Dean Simonton (spécialiste en créativité à l'université de Californie à Davis), ont exploré les secrets de la réussite[32]. Quel en est le secret, l'intelligence innée ou le dur labeur ? Faut-il être consciencieux ou talentueux ? Beaucoup ont conclu que la simple réponse est la diligence : nous devons consacrer environ dix mille heures à un effort particulier, à une pratique spécifique, avant de pouvoir devenir un véritable expert ou de connaître le succès dans un domaine, qu'il s'agisse de devenir violoniste ou neurochirurgien, d'écrire des romans, de jouer au base-ball. Je trouve ces arguments extrêmement intéressants et convaincants[33], mais j'ai toujours pensé qu'il manquait un élément crucial à cette discussion. C'est vraiment la question à un milliard de dollars : comment peut-on s'obliger à accomplir ces dix mille heures[34] ? D'où jaillit l'étincelle qui nous poussera à faire cinq heures de violon par jour ou, comme le fit Benjamin Franklin, à copier et réécrire intégralement des textes publiés (en transformant la prose en vers et vice versa) ? D'où vient la motivation pour se lever à cinq heures tous les matins afin de mener à bien ce programme ? Si la réponse est le tempérament inné (certains sont naturellement plus consciencieux que d'autres) ou la présence d'un parent, d'un conjoint ou d'un entraîneur inflexible[35], alors beaucoup de gens auraient intérêt à renoncer à tout espoir de grandeur.

La recherche ne va pourtant pas dans le sens de cette conclusion pessimiste. Nous en savons à présent beaucoup sur cette étincelle nécessaire pour que nous donnions le meilleur de nous-mêmes ; nous savons ce qui lui est fatal et nous savons comment la stimuler. Fondamentalement, que nous voulions devenir chef d'entreprise, réalisateur de cinéma, analyste politique, courtier en assurances ou critique gastronomique, nous avons bien plus de chances de réussir et d'être heureux si nous poursuivons ces buts parce qu'ils sont en soi intéressants et sources de plaisir, ou si cela reflète nos valeurs les plus importantes ; autrement dit, si notre motivation est intrinsèque[36].

Bien que tout objectif, même aberrant ou malfaisant, puisse être intrinsèque, les objectifs idéaux sont ceux qui alimentent notre désir fondamental de progresser, de nous sentir compétents et autosuffisants, de nous connecter avec autrui et d'apporter notre contribution à notre communauté. Nous sommes malheureux, et avons moins de chances de réussir, quand nous poursuivons un but qui n'est pas vraiment le nôtre, uniquement pour nous attirer l'approbation (de nos parents ou collègues, par exemple) ou pour éviter un sentiment de culpabilité. Parmi ces buts « extrinsèques » figure le désir de devenir riche, beau, célèbre ou puissant[37].

Quand vous poursuivez un but pour lui-même, vous avez bien plus de chances d'y mettre de la concentration, de l'implication, de la curiosité et de l'opiniâtreté. Mais comment acquérir cette énergie et cette motivation ? Il faut commencer par le commencement. Le pivot essentiel est le tournant qui vous pousse au départ à faire le choix de ce que vous voulez vraiment. Posez-vous les questions suivantes sur vos rêves jusqu'ici non réalisés :

Nous avons bien plus de chances de réussir et d'être heureux si nous poursuivons ces buts parce qu'ils sont en soi intéressants et sources de plaisir, ou si cela reflète nos valeurs les plus importantes.

• Votre objectif (fonder votre propre entreprise, par exemple) est-il atteignable ?

• Qui est le propriétaire de cet objectif, vous ou quelqu'un d'autre ?

• Entre-t-il en conflit avec un projet nourri de longue date (par exemple, passer du temps avec votre famille ou faire le tour du monde) ?

• Vous sentez-vous vraiment vous-même quand vous suivez votre ambition ou que vous en rêvez ?

• Vous attendez-vous à progresser durant ce processus ou à établir des relations durables ?

• Si la récompense était beaucoup plus modeste, poursuivriez-vous quand même ce but ?

Vous n'avez pas à être d'accord avec ces formules *tout le temps*. J'ai beau être passionnée par mon travail, je ne suis pas contente quand il empiète trop sur mes loisirs ou devient lassant. Mais si votre réponse est un non franc et massif à au moins deux de ces questions, il sera extrêmement difficile, voire impossible, de créer une motivation intrinsèque qui n'existe pas. Dans ce cas, vous devrez changer de priorité et d'objectif : non pas diriger une banque mais diriger une association à but non lucratif, passer de la fortune à la philanthropie, de l'enseignement à l'écriture, de l'écriture à l'enseignement. Autre solution : il est parfois possible de recadrer votre activité présente. Une noble ambition se cache peut-être derrière votre rêve, sans que vous en ayez conscience. Vous avez peut-être un talent caché (d'écrivain, d'orateur, d'organisateur) que vous pouvez mettre au service de votre emploi actuel.

Enfin, si votre métier comporte des périodes répétitives ou mornes, vous pouvez peut-être en profiter pour progresser sur certains plans. Dans le travail, il y a beaucoup de moments où l'on attend qu'il se passe quelque chose. Une vendeuse ou un chauffeur de taxi peuvent se trouver oisifs entre deux clients. D'autres professions imposent des tâches manuelles – saisir du texte sur un ordinateur, cliquer sur des annonces en ligne, peindre des murs, travailler sur des machines – qui laissent l'esprit libre de vagabonder. Pourquoi ne pas en profiter pour apprendre des choses ? Par exemple, les routiers, les opérateurs de saisie et les pêcheurs de flétan déclarent avoir découvert des idées nouvelles et avoir davantage apprécié leurs journées quand ils passent leur temps de travail à podcaster des cours dispensés par les universités du monde entier sur des sujets aussi divers que la philosophie existentialiste, la littérature universelle ou la physique théorique[38].

Dès que nous avons choisi ou redéfini nos objectifs de manière à leur donner un sens personnel qui satisfait nos besoins, nous pouvons nous inspirer d'autres recherches pour entretenir notre motivation.

Premièrement, des études montrent que nous avons bien plus de chances de réussir quand nous formulons publiquement la résolution d'accomplir quelque chose[39]. Deuxièmement, nous devrions faire tout notre possible pour convaincre nos proches de la valeur de nos efforts, afin de nous garantir leur soutien et leur réconfort. Nous parviendrons beaucoup mieux à maintenir notre motivation en vie si notre partenaire ou notre meilleur ami soutient nos rêves et nous traite comme si nous possédions déjà ces compétences, cette autorité ou ce titre que nous briguons[40].

Enfin, nous avons tout intérêt à suivre la recommandation du psychologue Abraham Maslow et à préférer le progrès à la sécurité, à prendre des risques potentiellement fructueux au lieu de nous limiter à ce qui est familier, connu et confortable. Réfléchissez à ce rêve insaisissable que vous poursuivez, que vous

---

Nous avons tout intérêt à suivre la recommandation du psychologue Abraham Maslow et à préférer le progrès à la sécurité, à prendre des risques potentiellement fructueux au lieu de nous limiter à ce qui est familier, connu et confortable.

regrettez de n'avoir pas encore réalisé, et demandez-vous si une prise de risque pourrait vous valoir d'importantes retombées positives. Dressez une double liste, des gains prévisibles et des coûts vraisemblables, et cela vous aidera à trouver une réponse. Je n'aime pas tellement l'expression « sortir de sa zone de confort », mais c'est bien ce que je propose : pour réaliser vos rêves, faites quelque chose que vous avez jusqu'ici été réticent à accomplir. Les gens qui ont tenté cet exercice l'ont trouvé extrêmement difficile, mais aussi enrichissant, épanouissant et inspirant[41].

L'ESPRIT BIEN PRÉPARÉ

Si nous vivons avec la certitude que nous serons heureux dès que nous aurons trouvé le job idéal, il peut être profondément perturbant d'apprendre que le bonheur dont nous jouirons, une fois cet emploi obtenu, ne sera ni aussi grand, ni aussi durable que nous l'imaginions. Autrement dit, à la racine de ce mythe du bonheur se trouve la conception erronée selon laquelle, même si nous ne sommes pas heureux pour le moment, nous le serons sûrement quand nous deviendrons associés au sein de notre entreprise, quand nous dirigerons nos propres projets, quand nos œuvres seront enfin exposées dans une galerie, quand nous aurons vendu notre scénario, quand nous gérerons notre propre magasin, ou quand nous obtiendrons le prix Nobel. Le problème est pourtant que l'acquisition de l'emploi apparemment parfait ne nous rend pas aussi heureux que prévu, et que ce bonheur est très bref. Ce qui explique cette expérience indésirable est le processus inexorable d'adaptation hédonique. Une première démarche essentielle consiste donc à comprendre que tout le monde s'habitue à la nouveauté, à l'exaltation et aux défis d'un nouvel emploi. Cette prise de conscience offre une autre explication à notre malaise professionnel. Il n'y a peut-être rien à reprocher à notre poste, à notre motivation ou à notre éthique de travail. Peut-être vivons-nous simplement un processus naturel et humain.

La deuxième démarche est de déterminer ce que nous pouvons faire pour ralentir ou même inverser la tendance, et de mettre en pratique les stratégies adéquates dès que possible pour éviter la lassitude. Si ces efforts s'avèrent vains, si notre travail est vraiment décevant, ou s'il ne correspond pas à nos préférences et à nos capacités, alors nous saurons qu'en changer est une décision prise par un esprit bien préparé, fondée sur l'analyse rationnelle et non sur un instinct viscéral.

Nous pouvons aussi éprouver un profond mécontentement parce que nous ne sommes pas parvenus au point de notre carrière où nous espérions nous trouver. Le message de ce chapitre est pourtant que si nous aspirons au succès (à la reconnaissance, à l'autorité, aux récompenses) parce que nous pensons que notre bonheur en dépend, nous limitons notre bonheur présent et nous compromettons notre bonheur futur. La raison a été expliquée par une somme de recherches qu'on peut résumer (hélas ?) dans ce cliché : « Le bonheur ne vient pas du dehors ; il réside en nous. » Si banale que cette phrase puisse paraître, la vérité se déguise parfois en truisme. Nous pouvons déplorer le fait que nous n'avons pas encore atteint tel degré (où nos amis sont parvenus), et cela nous rend réellement malheureux, mais atteindre tel ou tel degré n'est pas la solution à notre malheur. Nous détourner des comparaisons toxiques, nous concentrer sur nos propres critères internes, nous focaliser sur l'effort à accomplir pour réaliser nos rêves plutôt que sur le but final, tout cela nous éloignera de la croyance « Je serai heureux *quand…* » et nous guidera vers des horizons plus fructueux.

CHAPITRE 6
Je ne peux pas être heureux si... je n'ai pas d'argent

Lorsque nous apprenons que nous avons perdu notre maison, notre travail ou nos économies, nous vivons l'un des tournants les plus traumatiques de la vie. Saisie, faillite, licenciement, expulsion, ces mots déclenchent la panique, les nuits blanches, le désespoir et la peur. Nous pouvons être d'abord assaillis par un flot de sentiments dévastateurs : nous avons tout perdu, nous sommes vaincus, nous n'avons aucune perspective d'avenir. Comment imaginer que nous pourrons un jour être heureux ?

Certains d'entre nous pourront sortir du trou et connaître à nouveau la prospérité, mais beaucoup vivront au jour le jour grâce à leurs allocations, incapables de s'offrir davantage que le strict nécessaire, gagnant à peine de quoi vivre, craignant le prochain revers, accablés par l'idée même de la pauvreté. Ces dernières années, même les personnes relativement aisées ont commencé à se sentir financièrement menacées. Il y a trente ans, nous n'avions que 17 % de risques de subir une perte de revenus, nous n'étions que 17 % à craindre un licenciement ; aujourd'hui, le risque est de 1 sur 4 et la majorité des gens sont inquiets[1]. Même si l'économie mondiale se redresse, l'inquiétude pourrait bien persister. À la lumière de nos propres revers financiers, largement incontrôlables, comment gérons-nous cette anxiété ? Comment vivre une bonne vie sans le sou ?

L'ARGENT ACHÈTE-T-IL LE BONHEUR ? ENFIN, UNE RÉPONSE CLAIRE ET NETTE

Bien rares sont ceux qui croient pouvoir être heureux sans argent. Mon premier but dans ce chapitre est d'étudier ce mythe du bonheur et de contester l'opinion répandue selon laquelle nous avons besoin d'argent pour vivre dans le confort, la sécurité et la satisfaction. Mon deuxième but est de proposer des recommandations fondées sur les recherches pour nous aider à jouir d'une bonne qualité de vie même avec un revenu modeste ou précaire ; comment exploiter au mieux nos ressources, faire plus avec moins, et dépenser intelligemment le peu que nous avons.

On s'est souvent demandé si l'argent rendait heureux, et les conclusions diffèrent radicalement, selon les psychologues, les économistes ou les commentateurs que nous écoutons. J'ai lu beaucoup de choses sur le lien entre le bien-être et le trio fortune-revenus-biens matériels. J'ai aussi rencontré de nombreux experts en la matière. Les données sont troublantes et contradictoires, mais je crois pouvoir proposer quelques conclusions raisonnées et fondées sur les faits.

Premièrement, revenu et bonheur *sont* bel et bien étroitement unis, même si la relation n'est pas extra-forte[2]

Autrement dit, il est vrai que plus nous sommes haut placés sur l'échelle économique, plus nous nous déclarons heureux. Cela n'a rien d'étonnant, puisque le fait d'avoir de l'argent nous permet non seulement d'acquérir luxe et confort, mais nous offre aussi standing et respect, plus de loisirs et un emploi plus épanouissant, l'accès à une meilleure alimentation et à de meilleurs soins médicaux, plus de sécurité, d'autonomie et de maîtrise de notre sort. Les gens riches mènent une vie plus saine, ont les moyens de passer du temps avec ceux qu'ils aiment, habitent des logements plus spacieux dans des quartiers plus sûrs, bénéficient de certaines protections face à des problèmes comme la maladie, le handicap ou le divorce. Il est même étonnant que le lien entre argent et bonheur individuel ne soit pas plus fort qu'il ne l'est.

Deux remarques s'imposent cependant. D'abord, la relation entre bonheur et argent ne vaut que pour *un certain type* de bonheur. Quand on demande aux gens de déterminer leur degré général de bonheur ou de satisfaction, les plus riches se disent plus heureux et plus satisfaits. Mais quand on demande aux gens s'ils sont heureux à tel instant de leur vie (« Étiez-vous joyeux/stressé/furieux/affectueux/triste *hier* ? »), alors les plus riches déclarent rarement avoir éprouvé un sentiment de bonheur[3]. Ce type de résultat indique que la richesse nous rend heureux quand nous pensons à notre vie (« Suis-je heureux dans l'ensemble ? Ah, je vis bien »), mais que l'argent a un impact bien plus faible sur nos sentiments au quotidien[4] (« Suis-je heureux aujourd'hui ? »).

L'autre remarque, peut-être plus importante encore que la première, est la suivante : quand psychologues, sociologues et économistes évoquent le lien entre argent et bonheur, ils partent invariablement du principe que l'argent est le facteur causal. Mais, bien sûr, la causalité peut fonctionner dans les deux sens. L'argent achète du bonheur, mais le bonheur achète aussi de l'argent. Plusieurs études suggèrent que les gens heureux sont relativement plus doués pour gagner plus[5].

Deuxièmement, le lien entre argent et bonheur est beaucoup plus fort pour les pauvres que pour les riches[6]

Quand nos besoins fondamentaux (nourriture, sécurité, santé) ne sont pas satisfaits, une hausse de revenus crée une bien plus grande différence que si nous sommes déjà relativement aisés. On pourrait dire que l'argent nous rend plus heureux s'il nous évite d'être pauvres. Après tout, ceux d'entre nous qui ont très peu risquent plus d'être expulsés de chez eux, d'avoir faim, de vivre dans un quartier ravagé par le crime, de voir leurs enfants sécher l'école, de ne pouvoir s'offrir des soins médicaux, ou de ne pouvoir gérer la souffrance, le stress et les exigences concrètes d'une maladie ou d'un handicap[7]. Même une modeste hausse de revenus peut soulager ou empêcher certains de ces problèmes.

Ces idées aident à expliquer pourquoi l'argent rend plus heureux les pauvres, mais pourquoi a-t-il relativement peu d'effet sur le bonheur des riches ? Quand le revenu dépasse un certain niveau, ses effets positifs (par exemple, la possibilité de voyager en première classe, de consulter les meilleurs médecins) peuvent être anéantis par certains effets négatifs, comme le manque de temps (de plus longues heures de travail et de transport) et un stress accru (lié à un poste à responsabilité, à des investissements risqués, à des enfants gâtés[8]). Parce que la richesse permet de goûter ce que la vie a de meilleur à offrir, elle peut même réduire notre capacité à savourer les petits plaisirs[9].

Troisièmement, le lien entre argent et bonheur est encore plus fort si l'on compare des nations plutôt que des individus

En d'autres termes, ceux d'entre nous qui vivent dans un pays riche sont beaucoup plus heureux que ceux qui vivent dans un pays pauvre[10]. Attention, pourtant : les nations riches n'ont pas simplement un PIB supérieur à celui des nations pauvres ; elles sont aussi plus susceptibles de connaître la démocratie, la liberté et l'égalité des droits, et risquent moins de subir l'instabilité politique et la corruption omniprésente. Par conséquent, on ne distingue pas clairement ce qui motive le lien entre richesse et bonheur à l'échelle des nations.

Quatrièmement, dans de nombreux pays, alors même que la situation économique s'est améliorée, les gens ne se déclarent pas plus heureux en moyenne[11]

Cette dernière révélation peut étonner, puisque les personnes qui ont plus d'argent sont plus heureuses. C'est donc cette affirmation qui se cache en général derrière les proclamations selon lesquelles, dans les médias ou ailleurs, l'argent *n'achète pas* le bonheur. D'après les précédentes descriptions de mes recherches, vous pouvez sans doute déjà imaginer pourquoi, par exemple, les Américains ne sont pas devenus plus heureux alors que leurs revenus triplaient[12]. D'abord, un revenu plus élevé suscite des aspirations plus élevées, de sorte que nous jugeons désormais nécessaire ce qui nous semblait jadis extravagant ou optionnel (des vacances, une voiture…). Ensuite, un revenu plus élevé fait évoluer nos comparaisons sociales, de sorte que nous nous sentons désormais plus pauvres par rapport à nos voisins qui ont un peu plus que nous[13].

COMMENT ÊTRE HEUREUX AVEC MOINS, EN APPLIQUANT CETTE ANTIQUE VERTU, L'ÉCONOMIE

Après les centaines d'études consacrées à ce sujet, une conclusion s'impose : avoir de l'argent *peut* nous rendre heureux, ne pas en avoir peut assurément nous rendre malheureux, mais le pouvoir de l'argent est bien moindre qu'on ne le penserait. Par exemple, même si les difficultés financières peuvent avoir beaucoup d'effets négatifs sur notre vie, l'influence de l'argent sur notre bonheur est comparativement faible, dans la mesure où bien d'autres facteurs pèsent sur notre bonheur de façon bien plus puissante, comme on l'a vu plus haut. Donc, si nous avons peu d'argent, par la faute des circonstances ou par choix, pouvons-nous vivre de manière à ce que nos besoins ou notre insécurité ne nous empêchent pas de nous épanouir ? Ou bien l'idée d'être heureux avec moins serait-elle un mensonge propagé par les riches ?

Les données empiriques suggèrent qu'être heureux avec moins n'est pas un mensonge. Depuis quelque temps, avec mon étudiant Joe Chancellor, j'étudie cette question, devenue plus urgente que jamais face aux problèmes économiques mondiaux ; le chômage, la dette et les faillites atteignent des taux records, touchant d'innombrables foyers. Notre travail débouche sur une proposition qu'on peut résumer ainsi : si les individus qui ont un budget restreint souhaitent tirer le bonheur maximal en dépensant moins, ils doivent se servir des leçons de l'économie, cette antique vertu.

Même si certains associent ce mot à la pingrerie, économiser signifie avant tout faire un usage optimal de ressources limitées. Historiquement, l'économie était associée au zèle (plus nous travaillons pour obtenir une récompense, moins nous risquons de la gaspiller), à la tempérance (nous évitons les excès en pratiquant la modération et le contrôle de soi) et aux activités épanouissantes et fructueuses (nous évitons de dépenser nos ressources pour des activités frivoles). De tout temps, l'économie a été vantée par des écrivains, des philosophes, des chefs d'entreprise, des penseurs aussi divers que Socrate, le roi Salomon, Confucius, Benjamin Franklin, Alexis de Tocqueville, Max Weber et, tout récemment, Warren Buffett.

Nous pouvons tous appliquer les principes de l'économie pour dépenser moins et jouir plus, ainsi que pour garantir qu'un salaire limité ne sapera pas notre bonheur. En outre, économiser peut nous aider à nous sentir bien (en mettant en relief nos meilleures qualités), nous donner l'impression de maîtriser la situation (en prouvant que nous savons gérer nos finances), et même nourrir le succès. Des études ont ainsi montré que les enfants capables de différer leur satisfaction (trait essentiel de l'économie) ont par la suite de meilleures notes, réussissent mieux aux examens, sont acceptés dans de meilleurs établissements, deviennent des adolescents moins difficiles et ont moins de problèmes d'addiction à l'âge adulte[14]. Les recherches menées par mon laboratoire et par d'autres révèlent quantité de stratégies et de pratiques qui rendent possible l'économie.

Ne soyez pas l'emprunteur qui devient l'esclave du prêteur

Albert Einstein a un jour défini la relativité grâce à cet aphorisme moqueur : « Posez votre main pendant une minute sur le poêle chaud, cela vous paraîtra durer une heure. Passez une heure avec une jolie fille, cela vous paraîtra durer une minute. » Les psychologues utilisent la formule : « Le mauvais est plus fort que le bon[15] » ou « La douleur est plus puissante que le plaisir. » Comme je l'ai mentionné au chapitre 2, vingt ans de recherches ont prouvé que nous sommes bien plus atteints par les expériences négatives (dont nous ne nous remettons parfois jamais) que « boostés » par les expériences positives (auxquelles nous nous habituons vite[16]).

Ce que cela signifie pour nous, c'est que si un achat majeur nous endette encore plus, le stress de la dette l'emportera considérablement sur le frisson de l'acquisition. Cet exemple n'est pas simplement hypothétique, car la dette de consommation non garantie atteint aux États-Unis 8 000 dollars en moyenne pour chaque homme, femme et enfant; et un Américain sur deux admet s'inquiéter pour ce qu'il a encore à rembourser[17]. Même si cela peut paraître évident aux économes, les emprunteurs qui n'ont que peu de réserves et recourent au crédit pour dépenser et consommer continuellement souffriront d'anxiété constante à la perspective des versements, de la perte de revenus et du défaut de paiement. Sauf si nous contractons un emprunt pour payer notre facture d'électricité ou pour sauver la vie de notre enfant, les coûts des dépenses excessives et de l'endettement dépassent considérablement les avantages, même dans le cas de l'acquisition la plus alléchante.

Un autre exemple concerne le terrible coût psychique de la pauvreté immobilière. Vivre dans une grande maison avec un grand jardin nous procure du plaisir, mais ce plaisir diminue peu à peu, jusqu'à ce que nous remarquions à peine cette surface ou notre salle de bains dernier cri. Plus critique est le fait que le plaisir suscité par notre maison est incomparable avec la douleur et l'inquiétude des remboursements mensuels difficiles. Passer de la pauvreté à la richesse immobilière signifie moins de stress quotidien et plus de bonheur à chaque instant.

Quel rapport avec le fait d'être heureux avec moins ? Le bonheur ne consiste pas seulement à se sentir bien, il s'agit aussi de ne pas se sentir mal. Parce que la réduction des expériences négatives (comme le souci associé à l'endettement) entraîne en termes de bonheur un retour trois à cinq fois supérieur à la création d'expériences positives[18] (comme acheter un nouveau poste de télévision), le plus sage, et la première démarche dans toute stratégie visant à vivre mieux avec moins, est de réduire ou d'éliminer les dettes avant d'utiliser notre argent pour des biens ou des services inessentiels.

Dépensez votre argent en expériences plutôt qu'en possessions

Des preuves croissantes révèlent que ce sont les expériences et non les choses qui nous rendent heureux[19]. Beaucoup d'expériences, comme une promenade entre amis ou un jeu de société en famille, sont pratiquement gratuites. Et bien d'autres – les grands voyages, les dîners arrosés, les tournois sportifs, les cours de cuisine et les concerts de rock – coûtent de l'argent. Bien sûr, la frontière est souvent ténue entre les expériences et les choses. Une console Wii est à la fois un objet et le support d'expériences, d'apprentissages et d'aventures. Il semble donc que les gens les plus heureux sont ceux qui savent le mieux tirer des expériences de tout ce dans quoi ils investissent leur argent, que ce soit une

Ce sont les expériences et non les choses qui nous rendent heureux.

guitare, un billet d'avion, un livre illustré, une robe, un appareil photo, des leçons de pâtisserie ou des chaussures de sport.

Avant de faire prendre une orientation toute nouvelle à nos habitudes de dépense et de consommation, il est important d'en examiner les raisons et les justifications scientifiques. Pourquoi les expériences sont-elles supérieures aux choses ?

Premièrement, parce que la plupart des biens ne changent pas une fois achetés, nous nous y adaptons beaucoup plus vite. Quand nous avons ouvert la boîte et posé le nouvel objet sur une étagère ou dans un placard, il ne s'écoulera pas longtemps avant que nous ayons l'impression qu'il y est depuis toujours et nous ne le remarquerons même plus.

Deuxièmement, les expériences sont intrinsèquement plus sociales que les choses, plus susceptibles d'être partagées, anticipées et revécues avec d'autres personnes. Partir en vacances avec un ami ou faire du bowling avec lui est bien plus susceptible de cimenter notre amitié que de parler de notre nouvelle montre ou d'exhiber notre nouveau mobilier.

Troisièmement, à la lumière des recherches soulignant le danger des comparaisons sociales, il n'est pas étonnant que l'une des raisons pour lesquelles les expériences nous rendent plus heureux que les biens est qu'elles nous poussent moins à les comparer à celles des autres. Il faut tout simplement bien plus d'efforts et d'imagination pour comparer notre lune de miel passée sur la plage à celle que notre ami a passée à visiter des sites historiques. Même si nous le pouvions, le fait de savoir que notre voisin s'amuse follement a peu de chances de diminuer notre propre plaisir. Mon mari et moi avons adoré le concert de Paul McCartney, et peu nous importait que les spectateurs du huitième rang l'aient aimé plus encore. Mais nous pourrions être un peu moins ravis de notre nouveau break chaque fois que notre voisin passe au volant de sa décapotable.

Quatrièmement, par rapport aux choses, les expériences inspirent également moins un autre type de comparaison, qui rapproche ce que nous sommes de ce que nous aurions pu devenir[20].

Parce que les sacs à main et les gadgets achetés en magasin (mais pas les cours de danse et les excursions) sont faciles à comparer, nous risquons bien plus de regretter ces achats, même s'ils sont tout à fait satisfaisants, quand nous découvrons une bien meilleure affaire. Pour les mêmes raisons, il est plus difficile de choisir parmi les biens matériels que parmi les expériences, et le choix imparfait d'un objet tangible risque plus de nous tracasser longtemps après son acquisition.

Cinquièmement, alors que les objets matériels vieillissent et se ternissent avec le temps, jusqu'à ce que nous ayons envie de les remplacer, les expériences peuvent devenir plus positives et plus précieuses à mesure que le temps passe. Un week-end merveilleux, un dîner mémorable ou une conversation charmante sont embellis par le souvenir, de sorte que nous oublions tout le stress (nous nous étions perdus en chemin, il y avait eu des embouteillages) ou les points négatifs (le café brûlant répandu, le mauvais temps) pour ne plus retenir que les positifs[21]. Nous sommes plus susceptibles de revisiter mentalement nos expériences passées que nos achats[22], et plus nous les revisitons et les revivons, plus elles s'épanouissent et fournissent des récits riches.

Sixièmement, les expériences nous rendent plus heureux que les choses parce que nous avons plus de chances de nous identifier à elles et moins de risques de vouloir les commercialiser[23]. Après tout, nous sommes la somme de nos expériences, pas la somme de nos biens. Quand nous possédons quelque chose, c'est hors de nous, sur une étagère, sur nos épaules, dans notre salon. Quand nous vivons une expérience, c'est en nous, dans notre esprit et notre mémoire.

Septièmement, les expériences – escalader une montagne, visiter des lieux reculés, apprendre à plonger – peuvent être des défis, des aventures, et ce sont les efforts déployés pour surmonter l'obstacle qui nous rendent heureux, fiers d'y être parvenus. Sauf si notre nouvel achat est un snowboard ou un deltaplane, il a peu de chances de nous offrir le même degré de stimulation et de défi.

Enfin, les choses ne nous rendent pas aussi heureux que les expériences parce qu'un intérêt excessif pour l'acquisition de biens matériels entraîne de nombreux coûts. Comme je le décrirai plus en détail au prochain chapitre, les matérialistes trouvent moins de sens et de satisfaction dans leur vie, ils ont des relations sociales plus vides, ils souffrent plus d'insécurité et sont moins aimés que les personnes qui ne sont pas matérialistes[24].

En résumé, la recherche sur la supériorité des expériences sur les biens est très convaincante, et nous devrions tous – mais surtout ceux dont le budget est limité – en suivre les recommandations. Pourtant, il est important de se rappeler que les objets peuvent également nous rendre heureux, tant que nous les transformons en expériences. Nous pouvons aussi entraîner nos amis et notre famille dans une aventure à bord de notre nouvelle voiture ; nous pouvons donner une fête sur notre nouvelle terrasse ; nous pouvons suivre des cours de perfectionnement sur notre nouveau smartphone.

Dépensez votre argent en de nombreux petits plaisirs plutôt que quelques grands

Une stratégie d'économie simple nous est suggérée par la recherche sur les bienfaits émotionnels d'expériences positives fréquentes plutôt qu'intenses[25] (plusieurs dîners dans de petits restaurants plutôt qu'un énorme banquet, par exemple), et séparées plutôt que combinées[26] (visionner chaque semaine un seul épisode de notre série télé préférée plutôt que plusieurs d'un coup). Ainsi, même si les publicitaires nous disent le contraire, nous devrions dépenser notre argent pour une série de petits plaisirs intermittents (des bouquets de fleurs, des coups de téléphone longue distance pour joindre des amis) plutôt que pour une grosse acquisition coûteuse (comme un home cinéma).

Cette pratique s'avère à la fois gratifiante et relativement peu chère. La raison en est que, quand nous savourons une expérience positive – un film passionnant, une demi-heure de massage, ou une délicieuse tarte au citron – « le banquet est dans la première bouchée[27] ». Autrement dit, à chaque minute, heure ou semaine qui passe, notre capacité à savourer cette expérience diminue. Pourtant, notre capacité de jouissance peut se renouveler après une pause[28]. Fragmenter notre consommation en petites doses distinctes peut multiplier les « premières bouchées » et augmenter le plaisir. Nous tirerons plus de jouissance d'une barre chocolatée si nous la divisons en carrés pour en manger un par jour, au lieu d'en dévorer la totalité d'un seul coup. Nous tirerons plus de plaisir si nous divisons en plusieurs portions notre budget dépense, si modeste soit-il, et que nous l'utilisons une ou deux fois par semaine. Un chercheur britannique a interviewé des personnes aux revenus très divers et a découvert que ceux qui s'offraient souvent des plaisirs à bas prix – un pique-nique, un café, un DVD – étaient plus satisfaits de leur vie[29]. D'autres scientifiques ont montré que les activités gratuites ou peu coûteuses peuvent provoquer de petits surcroîts de bonheur qui finissent par s'accumuler pour avoir un impact considérable sur notre bonheur à long terme[30].

Recyclez le bonheur ou louez-en

Un autre ensemble de stratégies qui nous aident à tirer la satisfaction maximale du revenu minimal implique de louer plutôt que d'acheter, et de tirer le maximum de ce que nous possédons déjà. L'être humain recherche d'instinct la variété et la

---

Un chercheur britannique a découvert que ceux qui s'offraient souvent des plaisirs à bas prix – un pique-nique, un café, un DVD – étaient plus satisfaits de leur vie.

nouveauté dans son environnement[31], et cette pulsion innée est indubitablement l'une des raisons pour lesquelles nous sommes si nombreux à éprouver le besoin d'acheter chaque semaine du neuf. Cependant, le désir de variété ne doit pas forcément se traduire par un comportement dépensier et nuisible à l'environnement. Nous pouvons recycler le bonheur en appréciant davantage les biens matériels qui sont déjà les nôtres. Comme le disait le poète Allen Ginsberg : « Vous possédez deux fois plus de tapis si vous êtes deux fois plus *conscient* du tapis[32]. »

Nous pouvons aussi recycler le bonheur en utilisant nos biens et achats existants de manière différente, qui produisent pour nous toutes sortes d'expériences et émotions positives sans frais supplémentaires. Par exemple, nous pouvons transformer nos possessions en activités, en partageant notre appartement et notre voiture avec des amis, ou en utilisant notre iPod pour apprendre la langue des signes. Nous pouvons délibérément prévoir d'utiliser notre jardin différemment ou chercher de nouvelles opportunités, de nouveaux amis en nous promenant à bicyclette ou avec notre ordinateur. Nous pouvons épousseter notre tapis de yoga pour entreprendre un programme de remise en forme, ou relire tous les classiques de notre bibliothèque. Nous pouvons prêter notre sèche-linge à un ami dans le besoin.

Même quand une expérience achetée (un voyage en famille, par exemple) ou une acquisition (voiture, maison…) remonte à un passé plus ou moins lointain, nous pouvons encore en tirer du plaisir en la savourant et en faisant fonctionner notre mémoire. Feuilleter un album photos ou regarder de vieilles vidéos (nous deux dans le Grand Canyon, moi à moto) nous aide à revivre l'expérience positive et les sentiments positifs que nous avions alors[33]. Une photo peut nous rappeler un détail agréable ou amusant que nous avions oublié, comme ce serveur

Allen Ginsberg : « Vous possédez deux fois plus de tapis si vous êtes deux fois plus *conscient* du tapis. »

mignon qui flirtait avec nous, ou l'orage qui nous a trempés. En concentrant notre attention sur notre plaisir momentané – en nous souvenant des vacances anciennes, en enfilant cette vieille veste en jean que nous aimions tant –, nous augmentons notre plaisir encore plus. Nous pouvons le savourer en fermant les yeux, en nous adonnant au souvenir, au parfum ou au son, en partageant l'expérience avec d'autres, et en jouissant du plaisir sans le suranalyser. Ainsi, en revisitant mentalement et en chérissant des expériences mémorables, des objets achetés il y a longtemps, nous pouvons continuer à générer des surcroîts de bonheur. Plutôt que laisser nos biens acquis et nos expériences prendre la poussière sur les étagères ou dans les placards, nous pouvons les revivre de façon littérale (en ressortant le vieux jeu de Trivial Pursuit décoloré par les années) ou métaphorique (en nous remémorant les vacances de printemps), ce qui nous permet à la fois d'économiser de l'argent, de réduire notre empreinte écologique et de nous sentir heureux.

Une autre stratégie économique favorisant le bonheur a mauvaise réputation : la location. Beaucoup d'entre nous croient tirer bien plus de bonheur d'un objet possédé que d'un objet loué, mais notre expérience reflète simplement un préjugé cognitif qui nous pousse à aimer une chose davantage une fois que nous l'avons acquise[34]. Pourtant, comme pour la plupart des préjugés, on peut le surmonter avec un peu de savoir-faire. La différence de coût est souvent immense entre acheter un livre et l'emprunter dans une bibliothèque, entre acheter un DVD et le louer, entre acheter un chalet à la montagne et le louer. Mais ce n'est pas parce que nous ne les détenons pas que nous devons moins apprécier un film, un livre ou un chalet. Les objets loués ne souffrent pas de cette baisse de l'utilité marginale qui caractérise les biens achetés, parce que nous tirons de moins en moins de plaisir de ceux-ci. Les objets loués nous permettent aussi de jouir d'une plus grande variété et donc de plus de plaisir, parce que nous pouvons louer quelque chose de différent à chaque fois, ou séjourner dans plusieurs chalets successifs au lieu de retourner toujours dans le même. Enfin, la location n'implique pas le même coût, les mêmes soucis, le même stress qu'une acquisition (dysfonctionnement, perte, réparations). Considérons par exemple deux groupes d'individus assez semblables par leurs revenus, leur santé et leur type de résidence. La seule différence entre eux est que l'un se compose de propriétaires, l'autre de locataires. Les chercheurs ont découvert, à l'encontre du « rêve américain », que les propriétaires sont moins heureux que les locataires, tirent plus de souffrance de ce statut et consacrent plus de temps à l'entretien de leur maison et moins à rencontrer leurs amis et voisins[35]. Si vous ne pouvez pas vous offrir ces choses qui vous gratifient, vous amusent ou rendent le quotidien plus facile, louez-les.

Avantages de vivre avec moins : moins peut devenir plus

La nouvelle ère économique dans laquelle le monde est entré en 2008 a suscité beaucoup de lamentations publiques sur le déclin de notre mode de vie, au milieu d'une poignée de notes d'espoir. Les pessimistes prophétisaient la fin de la vie telle que nous l'avions connue. Par contraste, les optimistes prédisaient que le choc du désastre financier imminent et de l'insécurité généralisée nous pousserait à changer d'attitude et à modifier notre comportement de consommateurs ; cela finirait par donner plus de sens à notre existence et nous ferait apprécier davantage ce que nous avions, non sans un judicieux dégoût pour la culture matérialiste omniprésente et nuisible pour la planète. De fait, les scientifiques ont montré que pour résister à l'adversité, il faut exprimer de la gratitude pour notre situation (au lieu d'espérer toujours mieux), cultiver le lien avec notre famille et nos amis,

---

Les chercheurs ont découvert que les propriétaires sont moins heureux que les locataires.

consolider nos compétences et nous tourner vers l'extérieur pour aider les autres[36].

Est-ce simplement un cliché regrettable, ou moins peut-il vraiment être plus ? Beaucoup de gens pensent qu'ils ne gagnent pas assez pour vraiment profiter de la vie, et s'indignent quand on leur dit qu'il y a des aspects positifs à leur situation. Je voudrais les convaincre, mais mes arguments valent seulement pour les personnes que les revers financiers n'ont pas appauvries au point de ne plus pouvoir satisfaire leurs besoins fondamentaux. La recherche indique qu'une nouvelle attitude face à l'argent, au temps, aux dépenses et aux biens peut stimuler les gens et les élever à un niveau insoupçonné ; ils apportent à la société une contribution plus positive, ils s'épanouissent par la coopération et l'interdépendance, ils mènent une vie plus authentique et moins pesante pour la Terre. Voici quelques moyens d'améliorer notre vie avec moins, à l'encontre du mythe selon lequel personne ne peut être heureux sans argent.

Se réunir

Si nous avons moins d'argent, nous sommes plus susceptibles de nous serrer les coudes, de nous soucier des autres et de nous entraider. Nous avons tous entendu raconter comment, pendant la crise des années 1930, les familles se réunissaient au coin du feu, autour de la radio, pour un jeu de société, pour se promener ou visiter un musée, et pour d'autres activités gratuites ou peu coûteuses. Il s'agit évidemment d'une vision idéalisée des temps difficiles (pensez donc aux expériences « merveilleuses » que vous vivrez avec vos parents quand vous retournerez vivre chez eux, comme quelques-uns de mes amis ont dû le faire l'an dernier), mais il y a là une part de vérité. De plus, si votre emploi a été supprimé ou réduit, vous pouvez choisir de passer plus de temps à travailler pour la communauté, et si vous êtes croyant, vous pouvez vous tourner vers un groupe religieux. Toutes ces conséquences sont positives.

Changer de perspectives et de priorités

Perdre notre emploi peut être une occasion idéale de nous découvrir une passion. Le sentiment d'avoir tout perdu peut nourrir une immense ambition, ne serait-ce que faute d'autre possibilité. *Ne pas perdre* notre emploi quand nos proches ont été licenciés peut nous inspirer un sentiment de gratitude à l'idée d'avoir encore un travail (même si auparavant nous nous en plaignions sans cesse), et nous encourager à donner le meilleur de nous-mêmes. En reconnaissant que l'argent n'est pas le Saint-Graal, nous pouvons accorder la priorité aux choses de la vie qui comptent vraiment, notre famille, notre santé, la paix mondiale ou la beauté de la nature. Quand la vie est dure, s'estimer plutôt bien lotis et savourer les petits plaisirs devient plus important que jamais. Quand la vie est dure, nous reconnaissons que nous sommes plus forts que nous ne l'imaginions, plus capables de veiller sur nous-mêmes et sur ceux qui nous sont chers.

Devenir créatif

Quand nous avons beaucoup d'argent, nous pouvons entrer dans un magasin et acheter le premier objet qui nous plaît. Quand nous avons peu d'argent, nous sommes forcés d'apprendre à faire des choix difficiles, à reconsidérer ce qui mérite d'être acheté. Nous sommes aussi contraints de nous montrer créatifs pour obtenir ce dont nous avons besoin. Au sommet de la récession de 2008, les ventes débarras et autres vide-greniers ont connu un vif succès : chacun vendait « ce dont il n'avait pas besoin » à ceux qui en avaient besoin. D'autres créèrent des systèmes de troc innovants pour parvenir au même but. Pas étonnant si l'innovation et l'esprit d'entreprise prospèrent en période de dépression économique[37]. Commencer avec rien ou avec très peu nous donne la liberté de prendre des risques et de repartir à zéro.

Conserver

Enfin, moins nous avons d'argent et de biens, moins nous risquons de nuire à l'environnement. Nous achetons moins, consommons moins et conduisons moins. Nous ralentissons et vivons de manière moins coûteuse en ressources naturelles. Pour économiser, nous mettons un pull au lieu de monter le chauffage, nous marchons au lieu de prendre notre voiture. Nous gaspillons moins. Nous sommes plus susceptibles de réutiliser de vieux objets au lieu de les jeter, et de ne rien laisser dans notre assiette.

Une précaution

En somme, les données empiriques et anecdotiques suggèrent que vivre avec moins a des avantages très nets. Pourtant, je ne veux pas minimiser ou banaliser les souffrances et les manques qu'affrontent les personnes privées non seulement du superflu, mais aussi de l'essentiel. J'étais jeune quand ma famille a émigré aux États-Unis, mais je garde en mémoire l'angoisse et la difficulté de vivre d'un mois à l'autre, la peur du prochain événement imprévu (panne de voiture, maladie) qui bouleverserait notre existence, le regret de ne pas pouvoir posséder les vêtements ou les jouets qu'avaient les enfants de mon âge. Un peu comme les gens arrivés à l'âge adulte dans les années 1930 qui n'ont jamais perdu leurs habitudes d'économie, je n'ai jamais oublié ce que c'est qu'être pauvre. Parmi mes autres souvenirs indélébiles, je revois pourtant aussi toute ma famille réunie chaque soir pour le dîner, mangeant des escalopes de dinde et des pommes de terre, discutant politique, littérature et cinéma pendant des heures, fantasmant sur l'avenir. Tout n'était pas sombre, mais si j'avais alors su ce que je sais maintenant, ma famille aurait été mieux armée pour en tirer le meilleur.

L'ESPRIT BIEN PRÉPARÉ

Certains d'entre nous arrivent au point où il faut admettre que la pauvreté risque de durer longtemps, à cause d'une énorme catastrophe ou d'une série de petits problèmes. D'autres n'ont qu'eux-mêmes à blâmer, parce qu'ils ont fait de mauvais choix dans leur façon de dépenser, de consommer, se sont endettés, parce qu'ils ont manqué de volonté, de zèle ou de motivation. Pour la plupart, la solution est sans doute beaucoup plus compliquée. Mais quelle que soit la cause, si notre intuition nous dit que nous ne pouvons être heureux sans beaucoup plus d'argent, il est essentiel d'étudier les données que je présente dans ce chapitre et qui suggèrent le contraire. Adopter les quatre pratiques d'économie énoncées plus haut, et le plus tôt possible, peut à la fois éviter un désastre économique et vous aider à tirer le bonheur maximal des plus petites choses. Au lieu de remâcher notre malheur, nous pouvons nous focaliser sur les moyens d'être heureux avec moins et de bien dépenser notre argent.

TROISIÈME PARTIE

UN REGARD EN ARRIÈRE

L'âge adulte, l'âge mûr et les années au-delà comportent quantité de tournants décisifs, où l'on se retourne sur son passé, patauge dans le présent, gère les difficultés dont aucune vie n'est exempte, si grande que soit notre chance. C'est une période de l'existence où notre potentiel non accompli peut nous paraître de plus en plus visible, où nous nous demandons si nous n'avons pas gaspillé nos jeunes années, où nous aimerions redevenir jeunes, où nous imaginons avec regret tout ce qui aurait pu être. De plus, ces moments importants mais prévisibles peuvent entraîner des crises si nous pensons ne pas pouvoir être heureux en prenant conscience que nous n'avons plus le temps de réaliser la plupart de nos rêves, parce que nous sommes trop vieux pour cela. Il faut donc reconsidérer ces croyances alimentées par la peur et trouver des stratégies plus saines pour réagir aux transitions et aux révélations de la vie.

CHAPITRE 7
Je serai heureux quand... je serai riche

Le jour où nous l'interviewons, Jack Barnes porte une chemise à carreaux orange flambant neuve, une cravate en soie bleu marine, une montre Cartier et un peu trop de gel dans les cheveux pour un quinquagénaire. Il a la peau hâlée, tannée, ce que je comprends mieux quand il décrit sa résidence à 2,5 millions de dollars à Hawaï. Jack parle d'une voix assurée, voire prétentieuse, mais il est chaleureux et malin. Nous sommes dans un grand restaurant et il me dit de commander ce que je veux. Je demande des frites de patate douce et il fronce les sourcils. « Vous savez, c'est plein de mauvaises calories. »

Depuis l'âge de 4 ans, Jack rêvait de devenir médecin, et il jouait au docteur avec une blouse blanche qu'on lui avait offerte pour Halloween. « Quand nous étions enfants, nous voulions souvent être cent choses différentes. Espion, cow-boy, clown. J'ai toujours voulu être médecin. » Jack est allé à l'université Brown et y a fait de brillantes études, couronnées par divers diplômes et plusieurs trophées sportifs. Jack éclate de rire et avoue n'avoir présenté sa candidature que dans les trois meilleures facultés de médecine, et avoir été accepté dans les trois. « Tout était clair dans ma tête. Je savais ce que je voulais faire. À 15 ans, je savais que je me spécialiserais dans la chirurgie esthétique. Je voulais aider les gens à se sentir beaux. Il y a quelque chose de très fort dans l'idée de pouvoir se dire : "Écoutez, vous en êtes là et, en un rien de temps, je peux vous amener ici." C'est comme être Dieu, avoir le potentiel de recréer littéralement la vie humaine. Je décide à quoi ressemblent les gens et ce qu'ils ressentent.»

À 30 ans, Jack avait un cabinet prospère. Un ami lui présenta sa future épouse, mais la demoiselle ne fut pas intéressée. «Je lui ai dit qu'elle était belle, et je lui ai demandé de sortir avec moi. Je l'ai harcelée. Après cette première rencontre, je lui ai laissé des messages tous les soirs. Elle a fini par me rappeler pour me dire non. Je lui ai dit qu'elle était bête, parce que nous allions nous marier, et deux mois plus tard je lui ai demandé sa main. Nous sommes tombés amoureux à toute vitesse.»

Jack et sa femme ont profité de leur vie de couple, ont passé du temps à voyager et ont joui de la réussite professionnelle de Jack. À mesure que sa pratique se développait, Jack a su s'installer dans un créneau spécifique, réservé à la clientèle mondaine et richissime de New York, du Connecticut et du Massachusetts. L'argent rentrait, l'argent sortait, et en quatre ans Jack s'est acheté deux résidences secondaires, deux voitures de sport et un yacht. «Je ne savais plus quoi faire de mon argent. Littéralement, ma femme et moi, nous avions tout. Tout était de première qualité, grands crus, diamants… Je gagnais des sommes faramineuses.»

Pendant un temps, Jack a profité de son succès et de sa prospérité. Il aimait le pouvoir que l'argent lui procurait. Mais bientôt, il s'est rendu compte que son travail et son mode de vie perdaient de leur sens. «J'avais du mal à me motiver, à me lever le matin. C'est ce dont je me souviens surtout. Je me souviens que ça me pesait vraiment, alors qu'avant j'étais plein de vigueur. Je me levais à 5h30, j'allais à la gym, je voyais mon premier patient à 8 heures. Je travaillais jusqu'à midi, je mangeais à mon bureau, puis je repartais travailler jusqu'à 20 heures. J'avais du succès en partie parce que je voyais mes patients 24 heures sur

24, 7 jours sur 7. » Jack tenta de se débattre, il cessa d'accepter de nouveaux clients, il commença à mentir à sa femme sur le nombre de patients qu'il voyait.

Comprenant alors qu'il avait tout ce qu'il voulait mais qu'il était très malheureux, Jack commença à voir un grand psychiatre trois fois par semaine. « Un jour, j'étais dans son cabinet, je racontais pour la énième fois que je me sentais vide, et le Dr G. a dit : "Pourquoi ne changez-vous pas de métier ? Ce que vous faites ne vous apporte évidemment plus le même bonheur qu'autrefois. Vous voulez mourir malheureux ?" Ça m'a fait comme une gifle. Je ne pouvais pas mourir malheureux, et changer de vie, changer d'orientation, n'était pas dans mes plans. Je me sentais obligé de rester où j'étais et de survivre de mon mieux. »

Quand j'interroge Jack sur le moment précis où il a compris que son argent et son succès ne le rendaient plus heureux, il dit que c'est venu par vagues, mais que le moment clé fut le jour où une nouvelle patiente lui a demandé, après plusieurs consultations, s'il pouvait lui refaire les seins le jour de Noël, parce que c'était le seul jour où elle était disponible. Elle lui remit un chèque de 75 000 dollars. « Je me rappelle avoir regardé longuement ce chèque. Je n'avais tout simplement plus aucune envie d'être là[1]*. »*

Au lieu de comprendre que nous avons tout perdu, que se passe-t-il si nous comprenons, comme Jack, que nous avons apparemment tout, au moins en théorie, mais que nous ne sommes quand même pas heureux ? Par certains côtés, le moment de crise sur lequel je me focalise ici est l'inverse du précédent. Je décris ces moments où nous avons enfin atteint nos objectifs, surtout en matière de revenus, et le trouble souvent inattendu qui s'ensuit. Pourquoi ? Parce que nous sommes la proie du présupposé selon lequel une fois que nous aurons la fortune ou le succès, ou ce dont nous rêvons en général, nous serons *enfin* heureux, et quand ce bonheur s'avère insaisissable ou éphémère, nous éprouvons des émotions mêlées, de l'abattement et même de la dépression. Ces expériences sont regrettables, parce qu'elles sont évitables. Dans ce chapitre, je démystifie ce processus en expliquant que le fil rouge d'expériences comme la réussite professionnelle bien payée est l'adaptation hédonique aux événements très positifs (plutôt que les changements de la vie évoqués plus haut). Comprendre le rôle que joue l'adaptation dans nos réactions à ce moment de crise, lorsque nous avons enfin réussi, peut non seulement nous aider à nous préparer en vue de ce moment, mais aussi renforcer nos chances de prospérer et de prendre une orientation positive au lieu de sombrer dans l'insatisfaction.

L'ARGENT N'EST PAS TOUT CE QU'ON EN RACONTE

Mon directeur de thèse aimait à répéter qu'il y a dans la vie deux ou trois choses importantes qui ne sont pas tout ce qu'on en raconte. Ces sages paroles s'appliquent particulièrement à la richesse. Nos fantasmes sur notre premier million ou sur notre villa au bord de la mer ne sont presque jamais aussi palpitants dans la réalité que dans notre imagination, et même quand ils le sont, leur surcroît de plaisir ne dure jamais très longtemps[2]. Pire encore, notre tendance à n'être que brièvement satisfaits – à n'obtenir qu'« Un rêve, un souffle, l'écume d'un court bonheur[3] », selon les mots de Shakespeare, et rien de plus – a pour conséquence pernicieuse de saper le bonheur lié à la prospérité finalement atteinte.

Pourquoi ? D'abord parce que nous ne pouvons jamais réitérer l'expérience d'une première fois. Telle est la vérité essentielle lorsqu'on arrive en haut d'une montagne ou de sa hiérarchie professionnelle. Les moments, les semaines ou les années qui conduisent jusqu'à ce sommet peuvent être épuisants mais exaltants. Quand notre rêve est sur le point de se concrétiser, cela nous inspire à la fois ivresse, assurance et témérité. On dit qu'avant un ouragan les gens se sentent plus concentrés, plus unis, plus impliqués[4]. C'est ce que nous ressentons quand nous atteignons le succès : c'est merveilleux, mais pour un temps seulement. Dans son livre, *L'Apprentissage de l'imperfection*, Tal Ben-Shahar décrit la sensation de réussite et de vrai bonheur qu'il éprouva après être devenu le plus jeune champion de squash de son pays. Cela dura en tout et pour tout trois heures[5].

Certains d'entre nous vivent des expériences similaires, quand la satisfaction d'avoir réussi, d'être devenu riche, semble décliner avec le temps. Le plus intéressant, ce sont les différences dans la phase suivante. Pour Ben-Shahar, le moment de triomphe fut presque immédiatement suivi par la décision que sa victoire était dénuée d'importance et que son véritable objectif était de devenir champion du monde. Il commença aussitôt à s'entraîner. Jack Barnes, le chirurgien, suivit le conseil de son psychiatre et ne prit aucune décision hâtive. Il partit trois semaines en retraite de méditation silencieuse, où il passa ses journées à réfléchir sans parler à quiconque. Il revint avec un moi renouvelé, fermement résolu à offrir ses talents gratuitement à des familles démunies pour remédier à des malformations congénitales ou accidentelles chez les enfants et les adultes. Aujourd'hui quinquagénaire, Jack finance quatre cliniques mobiles de chirurgie craniofaciale en Amérique du Sud et se déplace fréquemment comme volontaire médical pour procéder à des réparations de fentes labiales ou palatines. Il n'a jamais voulu regarder en arrière.

Par contraste, un promoteur riche et influent, qui m'a un jour ramenée de l'aéroport à bord de sa limousine, m'a raconté comment il était devenu « multimilliardaire à 29 ans » et avait fini par rencontrer un terrible problème d'addiction à la drogue et à l'alcool « dû au vide lié à la fortune ». Pendant plusieurs années, il avait été pris dans une spirale descendante, jusqu'à ce qu'un bon coup de pied au derrière venant de ses parents l'aide à faire machine arrière. Anthony, un gestionnaire de fonds spéculatifs que j'ai interviewé, m'a expliqué qu'au cours de la décennie qui avait suivi ses études, il s'était mis à gagner plus que tous les membres de sa famille, que ses amis et ses anciens camarades de classe. Au lieu d'être plongé dans l'extase, il avait été rongé par la culpabilité, avec le sentiment que les autres l'enviaient ou minimisaient ce qu'il croyait mériter. Enfin, je connais une actrice qui a atteint le sommet de sa carrière à 40 ans, âge auquel elle touchait un salaire bien supérieur à ses collègues. Là encore, au lieu d'être heureuse, elle a réagi par une insécurité stupéfiante. Si son statut particulier, magique, ne dure pas, elle voudra se suicider.

Certains de ces exemples peuvent paraître extrêmes, mais ils reflètent le sentiment d'être « gâté » par l'argent, « accro » au succès, qui impose (ou non) une réaction. Quand nous devenons enfin notre propre patron, nous sommes transportés, mais cette joie ne dure pas, nous pouvons ressentir un vide, une insatisfaction, une retombée. Après tout, les êtres humains sont programmés pour désirer, pas pour apprécier, et pour vouloir plus, pas pour se contenter de ce qu'ils ont[6]. La recherche suggère qu'après des événements très positifs, les expériences modérément positives (déjeuner avec un ami) paraissent neutres ou ternes, et les expériences modérément négatives (être pris dans un embouteillage) deviennent intensément négatives[7]. Une autre raison pour laquelle on peut réagir négativement au succès est que même un résultat longuement attendu peut perturber notre vie (imposer un déménagement, de nouvelles responsabilités peu familières), notre rôle (de créatif à managérial) et notre vision de nous-mêmes. Si positifs qu'ils soient, ces changements sont stressants et sont donc associés à un nombre croissant de troubles de l'humeur, de maladies et même d'hospitalisations[8].

QUAND L'ARGENT DEVIENT UNE HABITUDE

Pour beaucoup d'entre nous, l'argent et le succès ne font qu'un. Dans la plus récente étude réalisée aux États-Unis, lorsqu'on interrogea 200 étudiants de première année sur leurs principaux objectifs dans la vie, 77 % ont coché la case « être très à l'aise financièrement[9] ». L'aisance peut avoir de nombreux atouts – outre la possibilité d'acheter plus, elle nous aide à rencontrer le partenaire potentiel et nous offre sécurité et stabilité –, mais un fait inévitable est que l'on s'y habitue. Par exemple, les économistes ont montré que les deux tiers des avantages d'une hausse de revenus s'effacent au bout de tout juste un an, en partie parce que nos dépenses et nos nouveaux « besoins » augmentent en parallèle et parce que nous commençons à fréquenter des gens qui, eux aussi, gagnent plus[10]. Par ailleurs, comme je l'ai décrit au chapitre précédent, même si avoir plus d'argent nous rend plus satisfaits de la vie, cela n'a pratiquement aucun impact sur les émotions positives et négatives au quotidien et sur les hauts et les bas que nous connaissons[11].

Au départ, une richesse accrue nous permet un niveau de vie plus élevé, et ce confort supplémentaire entraîne des plaisirs supplémentaires. Puis nous nous habituons à ce niveau de vie – peut-être même s'agit-il d'une « addiction » –, à tel point que nous ne sommes plus satisfaits et qu'il nous faut augmenter la dose. Pourtant, ceux d'entre nous qui ignorent les dernières découvertes des psychologues et des économistes ne prévoient pas cette évolution et finissent par supposer qu'une hausse de revenus devrait leur procurer plus de bonheur qu'ils n'en retirent réellement[12]. Quand nous n'obtenons pas le plaisir attendu, nous en attribuons la faute non à la nature humaine, mais à notre incapacité à acquérir le bon objet, ce qui nous pousse à d'autres achats encore.

Les économistes ont montré que les deux tiers des avantages d'une hausse de revenus s'effacent au bout de tout juste un an, en partie parce que nos dépenses et nos nouveaux « besoins » augmentent en parallèle et parce que nous commençons à fréquenter des gens qui, eux aussi, gagnent plus.

Il y a plus de deux siècles, anticipant sur la recherche qui montre que l'on s'habitue à l'argent et au confort matériel, Adam Smith considérait que les normes sociétales peuvent créer de nouveaux « biens nécessaires » dont il devient honteux d'être dépourvu[13]. Pour prendre un exemple qui n'existait pas du temps d'Adam Smith, dès que nous voyageons en classe affaires, et si nous constatons que nos égaux en termes de revenus en font autant, nous ne pouvons plus retourner en classe économique.

À propos d'égaux en termes de revenus, il semble que ce que gagnent nos semblables détermine notre bonheur, plus encore que ce que *nous* gagnons, si confortables que soient nos revenus. Autrement dit, l'individu moyen (qui n'est pas forcément le plus heureux, on l'a vu) est plus soucieux de comparaison sociale, de statut, de rang et de signes extérieurs de richesse que de la valeur absolue de son compte en banque ou de sa réputation. Une étude réalisée en 1998 a montré que les gens préfèrent vivre dans un monde où ils touchent un salaire annuel de 50 000 dollars (quand les autres en gagnent 25 000) plutôt que toucher un salaire annuel de 100 000 dollars (quand les autres en gagnent 200 000). De même, des chercheurs britanniques ont prouvé que les gens préféreraient céder une partie de leur argent si cela signifie que les autres auront moins[14]. En somme, les raisons pour lesquelles on s'habitue à l'argent sont nombreuses, et les conséquences sont indésirables.

LE COÛT DE LA CONSOMMATION ET DU MATÉRIALISME

Plus nous avons d'argent, plus nous nous y habituons, et plus nous voulons en gagner. Cette réalité a deux conséquences potentiellement néfastes. Premièrement, nous ne profitons pas de notre richesse autant que nous le devrions. Deuxièmement, notre désir d'acheter et de posséder toujours plus pour atteindre le même niveau de plaisir peut nous conduire sur la voie du matérialisme effréné, nous inciter à dépenser de plus en plus pour en tirer de moins en moins de bonheur.

Sommes-nous tous capables de reconnaître les tendances au matérialisme lorsqu'elles se manifestent ? Si vous n'en êtes pas sûr, notez chacune des phrases suivantes selon votre degré d'acquiescement[15] (1 = *pas du tout d'accord*, 2 = *pas d'accord*, 3 = *sans opinion*, 4 = *d'accord*, 5 = *tout à fait d'accord*) :

1. J'admire les gens qui possèdent une maison, une voiture et des vêtements coûteux : 1/2/3/4/5
2. Ce que je possède est le reflet de ma réussite professionnelle : 1/2/3/4/5
3. J'aime posséder des choses qui impressionnent les gens : 1/2/3/4/5
4. Je tente de garder une vie simple, en ce qui concerne les biens que je possède : 1/2/3/4/5
5. Acheter me procure beaucoup de plaisir : 1/2/3/4/5
6. J'aime vivre dans le luxe : 1/2/3/4/5
7. Ma vie serait plus belle si je possédais certaines choses que je n'ai pas : 1/2/3/4/5
8. Je serais plus heureux si je pouvais me permettre d'acheter plus de choses : 1/2/3/4/5
9. Cela m'ennuie parfois de ne pouvoir acheter toutes les choses que j'aimerais acquérir : 1/2/3/4/5

Pour déterminer votre taux de matérialisme, commencez par inverser votre score pour la quatrième question (si vous aviez noté 1, transformez ce résultat en un 5 ; si vous aviez noté 2, transformez-le en 4, et ainsi de suite). À présent, calculez votre total. Les chercheurs ont découvert que les gens obtiennent en moyenne 26,2. Cela signifie que si vous tendez à être « sans opinion » ou parfois « pas d'accord », vos tendances matérialistes sont moyennes. Si votre score est plus proche de 36 (si vous êtes d'accord avec la plupart des phrases), vous vous situez parmi les 20 % les plus matérialistes de la population[16].

Pourquoi est-il important d'identifier les tendances matérialistes ? Des masses de recherches ont montré que le matérialisme nuit au bonheur, menace la satisfaction que nous inspirent nos relations, nuit à l'environnement, nous rend moins chaleureux, moins aimables et moins compatissants, et moins susceptibles d'aider les autres et d'œuvrer pour notre communauté[17].

Il y a d'abord les dommages qu'inflige le matérialisme débridé, à l'échelle macro : il alimente les bulles économiques, dévaste la planète, car les matérialistes ont tendance à davantage utiliser les ressources naturelles et à avoir un comportement moins respectueux de l'environnement[18]. Ensuite, sur le plan individuel, les personnes matérialistes sont moins satisfaites et moins reconnaissantes, elles sont moins motivées, se sentent en général moins compétentes, sont plus antisociales et ont des relations moins fortes avec les autres. En matière de relations, les individus qui poursuivent des objectifs matérialistes évaluent plus négativement leurs propres interactions sociales, et l'ensemble des gens jugent également moins satisfaisantes leurs relations avec des matérialistes[19].

Toutes les personnes fortunées ne sont pas focalisées sur la gloire, la puissance et la richesse ; tout le monde n'est pas contaminé par le virus de la prospérité (*affluenza virus*[20]). Mais c'est un risque qui menace notre bonheur alors que nous sommes entourés de biens matériels luxueux. Comme l'affirment depuis longtemps les philosophes, les religieux et les psychologues humanistes, la quête de la fortune et de la gloire détourne nos énergies et nos passions des liens sociaux plus significatifs et des expériences épanouissantes, nous empêchant d'actualiser tout notre potentiel. Quand nous passons plus de temps à gagner de l'argent, le « coût » de certaines activités (lire de la poésie, jouer au ballon avec notre enfant ou faire une promenade avec un ami) devient si élevé qu'elles en paraissent « irrationnelles[21] ». Raison de plus pour apprendre ce que la recherche peut nous dire sur la façon d'éviter les excès de la consommation et du matérialisme, pour dépenser notre argent de manière à nous rendre heureux.

COMMENT L'ARGENT PEUT VOUS RENDRE HEUREUX

Le rêve américain, enraciné dans la Déclaration d'indépendance de 1776 mais exprimé pour la première fois en 1931, a toujours inclus le désir de prospérité et d'aisance matérielle[22]. Avec le temps, cependant, je pense que le rêve est passé du simple désir de s'enrichir – et vite – à la volonté d'avoir à la fois l'argent *et* le bonheur. Comme le disait une publicité Lexus : « Celui qui a dit que l'argent ne faisait pas le bonheur ne sait pas comment le dépenser[23]. » La psychologie suggère six principes à respecter si nous voulons tirer le plaisir maximal de notre argent. Quatre sont décrits ci-dessous, et les deux autres (dépenser son argent en expériences et séparer ses expériences) sont évoquées au chapitre précédent[24].

Dépensez votre argent en activités qui satisfont des besoins

Si l'argent ne nous rend pas heureux, c'est sans doute parce que nous le dépensons afin d'être à égalité avec nos voisins, afin de valider notre richesse ou d'étaler notre beauté, notre puissance et notre statut social. Le problème n'est pas alors dans l'argent, mais dans notre façon de l'utiliser. Le moyen le plus direct et le plus fiable pour maximiser le bonheur et l'épanouissement que nous tirons de l'argent est peut-être de satisfaire nos besoins, par exemple, en dépensant notre capital pour notre propre développement humain, pour progresser, en l'investissant dans les connexions interpersonnelles. Autrement dit, les achats qui produiront les plus grands avantages émotionnels sont ceux dont les objectifs satisfont au moins les trois besoins humains fondamentaux :

(1) la compétence (se sentir capable ou expert dans un domaine) ;

(2) la connexion (se sentir relié aux autres) ;

et (3) l'autonomie (avoir le sentiment de maîtriser sa propre vie[25]). La recherche a montré que ces activités apportent le bonheur et, fait tout aussi important, ne suscitent pas les désirs addictifs croissants[26].

Enfin, consacrer son argent à des objectifs qui satisfont nos besoins, comme maîtriser un nouveau sport, fêter la réussite d'un ami, ou emmener un neveu en safari, peut déclencher une « spirale vers le haut » : humeur positive, pensées optimistes, actes de gentillesse qui s'accumulent, se propagent, se répandent et se consolident les uns les autres[27]. J'achète de bonnes cordes pour mon violon, le son me ravit, pousse ma fille à sourire et à me faire un câlin, je me sens compétente et reconnaissante, cela m'incite à apporter à mon mari un verre de sa boisson favorite, ce qui renforce notre couple. C'est étonnant comme dépenser sur un seul objet – qui aide à pratiquer un passe-temps gratifiant, en l'occurrence – peut entraîner tant de répercussions heureuses.

Quel type d'activité payante satisfera nos besoins de compétence, d'autonomie et de connexion ? Tout dépend de la personne. Pour l'une, ce sera acheter un logiciel qui l'aide à améliorer sa maîtrise d'une langue étrangère, prendre un billet d'avion pour aller voir un vieil ami, ou offrir un cadeau surprise à un enseignant. Pour l'autre, ce sera quelque chose de complètement différent, selon sa situation, ses goûts et ses talents. En outre, bien des activités donnent non seulement du plaisir dans l'instant, mais satisfont aussi plusieurs besoins à la fois. Faire un voyage dans un pays lointain pour aider les victimes d'une catastrophe naturelle, par exemple (ou pour opérer des becs-de-lièvre), est un apport à la communauté, une occasion d'apprendre à dispenser les premiers secours ou les rudiments de la maçonnerie, et une occasion de forger de nouveaux liens durables. Dépenser de l'argent pour des activités satisfaisant les besoins peut être bien plus « rentable » que toute autre stratégie.

Dépensez de l'argent pour les autres, pas pour vous

Avoir de l'argent, c'est pouvoir apporter une contribution substantielle à notre communauté et même changer le monde.

Que ce soit par la philanthropie (en accordant une donation aux écoles de la région ou en faisant vacciner une nation entière) ou par le partage de notre fortune avec notre famille et nos amis, notre argent peut avoir une profonde influence sur notre bonheur et sur celui des autres. Cela surprendra peut-être certaines personnes, mais plus un individu est riche, plus faible est le pourcentage de son revenu consacré à la charité : les familles américaines qui gagnent plus de 300 000 dollars par an ne donnent que 4 % de leur revenu et les milliardaires donnent encore moins[28].

Par un ensemble de recherches innovantes, Elizabeth Dunn et ses collaborateurs de l'université de Colombie-Britannique ont voulu mettre à l'épreuve l'idée que l'argent fait le bonheur, mais seulement s'il est dépensé à des fins sociales, s'il est investi pour autrui plutôt que pour nous[29]. Ils ont d'abord examiné les habitudes de dépense d'un échantillon représentatif de plus de 600 habitants des États-Unis, et ont découvert que plus ces gens dépensaient en cadeaux pour les autres et en dons charitables, plus ils étaient heureux. Notamment, la somme consacrée aux cadeaux pour eux-mêmes, frais et factures, était sans rapport avec leur bonheur. Ensuite, les chercheurs ont posé les mêmes questions à des employés avant et après une soudaine aubaine financière (une prime d'environ 5 000 dollars). Curieusement, le surcroît de bonheur conféré par cette prime ne dépendait ni de la somme, ni de la manière dont elle était consacrée à s'acheter des choses pour eux-mêmes, à régler leurs factures ou à rembourser leurs emprunts. Ce qui influait sur leur bonheur, c'était le pourcentage du bonus qui était dépensé en dons charitables ou en cadeaux pour d'autres personnes.

Ces deux études ont une relation de cause à effet : nous pouvons conclure avec certitude que c'est la dépense sociale qui cause le plus grand bonheur, et non l'inverse. Pour confirmer ce lien causal, les mêmes chercheurs ont procédé à une expérience consistant à aborder au hasard les badauds qui traversaient le campus de leur université, à leur remettre une enveloppe contenant 5 ou 20 dollars en demandant à la moitié d'entre eux de dépenser cette somme pour eux-mêmes, et à l'autre moitié de l'utiliser pour un don charitable ou un cadeau destiné à autrui. Les enveloppes étaient distribuées le matin et l'argent devait être dépensé avant 17 heures. Quand les participants furent contactés le soir, ceux qui avaient dépensé l'argent pour d'autres (que la somme soit de 5 ou de 20 dollars) étaient nettement plus heureux que ceux qui l'avaient utilisé pour eux-mêmes. Penser à dépenser de l'argent pour d'autres suffit même à rendre les gens plus heureux que de penser à le dépenser pour eux-mêmes, et cet effet a été constaté non seulement en Amérique du Nord mais aussi en Afrique orientale[30].

La raison pour laquelle investir notre argent au profit d'autres personnes nous rend heureux semble trop évidente pour devoir être expliquée[31]. Quand nous donnons aux autres, nous avons une opinion plus positive non seulement de nous-mêmes (comme individu altruiste et compatissant), mais aussi des bénéficiaires (dignes de notre bonté et de notre respect). Nous nous sentons moins perturbés par la pauvreté et la souffrance existant dans le monde et dans notre quartier, nous prenons mieux conscience de notre propre chance. Nous sommes détournés de nos petits problèmes dérisoires. Partager, quand ce geste n'est pas anonyme, stimule bien sûr les interactions sociales positives, engendre de nouvelles amitiés et relations, et améliore les anciennes. Pour toutes ces raisons, comme l'ont montré les expériences de mon propre laboratoire, étendre sa générosité est l'un des meilleurs moyens de renforcer son bien-être[32].

Même ceux dont les moyens sont modestes peuvent offrir aux autres une petite part de leur revenu, mais ceux qui vivent dans l'opulence, comme Jack Barnes, ont la grande chance de pouvoir utiliser leur argent pour transformer des vies. Notre argent peut aider des hôpitaux ou des écoles, nourrir ceux qui ont faim, offrir des soins médicaux aux malades, instruire les illettrés. À une échelle moindre, inviter un collègue à déjeuner, emmener un enfant au cirque ou un compagnon à un match peut susciter encore plus de joie chez celui qui donne que chez celui qui reçoit.

Dépensez de l'argent pour vous offrir du temps

Nous vivons à une époque où le temps est censé être une ressource plus importante que l'argent. Cela n'a pas toujours été vrai, et ce n'est toujours pas le cas pour de nombreuses personnes et dans de nombreuses cultures. Mais si vous avez de la chance, vous avez assez d'argent pour vous offrir des moments de loisirs importants. Pourtant, par une ironie du sort, aux États-Unis, plus les gens sont riches, plus ils consacrent d'heures à leur travail (ce schéma semble inversé en Europe[33]).

Si nous dépensons notre argent pour dégager plus de plages de liberté chaque jour – par exemple, en réduisant notre temps de travail (parce que nous gagnons déjà assez) ou en payant d'autres personnes pour exécuter à notre place les corvées qui prennent du temps (réparer la plomberie, faire la queue à la poste, remplir des formulaires ennuyeux) –, nous pouvons consacrer notre temps à jouir des choses de la vie dont tout indique qu'elles nous rendent heureux. Fondamentalement, ces activités incluent la satisfaction des besoins dont j'ai parlé plus haut : rencontrer des amis, entretenir des relations intimes, participer à des fêtes, consommer art, musique et littérature, apprendre de nouvelles langues et de nouvelles compétences, peaufiner des talents, être bénévole dans un hôpital de quartier, une paroisse ou un refuge pour animaux. Et ce sont précisément ces activités auxquelles, au seuil de la mort (comme les alpinistes pris dans un blizzard sur le mont Everest[34]), on regrette de ne pas avoir consacré plus de temps au quotidien.

Le problème est là, dans la façon dont nous employons ce temps supplémentaire que nous nous procurons. Si nous gaspillons ces heures à regarder la télévision, la tête vide, à nous soucier de notre apparence ou de nos gadgets, si nous dérivons sans but d'une activité à une autre, au lieu d'entreprendre quelque chose de significatif, de motivant, de fructueux et d'épanouissant, alors le bonheur ne viendra sûrement pas de la richesse.

Dépensez maintenant, mais attendez avant d'en profiter

On néglige souvent une source de plaisir liée à l'achat d'une chose nouvelle, qu'il s'agisse de vacances ou d'un télescope : le plaisir de l'attente. Malheureusement, beaucoup d'entre nous associent anticipation et appréhension, attente et ennui ou impatience. J'espère vous convaincre du contraire. Voici une expérience que je propose, empruntée à l'une de mes études préférées. Vous venez d'apprendre que vous allez pouvoir embrasser votre star préférée, un acteur ou une actrice qui vous inspire une passion irrépressible (ce n'est qu'une hypothèse, donc imaginez que vous êtes célibataire et disponible). Détail crucial, le baiser aura lieu soit dans trois heures, soit dans trois jours. Que préférez-vous ? Si vous êtes comme la plupart des gens, vous choisirez d'attendre trois jours[35]. Apparemment, le plaisir de l'anticipation est presque autant apprécié que l'expérience proprement dite.

Même si les chercheurs n'ont pas encore réalisé d'étude où le degré de bonheur est mesuré avant, pendant et après le baiser à la star, ils ont pu mener des investigations similaires avec d'autres types d'expériences positives. Par exemple, un mois avant de se lancer dans un voyage organisé à travers plusieurs villes d'Europe, des touristes enthousiastes déclarent s'attendre à savourer ce voyage bien davantage que pendant leurs douze jours sur place. On obtient des résultats identiques quand on interroge des étudiants trois jours avant leurs vacances de Thanksgiving, ou quand on questionne des habitants du Middle West trois semaines avant un tour de Californie à bicyclette[36]. Des chercheurs qui ont étudié un millier de vacanciers néerlandais ont conclu que la plus forte dose de bonheur tirée de leurs vacances est liée à la période d'anticipation, ce qui suggère que nous devrions non seulement prolonger cette période, mais aussi prendre plusieurs vacances courtes plutôt qu'un seul congé très long[37].

Le laps de temps qui s'écoule entre le jour où nous achetons quelque chose (un voyage, un repas raffiné, du champagne de qualité) et le jour où nous le consommons réellement semble posséder des qualités particulières ; il nous donne l'occasion de partager nos rêves et nos projets avec des amis, de savourer par avance l'objet ou l'expérience en question (fantasmer sur la campagne toscane que nous allons découvrir ensemble), de nous y préparer (en jeûnant la veille du jour où nous allons dîner dans un restaurant cinq étoiles).

Pour mon quarantième anniversaire, mon mari m'a offert un voyage surprise. Il m'avait vaguement dit quoi mettre dans ma valise, il m'a emmenée à l'aéroport sans me montrer ma carte d'embarquement afin que je ne puisse pas voir la destination. Même à bord de l'avion, quand j'ai fini par savoir que nous partions pour la région de San Francisco, je ne pouvais pas deviner toutes les surprises que ce voyage promettait (et qu'il apporta). Ce fut le meilleur anniversaire de ma vie, avec un repas si incroyable que nous fîmes le serment de donner à notre prochain enfant (au cas bien improbable où nous en aurions un) le prénom du chef cuisinier[38]. Mais ce voyage surprise présenta un handicap imprévu : je n'avais pas pu l'anticiper et le savourer par avance.

La conclusion évidente est que nous devrions acheter l'objet désiré plusieurs jours ou semaines avant de l'avoir en main ou d'en faire l'expérience. Grâce à cette méthode, nous aurons toujours quelque chose de merveilleux à contempler dans l'avenir. Bien sûr, depuis que le crédit est devenu rapide et facile, beaucoup de gens font exactement le contraire et suivent docilement les principes du marché : au lieu de payer maintenant pour jouir plus tard, ils achètent maintenant et paient plus tard. L'approche inverse favorise le shopping impulsif et, selon mes calculs, encourage quatre des sept péchés capitaux (la gourmandise, l'avarice, la paresse et la luxure[39]). Même si nous pouvons nous permettre autant d'achats impulsifs que nous le désirons, ce type de « gratification instantanée » n'est pas de nature à nous laisser durablement satisfaits[40]. Différez plutôt vos vacances, mettez votre bouteille de bourgogne de côté, et prévoyez la livraison du gadget pour le mois prochain. Vous en serez d'autant plus heureux.

NE LAISSEZ PAS LA RÉUSSITE AGGRAVER VOS DÉFAUTS

Dans son autobiographie, l'actrice Goldie Hawn raconte que lorsqu'elle reçut un oscar, elle s'imaginait que cette consécration allait la rendre heureuse. Mais ce ne fut guère le cas, pas dans un premier temps.

« Je pense qu'il m'a fallu connaître le succès pour comprendre […] que le succès accentue encore les traits de votre personnalité […]. Les gens désagréables le deviennent encore plus. Les gens heureux deviennent plus heureux. Les gens avares amassent l'argent et vivent le restant de leurs jours dans la peur de le perdre. Les gens généreux aident les autres et tentent de créer un monde meilleur[41]*. »*

Nous avons tous des amis ou des partenaires qui révèlent ou amplifient notre personnalité, nos préférences, nos habitudes. Quand nous sommes avec eux, nous devenons plus ouverts ou plus sexistes, plus intellectuels ou plus extravertis, plus méchants ou plus grossiers. Si l'accession au sommet du succès souligne vos plus belles qualités et vos pires défauts, alors il est temps de vous y préparer *dès maintenant*. Identifiez les faiblesses qui pourraient s'accentuer et adoptez un programme visant à les surmonter (en vous inspirant des conseils de votre grand-mère, en regardant une vidéo de développement personnel ou en faisant appel à votre bon sens). Voici quelques exemples.

Vous avez tendance à être un peu sec avec les personnes que vous employez ou que vous encadrez, votre secrétaire, peut-être, votre jardinier ou votre baby-sitter ? Dans ce cas, la réussite pourrait vous pousser à vous déchaîner contre ces « inférieurs ». Pendant les quatre semaines qui viennent, chaque fois que vous êtes mécontent du travail de quelqu'un, ou que vous éprouvez le besoin d'être sévère et cassant, décidez d'imaginer que la personne en question est votre thérapeute ou votre patron, et traitez-la en conséquence.

Autre exemple, vous avez peut-être tendance à faire des achats impulsifs sur Internet, à acheter des gadgets, des jouets pour vos enfants, et d'autres choses dont vous n'avez pas vraiment besoin. Ce trait de caractère risque d'être aggravé par votre fortune accrue. Dès à présent, décidez d'attendre quarante-huit heures chaque fois que vous avez envie d'acheter, et réexaminez votre envie plus tard. Mieux encore, au début de chaque mois, dressez la liste des objets (1) dont vous avez vraiment besoin et (2) que vous désirez vraiment, fixez une limite à votre budget, en stipulant que vous n'aborderez pas la seconde liste tant que vous n'aurez pas épuisé la première.

Vous oubliez souvent d'apprécier les bonnes choses, et vous craignez que le succès ne vous rende encore plus incapable de reconnaissance ? Par chance, vous avez le choix entre plusieurs exercices pour développer votre gratitude. Obligez-vous chaque semaine à vous adresser une lettre où vous envisagez un aspect différent de votre bonne fortune.

L'ESPRIT BIEN PRÉPARÉ

Quand nous avons atteint – au moins sur le papier – l'essentiel de ce que nous avons toujours voulu obtenir, la vie peut devenir terne et même vide. Il n'y a plus grand-chose à espérer. Beaucoup d'individus prospères ne comprennent pas pourquoi ils ne sont pas vraiment heureux et peuvent être tentés d'en conclure que la réussite, l'argent ou les biens matériels n'offrent pas un bonheur durable. Comme devrait le montrer le message premier de ce chapitre, je pense que ce mythe du bonheur est erroné. Ne soyez pas l'esclave enchaîné à la meule hédonique. Les pratiques que je décris ici vous aideront à éviter de souffrir des revers d'une bonne fortune. Et si vous êtes particulièrement tenace ou particulièrement chanceux, vos efforts vous rapporteront des dividendes hédoniques considérables. La clé du bonheur ne se trouve pas dans la réussite, mais dans ce que nous faisons de cette réussite ; le bonheur ne vient pas du montant de nos revenus, mais de notre façon de les utiliser.

CHAPITRE 8
Je ne peux pas être heureux si... les résultats de mes examens médicaux sont mauvais

Certains bilans personnels imposent une prise de conscience terrible, ou une révélation. D'autres impliquent des événements qui échappent à notre contrôle, que nous encaissons comme un coup de poing : nous pouvons recevoir un diagnostic médical défavorable, apprendre que nous sommes en très mauvaise santé. Dans ses mémoires, *Resilience*, Elizabeth Edwards raconte le jour où on lui a annoncé que son cancer du sein était revenu : elle ne pouvait plus continuer à croire qu'elle mourrait autrement que par cette maladie. Elle se rappelle :

« [...] ce que je portais, le temps qu'il faisait, les mots employés par le docteur, où étaient assis John et Cate [son mari et sa fille]. Depuis cette première chambre d'hôpital minuscule [...] où nous avons pour la première fois entendu prononcer tout haut le mot “cancer” jusqu'à la salle en sous-sol avec un lit et un lavabo, où nous avons attendu des heures, John et moi, les résultats de la scintigraphie osseuse et du tomodensitogramme, jusqu'à la toute dernière chambre [...] où nous avons appris que mon cancer s'était réveillé et avait gagné d'autres parties de mon corps, ces moments où la vie se transforme prennent une taille énorme [...]. Le cancer était de retour. Il n'était jamais parti, diraient les médecins, je suppose. À cet instant, quand j'ai su de façon certaine que le cancer serait en moi jusqu'au jour où il finirait par me tuer, toutes les raisons de vivre et les raisons de mourir, la façon de vivre si je le pouvais, tout cela s'est mis à danser devant moi [...] jusqu'au jour où j'ai choisi mon partenaire parmi tous ces possibles. Vivre. Mourir. Se battre. Faire le gros dos. Demander un câlin. Donner un câlin. Pleurer. Pleurer. Pleurer[1]. »

Quand nous envisageons à contrecœur ces transformations, ou quand nos pires craintes se réalisent, nous n'envisageons pas comment nous pourrions dépasser le stade des pleurs et du désespoir. Nous ne pouvons imaginer être à nouveau heureux un jour. Dans ce chapitre, j'espère vous convaincre que vos réactions et vos appréhensions concernant ce scénario, le pire de tous, sont régies par un des mythes du bonheur. Face à un tel diagnostic médical, il est possible d'augmenter les chances afin que votre temps à passer avec la maladie ne soit pas fait que de misère et de désarroi ; cela peut même être une période épanouissante et pleine de sens, comme le montrent des centaines d'études.

ON VOIT CE QU'ON VEUT BIEN VOIR

Quand nous prenons connaissance de nos mauvais résultats médicaux, nous sommes obligés de nous concentrer sur une information ou sur un problème particulier, en convoquant mentalement certains détails ou symptômes, même quand nous n'en avons pas envie. Cependant, même dans cette situation très grave, il s'avère que notre contrôle sur la réalité est bien plus grand que nous ne le pensons. Elizabeth Edwards avait compris que sa maladie finirait par la tuer. Elle ne pouvait pas décider quand, mais elle pouvait décider ce que la maladie allait lui retirer ici et maintenant :

« Résister à la maladie consiste en partie à ne pas laisser la peur du lendemain contrôler la qualité d'aujourd'hui [...]. Aller à l'encontre de la peur peut passer pour du déni, mais la peur ne change rien au diagnostic. Elle change seulement ce que je ressens entre maintenant et le moment où se produira l'inévitable[2]. »

Notre vie peut changer si nous sommes conscients d'avoir le pouvoir de décider ce que notre expérience est et n'est pas, le pouvoir de déterminer ce que notre vie a été et ce qu'elle sera[3]. Songez qu'à chaque minute de votre journée, vous choisissez de prêter attention à certaines choses et d'ignorer la plupart des autres. Ce sur quoi vous choisissez de vous focaliser s'intègre à votre vie et le reste disparaît. Par exemple, vous souffrez d'une maladie chronique; vous pouvez passer vos journées à méditer sur votre vie gâchée, ou les passer à vous concentrer sur votre gymnastique quotidienne, à mieux connaître vos nièces, à explorer votre spiritualité. Nous pouvons changer notre vie rien qu'en changeant notre attitude mentale[4].

Cette approche de la maladie est résumée dans une de mes citations préférées, tirée du livre *Les Principes de la psychologie* publié en 1890 par le philosophe William James. « Mon expérience est ce à quoi j'accepte de m'intéresser. Seuls les éléments que je remarque donnent forme à mon esprit[5]. » Cette idée, assez perturbante lorsqu'on y réfléchit, suggère que notre expérience est ce sur quoi *nous choisissons de nous focaliser*. Une chose que nous ne voyons pas, n'entendons pas, ne sentons pas n'a pour ainsi dire pas d'existence, pour nous en tout cas.

« Mon expérience est ce à quoi j'accepte de m'intéresser. Seuls les éléments que je remarque donnent forme à mon esprit. »

Pourquoi notre santé future nous paraît-elle parfois sinistre, parfois pleine de promesses ? Pourquoi le temps file-t-il parfois si vite alors qu'à d'autres moments il n'avance pas ? Parce que notre façon de vivre le monde est en grande partie déterminée par ce sur quoi nous nous concentrons. Parmi les milliers de stimuli présents dans notre environnement (le flux de nos pensées, de nos souvenirs, de nos anticipations ; les visages, les besoins et les conversations des personnes qui nous entourent ; tout ce que nous voyons et entendons ; tous les objets perceptibles, naturels ou fabriqués), nous en choisissons quelques-uns, ou nous nous sentons obligés de nous concentrer sur eux, et nous négligeons tous les autres. Ce processus de focalisation est adaptatif, il favorise notre survie. L'être humain serait incapable de prêter attention à tout ce qui s'offre à ses sens ; il serait surchargé, écrasé, et deviendrait entièrement dysfonctionnel (la schizophrénie, qui débouche sur le handicap si elle n'est pas traitée, se caractérise en partie par l'incapacité du cerveau à filtrer les informations sans pertinence ; les schizophrènes sont bombardés par des stimuli trop nombreux, auxquels ils ont beaucoup de mal à donner un sens[6]). L'expression « prêter attention » implique un coût, un enjeu hédonique. Quand nous prêtons attention à une chose, nous ne pouvons pas le faire en même temps pour d'autres. Le coût réside dans l'énergie requise et dans les objets que nous négligeons nécessairement.

Pour la plupart, nous connaissons au moins une personne qui a une tendance aux absences momentanées, qui semble parfois se replier dans son monde personnel. La métaphore d'un « monde personnel » est en réalité plus exacte qu'on ne le pense. Essayez de vous rappeler votre dernière conversation en groupe, par exemple un déjeuner avec des collègues ou une discussion avec d'autres parents en attendant vos enfants à la sortie de l'école. Seriez-vous surpris d'apprendre que les différents membres du groupe se concentraient chacun sur une chose bien différente ? L'un pouvait être perturbé par une récente nouvelle douloureuse qui l'obsédait. Tel autre avait le cœur qui battait parce qu'une personne aimée venait d'arriver. Un troisième ne pouvait penser qu'à la douleur terrible qu'il éprouvait dans l'épaule. Et un dernier était périodiquement harcelé par la perspective de son rendez-vous du lendemain. Bref, il ne serait pas inexact de dire que, même si les différents individus du groupe se trouvaient fondamentalement dans la même situation à ce moment-là, chacun d'eux était dans son propre univers social subjectif.

Cela rend la réalité assez délicate à définir. Votre réalité est différente de la mienne, et la différence tient à ce sur quoi chacun de nous passe son temps à se concentrer de façon sélective. Les souvenirs qui façonnent l'histoire de votre vie et la mienne sont soumis à la même contrainte ; je choisis, peut-être inconsciemment, de me rappeler des faits particuliers de mes premières années (ou sur la journée d'hier), et vous pouvez choisir de vous rappeler tout autre chose. Par conséquent, il arrive que deux individus aient en commun des expériences (parce qu'ils ont grandi ensemble, ont soigné ensemble un enfant malade), et pourtant, lorsqu'ils regardent ce passé commun, leurs souvenirs et leurs perceptions sont si divergents qu'on croirait qu'ils ne partagent pas ces expériences.

Une de mes études préférées offre une confirmation empirique à cette idée de « réalités différentes[7] ». On a demandé à des conjoints d'énumérer les activités et les événements qui avaient marqué la semaine écoulée. Par exemple, vous êtes-vous disputé avec votre partenaire ? Avez-vous regardé la télévision ensemble ? Avez-vous fait l'amour ? Avez-vous assisté à un événement sportif ? Avez-vous réglé un problème lié à vos enfants ? Le résultat stupéfiant de cette étude est que maris et femmes n'étaient jamais d'accord. Si un inconnu avait rempli le questionnaire à la place de votre mari et avait répondu au hasard sur ce qui s'était passé dans votre vie de famille la semaine précédente, il aurait pu être autant en accord avec vous que votre mari. Bref, cela indique que votre conjoint vit dans un monde complètement différent du vôtre.

Notre « monde » personnel peut être le fruit des difficultés que nous avons rencontrées, mais les chercheurs ont découvert comment nous pouvons modeler cet univers consciemment et délibérément. Ces leçons sont surtout importantes face à une crise liée à notre santé. Dans ce chapitre, j'évoque plusieurs façons saines de réagir à un diagnostic terrible ou, mieux encore, des habitudes à contracter bien avant le jour où les résultats des tests vous parviennent.

Votre attention compte

Selon la psychologie scientifique, nous pouvons contrôler ce que nous voyons, ce sur quoi nous nous concentrons, ou ce que nous laissons passer. Mais comment faire pour arriver à décider de percevoir le monde d'une certaine façon, surtout quand les événements en provenance de ce monde (mauvaises nouvelles, diagnostics pénibles, souffrances et difficultés quotidiennes) sollicitent notre attention de manière souvent irrésistible[8] ? Je répondrai en proposant d'abord un exemple extrême, emprunté à l'éminent économiste Robert Frank :

« Un survivant de l'Holocauste m'a un jour confié que son existence dans les camps s'était déroulée dans deux espaces psychologiques distincts. Dans l'un, il avait parfaitement conscience de l'horreur indicible de sa situation. Mais dans l'autre, la vie semblait étrangement normale. Dans ce second espace, chaque jour présentait ses défis, et les jours où il les relevait avec succès ressemblaient beaucoup aux bonnes journées d'autrefois. Pour survivre, expliquait-il, il était essentiel de passer le maximum de temps dans le second espace, et le moins de temps possible dans le premier[9]. »

La façon dont cette personne a pu accomplir ce qu'elle a accompli supposait de focaliser son attention, de « prendre possession de son esprit », selon les termes de William James. Nous sommes tous capables de cet exploit, même s'il requiert beaucoup d'efforts et de motivation. S'il peut paraître épuisant de résister aux ruminations pessimistes et déprimantes sur notre maladie (ou d'essayer de voir le bon côté des choses), c'est parce que ces efforts puisent dans notre énergie vitale et nos ressources mentales. Certains chercheurs affirment que nous devrions régulièrement accorder des pauses à notre attention[10]. Nous pouvons le faire en dormant (même si le nombre d'heures pendant lesquelles nous pouvons ou voulons dormir est limité) ou en nous fiant davantage à notre comportement automatique, à nos pensées habituelles, même si cela peut également s'avérer néfaste, quand nous avons beaucoup de mauvaises habitudes.

La paix de la nature. Une suggestion étonnante pour « reposer » notre attention en cas de surcharge mentale, pour préserver notre capacité à nous focaliser sur ce qui nous rend heureux (ou moins malheureux), est de passer plus de temps dans la nature. Les chercheurs ont découvert que, dans un environnement naturel, assis sous un chêne, face à un coucher de soleil, ou même devant des photos de paysage, notre attention est captivée par nos sens (l'odeur de la mer, les couleurs d'un arc-en-ciel), ce qui exige peu d'effort mental et favorise la réflexion[11]. Par contraste, quand nous nous trouvons dans un environnement non naturel, assis sur un banc métallique, à regarder un avion, ou à envoyer des messages téléphoniques, notre attention est saisie par n'importe quel incident (une sirène de police, une affiche publicitaire), ce qui nous oblige à un effort mental pour tourner notre attention ailleurs, par exemple, en

Les chercheurs ont découvert que, dans un environnement naturel, notre attention est captivée par nos sens (l'odeur de la mer, les couleurs d'un arc-en-ciel), ce qui exige peu d'effort mental et favorise la réflexion.

tâchant de ne pas voir les images d'une affiche ou de lire malgré le bruit des klaxons. Il n'est donc pas étonnant que les environnements non naturels (urbains, en général), avec toutes leurs sollicitations puissantes, ne soient ni très paisibles ni très relaxants.

Si les environnements urbains et artificiels fatiguent l'esprit, la plupart des gens trouvent apaisants les environnements naturels ; la nature favorise le bonheur et atténue le stress[12]. Mais la nature restaure aussi nos facultés d'attention[13]. Passer du temps à canoter sur un lac, pique-niquer sous les branches d'un hêtre, jardiner, s'allonger pour regarder les nuages, tout cela restaure nos ressources mentales pour affronter les problèmes de notre existence. Par exemple, une série d'études a montré que les gens qui passaient un quart d'heure à se promener dans un cadre naturel ressentaient plus de plaisir, mais étaient aussi plus capables de résoudre un problème mineur dans leur vie, que ceux qui se promenaient dans un cadre urbain ou regardaient une vidéo tournée dans un cadre naturel[14].

La paix de la méditation. Un autre moyen d'apprendre à développer nos capacités à rediriger notre attention (par exemple, des pensées négatives sur notre santé vers la perspective agréable d'un voyage imminent) est d'entraîner notre esprit par la pratique de stratégies de méditation. Il existe de nombreux styles de méditation. Ils s'enracinent dans différentes traditions culturelles et reposent sur des techniques variées mais, fondamentalement, la plupart de ces techniques ont beaucoup en commun. Dans la méditation, il y a un travail sur le corps, sur la respiration, qui permet de prêter attention à l'instant présent. On la pratique en général dans un lieu spécifique, réservé à ce but, loin des soucis quotidiens. Une de ses principales intentions est de trouver le calme intérieur, libre des pensées automatiques qui traversent constamment notre esprit.

Malgré la diversité des techniques de méditation pratiquées dans le monde et au cours de l'histoire, trois méthodes se dégagent plus particulièrement. La première, utilisée par l'hindouisme, consiste à répéter un mot, une formule appelée mantra ou incantation. La deuxième, bouddhiste, consiste à poser son attention sur son souffle – le souffle présente l'avantage de nous accompagner toujours – ou sur des activités répétitives comme balayer le sol ou plier une étoffe (méditation zen). Enfin, une technique fréquente, mais d'une certaine façon difficile à décrire, suppose qu'on laisse les pensées traverser le ciel de notre esprit sans intervenir. Il faut simplement les observer passivement, les suivre, sans les juger, sans tenter de les arrêter ou de les écarter. Dans chacune de ces techniques, quand nous nous surprenons à vaciller (si nous nous laissons perturber par une pensée intruse ou si nous laissons notre attention s'éloigner de notre respiration), nous apprenons à identifier ce décrochage et à revenir à notre point de concentration sans nous juger. Ainsi, plus nous pratiquons la méditation, plus nous devenons capables de remarquer quand notre esprit s'égare, mieux nous apprenons à nous désengager d'un objet indésirable (par exemple, cette idée : « Je ne vais jamais arriver à faire ça »), et mieux nous savons rediriger notre attention vers un objet désirable (l'idée de notre propre force).

Pourquoi les gens méditent-ils ? Beaucoup sont animés par le désir de trouver un répit face aux tensions, aux stress et aux sollicitations du quotidien : ils veulent obtenir un sentiment de paix et de tranquillité, pour retrouver énergie et concentration. Il est très difficile d'y parvenir, cela demande beaucoup d'efforts, de pratique, de discipline, de concentration et de compétence ; c'est même une lutte. Pourtant, les bienfaits sont immenses. Dans les expériences où l'on demande à des volontaires de pratiquer la méditation (comparée à une activité neutre), on constate qu'elle favorise l'empathie (les études d'imagerie cérébrale montrent que, dans les états méditatifs, les circuits cérébraux liés à l'empathie « s'éclairent »), suscite des bouffées d'émotions positives, atténue le stress et les symptômes pathologiques, renforce les fonctions immunitaires et améliore même le QI[15]. Le plus intéressant concerne l'effet salutaire de la méditation sur notre attention[16]. Comme on pouvait s'y attendre, quand nous consacrons du temps et des efforts persistants à pratiquer la méditation, nous sommes bien plus capables de nous concentrer, de diriger et de réorienter notre attention.

En somme, le pouvoir de l'attention. Ce sur quoi nous nous focalisons, ce à quoi nous prêtons attention, ce que nous voyons sélectivement dans notre monde, voilà l'essentiel. Si nous choisissons de nous intéresser au fait que nous sommes encore capables de monter l'escalier et si nous choisissons d'ignorer ce membre de notre famille qui nous inspire toujours un sentiment de culpabilité, nous affaiblissons l'influence de l'environnement sur notre bien-être. Face à la maladie ou à n'importe quelle perspective grave, ce à quoi nous décidons de prêter attention régit en grande partie la qualité de notre vie.

L'EFFET SAINT MATTHIEU

– Un morceau de chocolat noir.
– Un éclat de rire.
– Un bon verre de vin.
– Une journée de repos bien méritée.
– Les compliments de notre supérieur hiérarchique.
– Un moment de complicité avec un enfant.
– Des larmes qui soulagent.
– Un sentiment d'unité.
– Un choc esthétique dans un musée.

Ce sont là les petits et les grands moments, les plaisirs, les jouissances et les récompenses bien gagnés qui mettent un peu de soleil dans votre vie. Que viennent-ils faire dans un chapitre sur un diagnostic médical défavorable ? Vous allez voir. Comme je l'ai expliqué plus haut, les recherches nombreuses, menées par Barbara Fredrickson et d'autres, montrent que les bouffées d'émotions positives et de plaisir nous font du bien, qu'elles sont bonnes pour vous, pour vos amis, pour votre famille, pour votre communauté et même pour la société dans son ensemble[17]. Autrement dit, les émotions positives ont des conséquences tangibles et durables sur votre agilité intellectuelle, vos compétences sociales, vos ressources psychologiques, et même vos talents physiques. En outre, les expériences émotionnelles positives créent des « spirales ascendantes ». Le plaisir engendre le plaisir, ce qui stimule votre système immunitaire ; vous rend plus chaleureux et plus abordable ; vous rend plus productif, plus créatif et plus opiniâtre pour atteindre vos objectifs ; vous oblige à voir la vie plus dotée de sens ; et renforce votre capacité à affronter les conflits, le stress et les obstacles[18]. Les émotions positives entraînent donc le succès, et le succès entraîne le succès. Les sociologues appellent cela l'effet saint Matthieu[19], d'après la parabole présente dans l'Évangile selon saint Matthieu : « Car on donnera à tous ceux qui ont déjà, et ils seront comblés de biens[20]. » Par chance, plus vous êtes riche en émotions positives, plus riche vous deviendrez dans tous les domaines de la vie : votre travail, vos relations, vos loisirs et votre santé.

Dans mes cours, mes recherches et mes entretiens, je suis toujours très étonnée d'apprendre que la plupart des gens ignorent quelles expériences les rendent heureux (ou curieux, enthousiastes, tranquilles, affectueux, absorbés ou fiers) et lesquelles ne le font pas. Pour cette raison, je conseille de tenir un journal d'« expérience quotidienne » pour suivre ses émotions à des moments précis (tous les jours à 9 heures, à 14 heures et à 19 heures, pendant une semaine) et à noter quels événements, situations, individus ou activités accompagnent ces émotions. Par exemple, mardi à 9 heures, à quel point vous sentiez-vous

---

Les sociologues appellent cela l'effet saint Matthieu. Plus vous êtes riche en émotions positives, plus riche vous deviendrez dans tous les domaines de la vie : votre travail, vos relations, vos loisirs et votre santé.

assuré, heureux, tendu, calme ou préoccupé ? Où étiez-vous ? À la maison, en voiture, dans un café ? Étiez-vous seul ou en interaction avec quelqu'un (dans ce cas, avec qui) ? Que faisiez-vous exactement ? C'est une façon simple et efficace de déterminer quelles expériences quotidiennes engendrent pour vous des émotions positives. Quand vous savez que vous riez toujours avec Untel, que vous êtes concentré quand vous écoutez les actualités à la radio, que vous êtes affectueux avec votre chat, et que vous êtes joyeux quand vous mangez des sushis dans le parc, vous devez tenter de reproduire ces expériences plus souvent et de les savourer davantage.

Ces expériences positives sont-elles trop ordinaires pour avoir un véritable impact sur notre bonheur et nous aider à affronter les difficultés réelles ? Étant donné ce que nous savons sur les bienfaits des émotions positives, devons-nous viser des pics d'intensité ou préférer des bouffées fréquentes de plaisir ordinaire ? Au chapitre 6, je recommandais de dépenser notre argent pour nous offrir beaucoup de petits plaisirs plutôt que quelques grands. C'est parce que les résultats de la recherche favorisent l'ordinaire plutôt que l'intense. Il s'avère que la clé du bonheur et de la santé (et de tous leurs effets annexes souhaitables) n'est pas de se sentir intensément heureux, mais de se sentir *souvent* positif ou heureux[21]. Par exemple, dans une étude qui suivait pendant treize ans des individus âgés de 18 à 94 ans, ceux qui connaissaient des moments positifs plus fréquents (mais pas plus intenses) vivaient plus longtemps[22]. Certains comportements d'apparence triviale offrent des coups de pouce réguliers qui s'accumulent avec le temps. Comme l'ont écrit les chercheurs du MIT, de Harvard et de Duke : « On ne peut pas gagner à la loterie tous les jours, mais on peut régulièrement

---

La clé du bonheur et de la santé n'est pas de se sentir intensément heureux, mais de se sentir *souvent* positif ou heureux.

faire de l'exercice ou assister à un office religieux, et ces comportements répétés peuvent suffire à augmenter le bien-être avec le temps[23]. » Ces chercheurs ont étudié une salle de gymnastique, deux classes de yoga et trente-sept lieux cultuels de douze religions. Comme c'était prévisible, ils ont découvert que faire du sport plusieurs jours par semaine ou assister à un office religieux hebdomadaire donnait une série de coups de pouce (petits mais fiables) au bonheur des gens. En outre, plus ces activités étaient fréquentes, plus les individus concernés étaient heureux.

Les données scientifiques nous enseignent trois leçons : premièrement, que les petites bouffées de satisfaction, de tranquillité ou de plaisir n'ont rien de trivial ; deuxièmement, que c'est la fréquence et non l'intensité qui compte ; et troisièmement, la plupart d'entre nous semblent l'ignorer. Si vous comprenez quelles personnes, quelles situations, quels lieux, quelles choses ou même quels moments de la journée vous rendent heureux, et si vous vous efforcez d'accroître la régularité de ces moments, vous y gagnerez un outil hédonique qui vous rendra de grands services en temps de crise, quand le médecin vous annoncera une mauvaise nouvelle, et au-delà.

A-t-on le droit d'être heureux dans la souffrance ?

Je reconnais tout à fait que rechercher le plaisir durant une crise liée à la santé peut paraître intolérable. L'idée qu'il est permis et même souhaitable d'être heureux dans la souffrance, la vôtre ou celle des autres, semble de mauvais goût. On ne peut pas, on ne doit pas être vraiment heureux quand un ami intime se meurt du cancer ou quand vous savez que vous perdrez bientôt la vue, l'ouïe, ou quand vous comprenez clairement que le monde est envahi par la pauvreté, les guerres, l'oppression, le mal sous toutes ses formes. Vous ne pouvez pas être heureux quand des enfants ont mal, quand la vie de tant de gens se déroule dans un désespoir silencieux, quand les rêves sont brisés et quand la misère sociale est partout.

Je répondrai en trois parties à cette question. D'abord, reconnaissez qu'il existe beaucoup de souffrances injustes dans le monde et soyez donc reconnaissant de votre propre sort. Ensuite, sachez que différer votre propre bonheur jusqu'à ce que soient résolus les problèmes de tous vos amis et de l'univers n'aidera personne. Bien sûr, nous devons avoir conscience du malheur et tâcher d'y remédier, mais comme le montrent bon nombre de recherches, plus nous sommes heureux, mieux nous sommes placés pour lutter contre le malheur des autres. Plus nous sommes heureux, plus nous avons d'énergie, d'assurance et de motivation. Plus nous sommes heureux, plus nous sommes en bonne santé, plus nous sommes donc productifs et créatifs, plus nous sommes disponibles et susceptibles de tendre la main vers les autres. Mon dernier argument est donc que, si nous parvenons à réaliser notre propre bonheur, nous serons relativement plus susceptibles d'aider les autres et de nous aider nous-mêmes.

Qu'en est-il des émotions négatives ?

Nous savons maintenant que les émotions positives apportent de nombreux bienfaits, mais se peut-il que les émotions négatives soient parfois une bonne chose ? Indubitablement. Il y a des moments et des situations où nous devons ressentir la colère qui nous motive pour lutter contre l'exploitation et l'injustice, l'angoisse qui nous aide à nous préparer à un défi ou à une menace, ou la tristesse qui nous pousse à nous demander ce qui ne va pas et à prendre les mesures nécessaires pour y remédier. Dans la prochaine partie, je présente une théorie selon laquelle nous avons besoin de vivre les suites émotionnelles négatives d'un bouleversement avant que les ajustements positifs puissent commencer. De plus, certaines études montrent que, dans des situations particulières, de légères émotions négatives (la tristesse) peuvent favoriser un meilleur jugement, moins stéréotypé. Enfin, les expériences négatives peuvent servir de repoussoir pour les expériences positives et nous aider à apprécier celles-ci. Un ami cher a failli mourir après avoir été paralysé par une infection, il a passé plusieurs semaines sans pouvoir se nourrir ou respirer sans aide. Il a fini par guérir mais, après la maladie, il a déclaré que les choses qui n'étaient auparavant que modérément positives – une journée ensoleillée, une boisson agréable, une conversation téléphonique avec un de ses grands enfants – étaient devenues intensément positives. Certaines cultures considèrent même la souffrance comme un moyen en vue d'une fin (pour construire le caractère ou atteindre le salut de l'âme), voire comme une fin en soi. « Tu ne peux pas encore mourir, tu n'as pas assez souffert ! » : voilà ce qu'on dit souvent en Grèce aux gens qui se plaignent de leurs ennuis de santé.

La tristesse a une utilité. Prendre conscience de nos problèmes et de ceux du monde a une utilité. Apprendre que la vie n'est pas toujours belle ou juste a une utilité. Souffrir, en revanche, n'est jamais une bonne chose. La plupart des souffrances que subissent les hommes sont imméritées et ne mènent à rien de bon.

QUELQUES STRATÉGIES POUR AFFRONTER LES MAUVAISES NOUVELLES

Une maladie grave peut briser beaucoup de choses : notre amour-propre, nos relations, notre corps, notre foi, notre espoir et notre optimisme, notre énergie, notre entrain. Comment recoller les morceaux quand tout a été cassé ? Cela peut parfois paraître impossible. Quand un être cher disparaît, quand nous perdons l'usage d'une partie de notre corps (un bras, un rein, notre odorat), nous ne pouvons pas réellement revenir à l'état antérieur. La seule chose que nous puissions espérer est de créer une nouvelle structure à partir de ce qui reste. Je sais que cela semble très abstrait, mais voici une histoire instructive qui éclaire cette notion[24].

Il était une fois un peintre très doué, mais qui voulait en réalité réussir comme ébéniste. Un jour, la femme du peintre déclara que la famille avait besoin d'une nouvelle table, et lui demanda s'il pouvait faire quelque chose. Il fut ravi, car il aimait sa femme et voulait la rendre heureuse, et parce qu'il avait très envie de travailler le bois. Il se donna du mal pendant plusieurs jours et plusieurs nuits, et fabriqua une table très simple, mais solide et robuste. Cette table devint le centre de la maisonnée. C'est là que la famille se réunissait pour raconter des histoires, prendre ses repas, faire des jeux. Le peintre et son épouse y préparaient les repas, y écrivaient des lettres et y surveillaient les devoirs de leurs enfants. La table était solide et robuste, exactement comme leur famille.

Un jour, alors que la famille était absente, un cambrioleur s'introduisit dans la maison et, pour des raisons mystérieuses, déroba l'un des pieds de la table. L'artiste et sa femme étaient désespérés, mais ils adoraient tellement cette table qu'ils décidèrent d'en tirer le meilleur parti, même si elle n'avait plus que trois pieds. La surface du plateau n'était plus horizontale, et chaque fois qu'on plaçait quelque chose dessus du côté du pied manquant, l'objet en question tombait par terre. Alors ils essayaient de poser un immense livre très lourd de l'autre côté, pour équilibrer la table, mais ça ne marchait pas non plus. Le livre prenait trop de place, et le pied opposé s'affaissait sous le poids. La table risquait de s'écrouler.

L'artiste était plein de tristesse. Il remporta la table dans son atelier et y travailla pendant plusieurs nuits. Il cisela, sculpta, retailla, rabota. Il finit par en sortir avec une nouvelle table. Elle était un peu plus petite, mais elle était jolie et tout aussi solide et fonctionnelle que l'ancienne. Cette nouvelle table n'avait que trois pieds.

Après une crise qui touche votre santé, vous devenez comme la nouvelle table à trois pieds. Qu'il s'agisse de cancer ou de diabète, de maladie des poumons ou de stérilité, vous étiez peut-être solide et robuste auparavant, mais à présent, pour des raisons qui vous échappent, vous avez perdu une partie de vous-même. Au début, vous essaierez vainement de préserver une sensation d'équilibre, vous tenterez de concilier travail, famille et santé mentale, mais vous continuerez à vaciller. Vous accomplirez des efforts herculéens pour compenser ce que vous avez perdu, pour éviter que tout tombe par terre. Pourtant, vous ne pourrez pas recoller les morceaux de votre vie. Vous devez créer un nouveau moi, dont on peut espérer qu'il sera aussi solide et sain que le précédent, mais qui sera différent. Apparemment, le triangle est une figure géométrique plus forte que le carré, c'est pourquoi l'on trouve souvent des triangles dans la nature (pour rendre très fortes des molécules comme les protéines ou l'ADN), ainsi que dans les bâtiments[25]. Je développe ci-après deux théories fondées sur les faits qui vous fourniront les stratégies nécessaires pour affronter les mauvaises nouvelles, afin que votre nouveau moi soit aussi solide que la nouvelle table.

Mobiliser-minimiser

Nous essayons tous de faire face, de survivre aux mauvaises choses qui nous arrivent. Les chercheurs étudient cette attitude depuis de nombreuses décennies, et ils en savent maintenant beaucoup sur les stratégies qui fonctionnent et celles qui ne fonctionnent pas, pour qui et dans quelles situations. L'une des approches les plus convaincantes est celle de Shelley Taylor, professeur à Ucla, pour qui un événement menaçant, comme une maladie grave, engendre généralement deux réactions consécutives, l'une à long terme, l'autre à court terme[26].

Mobiliser. Notre première réaction, immédiate et assez éphémère, est de réunir nos ressources pour affronter l'événement négatif (le diagnostic initial, l'apparition de nouveaux symptômes perturbants, la prise de conscience d'une dégradation). Par exemple, dans le cabinet du docteur, nous pouvons aussitôt ressentir une excitation physiologique (notre pouls ou notre respiration qui s'accélère – réaction physique), commencer à nous demander comment nous aurions pu l'éviter (réaction cognitive ou liée à la pensée), en être déprimé (réaction émotionnelle) ou chercher une épaule sur laquelle pleurer (réaction sociale).

Minimiser. Notre seconde réaction, à plus long terme, vient quand la menace initiale des mauvaises nouvelles s'atténue : notre esprit et notre corps agissent alors pour renverser ou minimiser ces réactions premières. Par exemple, notre corps atténue l'excitation initialement ressentie (en ralentissant le pouls ou le rythme de la respiration), nos pensées se tournent vers des explications positives (en nous pardonnant notre propre comportement ou en évoquant des souvenirs agréables pour effacer les autres), nos émotions négatives de tristesse ou d'anxiété se changent en soulagement ou en détente, et notre comportement peut consister à rendre l'aide que nous avons reçue auparavant.

Le travail de Taylor suggère que nous devons connaître nos deux tendances distinctes afin de réagir à une information menaçante : la première consiste à nous mobiliser (les larmes, le cœur qui bat, la peur que notre vie soit finie), et la seconde, qui se produit des heures, des jours ou même des mois plus tard, consiste à minimiser ces mêmes réactions (nous apaiser ou avoir des pensées plus optimistes). La théorie du mobiliser-minimiser confirme l'idée que, même si elle est parfois nécessaire ou inévitable, notre première réaction à une situation mauvaise n'est pas la réaction optimale. Ou, pour le dire autrement, « le temps guérit toutes les blessures ».

Le schéma des réactions aux mauvaises nouvelles

Une autre théorie, élaborée par la psychologue de la santé Kate Sweeny, tente de répondre à cette question spécifique : que devrions-nous faire quand le médecin nous annonce une mauvaise nouvelle ? Les recherches de Sweeny indiquent trois réactions possibles :

(1) *l'attente vigilante* (rester aux aguets, mais rediriger notre attention vers autres chose) ;

(2) *le changement actif* (agir, se documenter sur sa maladie et peut-être se porter volontaire pour tester un traitement agressif) ;

(3) et *l'acceptation* (tirer le meilleur parti du changement survenu dans notre vie et chercher le soutien d'autrui[27]).

Même si ces trois réactions générales peuvent paraître assez évidentes, ce qui l'est moins, c'est de savoir laquelle est la plus adaptée à chaque situation. Par chance, un simple algorithme, illustré par le logigramme ci-dessous, peut nous aider. Posez-vous d'abord ces trois questions, puis suivez les flèches du tableau.

– Le diagnostic est-il *grave* ? (Oui/Non)

– Des conséquences négatives sont-elles *vraisemblables* ? (Oui/Non)

– Les conséquences sont-elles *contrôlables* ? (Oui/Non)

Si la réponse est quelque part entre oui et non, choisissez celle qui est la plus proche de la vérité.

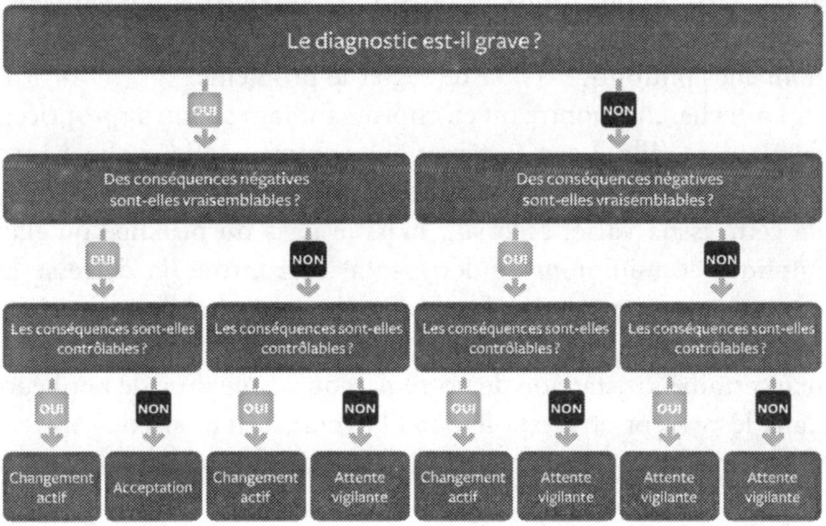

Les études suggèrent, par exemple, que l'attente vigilante est adéquate dans plusieurs situations distinctes : quand les mauvaises nouvelles ne sont pas graves, quand les répercussions négatives sont peu probables, et quand la situation est ou non sous votre contrôle. Par exemple, vous avez appris que vous avez une tumeur des os. Cela pourrait être bénin, donc vous attendez et passez une scintigraphie osseuse tous les six mois. Le même conseil serait donné à une personne qui se trouverait dans une situation semblable mais plus grave : vous avez un risque de caillot sanguin, mais il est peu probable que cela se produise et, de toute façon, vous ne pouvez rien y faire, donc « wait and see ». C'est difficile : la patience est une grande vertu – du latin *patior*, « souffrir ». Enfin, quand la mauvaise nouvelle n'est pas grave mais très probable (les tests indiquent que vous avez sans doute un calcul rénal), mais que vous ne pouvez rien y faire, alors, là encore, la meilleure réaction est d'attendre.

Si votre situation est en partie contrôlable et qu'elle est grave ou risque fort d'entraîner des conséquences négatives, ou les deux, alors le changement actif est la meilleure option. Par exemple, vous avez un cancer du sein, et plusieurs traitements efficaces sont possibles. Néanmoins, une mauvaise nouvelle grave, aux implications négatives ou incontrôlables, appelle l'acceptation. Le mieux à faire est de gérer vos réactions émotionnelles plutôt que tenter de régler le problème.

La recherche montre qu'en choisissant la réaction appropriée, de manière réfléchie et systématique comme expliqué plus haut, nous nous orientons vers l'issue la plus souhaitable. La nature de cette issue varie, bien sûr, mais je pars du principe qu'elle implique le minimum de détresse à long terme (la détresse à court terme, comme c'est le cas quand nous « mobilisons », est à la fois courante et probablement adaptative) et permet de tirer une certaine satisfaction de notre parcours, une dose de bonheur dans le présent et d'espoir pour l'avenir. Enfin, si vous suivez le schéma, vous augmenterez vos chances d'amélioration, pour votre santé comme dans les autres domaines critiques de votre vie, vos relations familiales ou votre productivité au travail, par exemple.

Même si le schéma de réactions aux mauvaises nouvelles peut paraître simpliste au premier abord, il fonctionne très bien. Le schéma est censé s'appliquer à la majorité des personnes confrontées à toutes sortes de problèmes de santé. Pour cette raison, la formule décrite dans le logigramme est extrêmement souple et peut être adaptée à la plupart d'entre nous. C'est cependant l'une des rares situations où je recommande de suivre une formule générale plutôt qu'identifier la démarche unique qui nous convient le mieux. La manière dont nous abordons l'attente vigilante, l'acceptation ou le changement actif sera bien sûr influencée par ce qui est bon pour nous, nos systèmes de soutien et nos circonstances et objectifs spécifiques.

CES CONFIDENTS QUI ALLÈGENT VOS FARDEAUX

Personne ne peut jamais être réellement préparé à une tragédie, prêt à affronter l'adversité ou une crise liée à la santé. Néanmoins, comme lorsqu'on transporte une roue de secours dans son coffre ou qu'on fait renforcer les fenêtres de sa maison, on peut rassembler les outils qui seront nécessaires quand cette sombre journée adviendra inévitablement. Un de ces outils, tout à fait indispensable, est le soutien social. Comme je l'ai évoqué au chapitre 2, on obtient des effets quasi magiques lorsqu'on peut partager ses soucis avec un ami, un compagnon, un amant, un membre de sa famille ou même un animal de compagnie.

S'appuyant sur plusieurs décennies de recherche sur l'importance des relations, David Myers, auteur à succès de manuels psychologiques, est arrivé à cette conclusion : « Il y a peu de meilleurs remèdes au malheur qu'une amitié intime avec quelqu'un qui vous aime profondément. Se confier est bon pour l'âme et pour le corps[28]. » Comme j'y ai fait allusion plus haut, en présence de soutien social, notre corps réagit au stress de manière moins aiguë. Un compagnon – humain ou animal

– réduit notre rythme cardiaque et notre pression sanguine quand nous accomplissons une tâche difficile ou stressante, par exemple, attendre nos derniers résultats chez le médecin[29] ; avoir quelqu'un près de nous (ou même simplement sa photographie !) rend la douleur bien moins intense[30].

Les avantages du soutien social pour la santé sont particulièrement à prendre en considération quand nous venons de faire l'objet d'un diagnostic grave. Par exemple, en matière de maladie chronique, avoir dans notre vie deux ou trois proches sur qui compter est un facteur protecteur aussi important que des facteurs de risque reconnus comme la tabagie, une pression sanguine élevée, l'inactivité et l'obésité[31]. Les femmes qui jouissent d'un bon soutien social vivent 2,8 années de plus que celles qui en sont dépourvues, et la différence est de 2,3 années pour les hommes[32]. Si cette découverte ne vous impressionne pas, songez que le soutien social nous met à l'abri du déclin des fonctions cognitives qui précède la démence[33], nous évite d'attraper des rhumes, et améliore nos chances en cas de maladie cardiaque ou de cancer[34].

En somme, s'il y a bien un remède miracle pour la santé et le bonheur, c'est le soutien social. Maintenir des relations étroites, épanouissantes et émotionnellement protectrices est sans doute le meilleur moyen de se préparer à de mauvaises nouvelles, à une crise ou à une tragédie. Quand le funeste événement se produit, vos amis seront là pour vous aider à faire face – concrètement, émotionnellement et financièrement –, vous vous remettrez plus vite, avec plus de force et de courage.

Les femmes qui jouissent d'un bon soutien social vivent 2,8 années de plus que celles qui en sont dépourvues, et la différence est de 2,3 années pour les hommes.

CONSTRUIRE UN LEGS, UN OBJECTIF, UN SENS

Tout diagnostic défavorable suggère que nous nous approchons de la mort. Avec cette conscience accrue de notre mortalité, jointe à notre instinct de conservation, vient une anxiété intolérable. Les chercheurs pensent que nous pouvons gérer cette anxiété grâce à la quête de sens dans notre vie[35]. Certes, nous craignons la mort, mais nous craignons encore plus de mourir privés de sens et d'amour. Nous sommes donc poussés à accomplir quelque chose qui donnera de l'importance à notre vie et laissera au monde une marque plus durable que notre existence individuelle.

Votre vie actuelle a-t-elle un sens, un but ? Les affirmations ci-dessous proviennent de deux échelles distinctes mais liées[36] : l'une mesure notre sentiment d'appartenance, notre impression d'avoir un sens (affirmations 1 à 5), l'autre détermine si nous traversons une crise de sens, si nous jugeons que notre vie est vide et dénuée de signification (affirmations 6 à 10). À vous de voir pour chaque phrase si vous êtes d'accord, pas d'accord, ou sans opinion.

QUESTIONNAIRE DU SENS DE LA VIE

1. Je pense qu'il y a du sens dans ce que je fais.
2. J'ai une mission dans la vie.
3. J'ai le sentiment d'appartenir à un tout plus vaste.
4. Je mène une vie épanouie.
5. Je pense que ma vie a un sens plus profond.
6. Quand je pense au sens de ma vie, je ne trouve que du vide.
7. Ma vie me paraît dénuée de signification.
8. Je ne vois aucun sens à ma vie.
9. Je souffre de ne voir aucun but à ma vie.
10. Ma vie me paraît vide.

La bonne nouvelle, c'est que l'impression d'avoir une existence pleine de sens augmente régulièrement à partir de l'âge adulte. Ce sentiment est au plus bas à l'adolescence, il est en hausse constante jusqu'à 35 ans, reste stable de 35 à 45 ans, puis recommence à s'élever[37]. Pourtant, un recul effrayant peut nous pousser à nous demander ce que nous faisons sur cette terre. Si vous êtes en désaccord avec l'une des cinq premières affirmations et si vous êtes d'accord avec l'une des cinq dernières, je vous recommande de faire de la quête de sens une de vos priorités.

Il existe bien des façons de trouver un sens ou un but. Vous pouvez déterminer les critères selon lesquels vous jugerez votre vie et, à partir d'aujourd'hui, décider de vivre chaque journée de manière à ce que votre existence soit une réussite. Le parcours de Jesse, 12 ans, a commencé par une double vision, qui s'est avérée être le premier symptôme d'une tumeur au cerveau. Dans les deux mois qui suivirent le diagnostic, elle subit une chimiothérapie, trente séances de radiations et d'innombrables consultations médicales. Durant les premiers jours à l'hôpital, elle passait des heures à pleurer, mais, après un moment, elle a fini par se tourner vers les autres patients. Jesse a découvert qu'elle se liait facilement avec les enfants et les adolescents hospitalisés qui ne pouvaient rentrer chez eux entre deux traitements. Au lieu de ruminer sur son propre cas et laisser la maladie la définir, elle s'est mise à penser aux autres. Avec l'aide de sa famille et de son église, elle a créé une fondation à but non lucratif, où les donateurs peuvent envoyer des « pots de joie » aux enfants, des boîtes remplies de tee-shirts, de bonbons, de jouets et d'autres objets en fonction de l'âge du destinataire. Chaque « pot » vendu permet d'en acheter un autre à offrir. Même si l'issue finale est incertaine, tant que Jesse est en vie, elle a trouvé un sens en remontant le moral des autres jeunes patients et en les encourageant à ne jamais baisser les bras dans leur lutte contre la maladie[38].

Comme pour Jesse, la quête de sens peut s'enraciner dans le désir d'aider d'autres personnes qui souffrent, mais pas nécessairement. Beaucoup d'entre nous trouvent un sens en rattachant leur existence à quelque chose d'extérieur. Il peut s'agir d'autres êtres (transmettre nos valeurs à nos enfants, qui nous survivront, ou améliorer la vie des moins favorisés), d'institutions (être bénévole dans une école ou un organisme de protection de l'environnement), de systèmes de valeurs (tenir un blog consacré à la recherche sur les cellules souches, la sécurité automobile ou n'importe quel sujet qui nous tient à cœur), de Dieu (prier ou faire du prosélytisme). Fondamentalement, nous tâchons d'atteindre ce que les chercheurs appellent l'« immortalité symbolique » ou un legs personnel positif : avoir un enfant ou réaliser une œuvre d'art qui vivra plus longtemps que nous, croire en l'au-delà, investir dans le bien-être des générations futures (via l'activisme communautaire, par exemple), ou offrir à quelqu'un un meilleur avenir (en lui dispensant des leçons ou des conseils).

On peut donner un sens à sa vie de bien des manières, tout dépend de l'adéquation entre nos valeurs et préférences et les activités que nous décidons d'entreprendre (l'art si nous avons un tempérament artistique, la religion si nous sommes croyants, le service de la communauté si nous sommes sociables, la réussite technique si nous sommes scientifiques[39]). Par conséquent, même si nous sommes terrifiés par un diagnostic médical ou par la mort qui s'approche, le sentiment d'appartenir à quelque chose de plus vaste que nous – notre église, notre famille ou même notre nation – nous permet d'orienter le reste de notre vie et nous offre une plus grande impression de sécurité[40].

L'ESPRIT BIEN PRÉPARÉ

« Les résultats de votre test sont positifs » : ces mots comptent parmi les plus terribles que nous puissions entendre. À ce moment, le carrefour où nous nous trouvons propose de nous vautrer dans le désespoir ou d'aller de l'avant, de vivre au présent ou d'empoisonner notre avenir. Dès que nous aurons rejeté l'idée que notre situation met un terme à notre bonheur, nous serons prêts à agir, à accepter, à nous adapter, ou à tirer le meilleur parti de chaque être et de chaque jour. S'il peut d'abord paraître impensable d'avancer ou de savourer l'instant présent, ne vous inquiétez pas. La théorie du mobiliser-minimiser indique que nos premières réactions, souvent composées de pensées douloureuses, seront éphémères, et que les réactions saines, à long terme, prendront du temps à se mettre en place.

Au lieu de vous apitoyer sur votre sort, fixez-vous comme objectif hebdomadaire l'une au moins des recommandations que j'ai formulées, selon ce qui vous paraît le mieux pour vous. Par exemple, vous pouvez choisir de vous créer un réseau de soutien social ou de renforcer celui que vous avez déjà (téléphoner à un vieil ami, lui prêter une oreille compatissante) ou améliorer vos facultés d'attention en apprenant à méditer. Vous pouvez aussi décider de vous fixer chaque jour un moment à jouir de la nature (même si cela signifie contempler les nuages à travers la fenêtre quand il fait trop froid) ou pour apprendre quelles situations vous mettent de bonne humeur afin de les répéter régulièrement. Enfin, faites au moins un pas par semaine dans la direction qui vous aide à trouver un but dans votre vie et à construire votre legs.

CHAPITRE 9
Je ne peux pas être heureux si… je sais que je ne serai jamais médecin ou astronaute

- Je ne serai jamais médecin ou astronaute.
- Je ne jouerai jamais dans l'équipe des Yankees.
- Je ne coucherai jamais avec un mannequin.
- Je ne serai jamais premier violon ou danseuse étoile.
- Je ne vivrai jamais en Italie.
- Je n'aurai jamais d'enfants.
- Je ne gagnerai jamais autant d'argent que Warren Buffett.
- Je ne serai jamais invité au show télévisé d'Oprah Winfrey.
- Je ne serai jamais mince.

Nous avons tous des rêves. Il y en a qui reviennent régulièrement et dont nous faisons part à notre entourage. Il y en a qui remontent à nos jeunes années ou à notre enfance et que nous avons gardés enfouis dans un coin de notre esprit. Par exemple, mon ancien camarade de classe Jason, après de nombreux succès, a renoncé à son rêve de devenir champion olympique de tir sur cible mobile, et ma vieille amie Jennifer, après dix ans de cours de théâtre et de chant, d'auditions et de refus, a finalement abandonné son rêve de se produire à Broadway. Jennifer et Jason ont tous deux consacré des années de leur vie à suivre leur rêve, et tous deux ont échoué. Mais lorsqu'ils contemplent leur passé et avouent leurs regrets, Jennifer est amère, elle préfère oublier tous les souvenirs de sa vie d'actrice, alors que Jason est content, fier de ses efforts et de ses premières réussites. Pourquoi les gens réagissent-ils aussi différemment ? À mon avis, tout dépend si nous pensons encore pouvoir être heureux alors que notre rêve ne s'est pas réalisé. Si nous nous efforçons de corriger notre perspective, nous pourrons apprendre à aborder nos regrets de façon plus positive, plus mature et plus satisfaisante.

Quand la porte se ferme sur un rêve longtemps caressé, cela nous affecte profondément, même si nous y avions renoncé de longue date, même si nous n'avons jamais cru pouvoir l'atteindre, même s'il nous manquait le talent ou la motivation nécessaires. Si vous avez peur de l'altitude, pourquoi regretter de n'avoir jamais pris l'avion ? Hélas, l'être humain n'est pas toujours entièrement rationnel. Ce chapitre montre comment s'épanouir et progresser face à la déception, au remords et au regret.

VERS PLUS DE COMPLEXITÉ, DE MATURITÉ ET DE BONHEUR : EXPLORER VOTRE « MOI POSSIBLE PERDU »

Professeur à l'université du Missouri-Columbia, Laura King étudie le « moi possible perdu », ces objectifs auxquels nous avons renoncé, et notre réaction à ces différents aspects de notre personnalité[1]. Son travail se concentre sur trois groupes de personnes, chacune possédant un ensemble de « moi possibles perdus ». Le premier se compose de parents dont les enfants sont atteints du syndrome de Down : ces enfants ne seront jamais autonomes, ils n'auront jamais ni carrière ni famille. Le deuxième groupe rassemble des homosexuels hommes et femmes, qui ne connaîtront jamais le modèle familial traditionnel que leurs parents souhaitaient pour eux ; ils ne seront pas aussi pleinement acceptés par la société que les hétérosexuels. Le dernier groupe réunit des femmes divorcées après de nombreuses années, qui ont peu de chances de vieillir avec le partenaire qu'elles ont longtemps aimé. Si différentes que soit la situation de ces personnes, la façon dont l'histoire de leur vie se déroule – et la façon dont ils envisagent leurs objectifs perdus – a des conséquences importantes pour nous tous, qui avons notre fardeau unique de « moi » perdus.

Commençons par le présupposé selon lequel les déceptions, les faux pas et les regrets sont inévitables dans la vie[2]. 90 % d'entre nous avouent avoir de sérieux regrets[3]. Même si nous nous sentons mal quand nous pensons aux choses que nous aurions pu faire mais n'avons pas faites, aux choses que nous avons faites mais n'aurions pas dû faire, ou aux choses horribles qui nous arrivent et sur lesquelles nous n'exerçons aucun contrôle, Laura King affirme que seul un individu mûr peut réellement accepter et affronter ses regrets, songer à ce qui aurait pu être. Et le fait d'envisager ses regrets peut en soi accélérer la maturation. Avoir des moi possibles perdus, des projets et des objectifs ratés peut donc être perçu comme une occasion de mûrir et de devenir un être humain plus complexe et finalement plus heureux.

Comment cela arrive-t-il ? Après tout, renoncer à notre plus cher objectif est extrêmement difficile. Nous devons faire face à l'idée que nos talents et nos ressources ne suffisent peut-être pas. Cela signifie accepter la possibilité que nous avons eu tort de viser aussi haut, qu'il s'agisse de jouer dans un groupe rock, de vivre dans un chalet en montagne ou d'avoir trois enfants. Et, bien sûr, cela signifie se résigner au fait qu'on ne jouira jamais

---

Selon les psychologues, pour se décharger de tous ses regrets, il faut se libérer des moi possibles perdus – le moi qui aurait pu être neurochirurgien, le moi qui aurait pu être grand-père, le moi qui aurait été si séduisant, le moi qui aurait été chef d'entreprise.

des avantages liés au succès. Pourtant, selon les psychologues, pour se décharger de tous ses regrets, il faut se libérer des moi possibles perdus – le moi qui aurait pu être neurochirurgien, le moi qui aurait pu être grand-père, le moi qui aurait été si séduisant, le moi qui aurait été chef d'entreprise[4]. En un sens, ce moment du bilan peut s'apprendre. Laura King décrit ce processus comme la consultation d'un plan de notre vie. Autrement dit, imaginez que chaque année, vous avancez sur une carte qui inclut une ligne du temps, des lieux, des objectifs et des situations. Quand un objectif particulier – devenir associé dans votre cabinet d'avocats, par exemple – devient impossible à atteindre, nous devrions consulter cette carte imaginaire, trouver le point « Vous êtes ici » et nous demander : « Comment suis-je arrivé là ? » et « Où vais-je ?[5] ».

Si votre fantasme a toujours été de jouer dans l'équipe des Yankees ou des Mets[6], de visiter la Chine ou d'avoir des neveux, y renoncer exige un travail psychologique, travail qui peut déboucher sur une nouvelle prise de conscience et construire une personnalité complexe. Dans le cadre de sa recherche, King pose une question douloureuse : « Votre vie aurait-elle été formidable si … [vous n'aviez pas divorcé, votre enfant ne souffrait pas du syndrome de Down, vous étiez hétéro et non gay] ? » Les réponses sont extraordinairement révélatrices. L'analyse de centaines de récits d'un avenir dont les gens rêvaient jadis, avenir qui n'est plus possible, suggère comment nous pouvons tous atteindre cet état optimal, celui d'un individu qui accepte les pertes légitimes dans sa vie et dont le bonheur s'enracine dans la réalité. Cet « adulte heureux et complexe », selon King, est humble, courageux et son existence a un sens.

S'il paraît difficile de trouver cet équilibre, nous pouvons nous rassurer : beaucoup de gens y parviennent, en admettant que la vie ne se déroule pas toujours comme ils le voudraient, qu'elle leur oppose parfois des défis, des obstacles insurmontables, et que même les événements perturbants et traumatiques ont une valeur inestimable pour leur croissance et leur développement. En songeant à nos promesses perdues, nous acquérons donc une nouvelle perspective, qui nous permet de mieux nous comprendre et de mieux comprendre notre vie, de définir de nouvelles priorités et d'envisager un nouvel avenir. En d'autres termes, examiner nos regrets nous pousse à nous lancer vers de nouveaux objectifs.

Mais comment pouvons-nous être heureux si nous réfléchissons intensément à nos objectifs abandonnés ? Toute cette introspection ne risque-t-elle pas simplement de nous inspirer encore plus de tristesse et de regrets ? Si, bien sûr. Mais nous devons le faire, nous devons nous avouer que nous avons perdu une part de nous-mêmes que nous chérissions et, en même temps, nous ne devons pas laisser cette perte nous consumer. Nous devons admettre nos regrets et les obstacles que nous avons rencontrés. Mais il y a une nouvelle démarche essentielle : avancer en nous engageant en faveur d'autres objectifs, en partie modelés par nos échecs. Nous devons essayer de nous concentrer sur les possibilités enthousiasmantes qui nous attendent. Mon camarade Jason y est très bien parvenu, en affrontant sans détour ses regrets de ne jamais être devenu champion, en les acceptant et en décidant de se tourner dans une direction radicalement différente : le golf, pratiqué en amateur et non en professionnel. Au lieu d'interpréter ses choix en noir et blanc (« Soit je deviens joueur professionnel, soit je ne jouerai plus jamais »), il s'est propulsé vers un nouvel objectif qui tient compte de ses passions et de ses forces, s'ouvrant ainsi un avenir plus complexe et plus satisfaisant. Jennifer, à l'inverse, ne s'est jamais donné la chance d'admettre et de dépasser les regrets que lui cause l'échec de sa carrière d'actrice ; elle a mis à la poubelle tous les souvenirs de son passé, au sens propre comme au figuré. Jennifer pensait qu'examiner ses regrets serait trop douloureux, mais comme le montre la science, la réflexion profonde et élaborée que nous devons tous avoir sur « ce qui aurait pu être » est le prix à payer – sous la forme de malheur temporaire et de regrets – pour l'avantage suprême de devenir une personnalité plus riche, plus complexe, plus mûre et plus heureuse.

King affirme que lorsque nous reconnaissons nos regrets, nous nous rendons vulnérables, et cela exige du courage. Après tout, nous nous sommes avoué qu'il est risqué d'attendre quoi que ce soit de la vie, mais nous continuons à poursuivre de nouveaux objectifs. Je trouve cette situation semblable à celle d'une personne qui se rend vulnérable en aimant (un enfant ou un conjoint) à tel point qu'elle en souffre ; cette personne aussi est courageuse. La mère d'un enfant atteint du syndrome de Down a fait cette déclaration sur le trajet accompli depuis l'époque où elle a accouché jusqu'aux mois et aux années qui ont suivi :

« J'étais sur la voie de la découverte de moi-même [...]. Je cherchais un objectif plus clair. Être une mère, être une épouse, être une infirmière, ce n'était pas assez : je voulais accomplir ma destinée. Je voulais poursuivre ma quête de développement personnel. Eh bien, mon fils est né. Tout a été mis à l'épreuve : mes valeurs, mes croyances, mes amitiés, mes vœux de mariage, etc., mais maintenant je suis de l'autre côté [...]. Je suis repartie sur la voie et je ne pourrais être plus heureuse. Je suis plus forte, j'ai plus d'expérience, et Dieu sait que j'ai plus de compassion et d'humilité[7]. »

Voilà une personne qui a réussi à transformer une expérience douloureuse en un « nouveau moi possible » et en est sortie plus heureuse et plus mûre.

King a établi dans ses études qu'accepter nos regrets peut aussi renforcer notre sens de l'humour, nous rendre plus compatissants envers ceux qui souffrent, et nous inspirer une profonde gratitude. Songez donc à la vie merveilleuse que vous auriez menée si vous aviez eu le travail, ou le partenaire, la maison, le corps que vous avez toujours désiré, mais vous savez maintenant que vous ne l'aurez jamais. Écrivez à ce sujet, parlez-en à un proche. Ce sera douloureux, mais vous finirez peut-être par reconnaître votre regret, par l'incorporer à votre identité, et par avancer vers de nouveaux objectifs réorientés : vous pourrez vous diriger vers le bien qui vous attend encore.

MAIS NE RUMINEZ PAS !

Beaucoup de psychologues seraient perplexes en m'entendant conseiller de plonger dans l'introspection de vos regrets et déceptions les plus profonds. Après tout, quantité de recherches – dont certaines émanant de mon propre laboratoire – révèlent que s'attarder sur ses pensées et sentiments négatifs peut susciter toutes sortes de conséquences déplaisantes[8]. Ceux d'entre nous qui ruminent, se focalisent sur eux-mêmes et s'inquiètent sont relativement plus susceptibles de prolonger leur détresse, de se sentir pessimistes et privés de contrôle sur leur vie, de porter sur eux-mêmes un regard désapprobateur, de manquer de motivation, d'avoir du mal à se concentrer, et de se laisser piéger dans leurs problèmes. S'il existe une recette miracle pour créer toujours plus de malheur et des problèmes de plus en plus gros, ce pourrait bien être l'habitude de ruminer (ou de ressasser certaines choses).

Alors comment pourrait-il être bon pour nous de réfléchir à notre moi possible perdu, s'il est prouvé que la réflexion sur les points négatifs est généralement toxique ? La solution à cette contradiction apparente est en réalité bien simple. Il existe différents *types* de réflexion, les uns pleins d'avantages, les autres pleins d'inconvénients[9]. Certaines réflexions – lorsqu'elles sont délibérées, analytiques, philosophiques, curieuses, intellectuelles ou pleinement conscientes – peuvent être enrichissantes. D'autres – lorsqu'elles sont circulaires, intrusives, névrotiques et incontrôlables – sont en général perturbantes.

La recherche sur ces deux types de réflexion suggère que lorsque nous songeons à nos occasions manquées, à nos objectifs abandonnés et à nos profonds regrets, nous devrions les aborder de façon systématique, analytique, étape par étape. Si c'est possible, nous devrions utiliser l'écriture. Par exemple, nous pourrions tenir un journal où nous décrivons les faits de notre expérience, ainsi que les pensées qu'ils nous inspirent. Nous pouvons aussi dresser un bilan avec le positif et le négatif de ce qui est arrivé et de ce qui aurait pu arriver.

Surtout, nous ferions bien de ne pas nous enfoncer dans la rumination. Deux signes doivent nous alerter. D'abord, nous revenons constamment sur les mêmes pensées ou sentiments, sans les comprendre mieux, sans prendre plus de décisions. Autrement dit, nous avons l'impression de tourner en rond. Ensuite, il nous semble ne pas maîtriser cet exercice, comme si les pensées ou les images surgissaient d'elles-mêmes dans notre esprit. Si vous repérez ces signes, essayez de détourner votre attention en vous concentrant sur des idées neutres ou agréables, en vous immergeant dans une activité absorbante (jouer à un jeu vidéo, regarder un film comique, aider quelqu'un). Entre autres stratégies attestées pour lutter contre la rumination douloureuse, vous pouvez aussi remettre votre réflexion à plus tard (et ne jamais la reprendre), parler à un ami qui a la tête froide, prier et méditer[10]. Après avoir essayé ces approches, vous pourrez revenir à l'examen de votre moi possible perdu, quand vous serez d'humeur neutre et positive, et idéalement dans un cadre différent. Des chercheurs ont suivi des femmes au cours de onze années, de 36 à 47 ans, et ont découvert que celles qui avaient tendance à ruminer sur leurs doutes et leurs déficiences étaient incapables de transformer ces regrets en changements positifs[11].

ENVISAGEZ LES « SCÉNARIOS CONTREFACTUELS » DE VOTRE VIE

Le concept de regret a des connotations résolument négatives dans la culture occidentale. Pourtant, la recherche suggère que le regret n'est ni bon ni mauvais : tout dépend de ce que nous en faisons[12]. La même conclusion vaut pour un concept lié, celui de *scénario contrefactuel*. Alors que le regret porte sur les options à jamais fermées (« Je ne ferai jamais X »), les scénarios contrefactuels désignent tout ce qui « aurait pu être », toutes les possibilités inexplorées de la vie (« Qui serais-je à présent si j'avais fait X ? »). Au lieu de ressasser nos regrets de façon névrotique ou passive, nous devrions plutôt envisager méthodiquement les scénarios contrefactuels de notre vie. Par exemple, nous pouvons nous demander quel tour aurait pris notre existence « si seulement » nous avions envisagé nos études avec plus de sérieux, si nous étions monté dans tel avion pour l'Europe, si nous n'avions pas dit oui tel soir fatal. Il est important de noter que les scénarios contrefactuels peuvent prendre une orientation positive ou négative. Nous pouvons démonter mentalement les événements heureux (« Et si je n'avais jamais rencontré mon mari ? ») ou malheureux (« Et si j'avais refusé cette liaison ? »). On pourrait croire que songer aux « si seulement » devrait nous affliger, mais les chercheurs ont récemment découvert que cela confère plus de sens à notre vie, un plus grand sentiment de connexion, de motivation, de progression. Comment est-ce possible ? Me demander ce que serait devenue ma vie si je n'avais pas subi la mort d'un être cher ou si je n'avais pas obtenu cet entretien d'embauche peut m'aider à apprécier les transitions essentielles de mon existence et à voir dans une perspective plus large l'importance de ces événements.

J'avoue que cette logique va un peu à l'encontre de notre intuition. Après tout, songer à ce que notre vie « aurait pu être » semble être une formule garantie pour apprécier l'arbitraire des choses. Par exemple, j'ai rencontré mon mari par hasard, lors d'une soirée de charité organisée par la vodka Absolut au Musée d'art contemporain de Los Angeles. Nous nous sommes souvent dit que si nous ne nous étions pas croisés ce soir-là, il n'y avait aucune chance que nous finissions ensemble, puisque nous ne vivons pas dans les mêmes sphères sociales ou professionnelles. De temps en temps, je songe que si l'un de nous deux avait fait quelques pas plus à gauche ou plus à droite ce soir-là, mon mari, mes enfants et ma maison pourraient être soustraits à ma vie actuelle. Cependant, au lieu d'en conclure que mon existence est le fruit du hasard, cet exercice contrefactuel me fait penser que notre rencontre décisive était prédestinée ou devait se produire. Réfléchir sur le pourquoi et le comment de cette rencontre m'aide à relier les points, cela devient un élément de mon histoire, un fragment de mon identité, et tout cela donne un sens personnel à ma vie. D'un autre côté, songer à ce que notre vie aurait pu être si un *malheur* n'était pas arrivé s'avère aussi précieux, car cela nous aide à accepter les tours et les détours de notre parcours, si pénibles qu'ils aient été, à y voir une forme de prédestination, et à reconnaître tout le bien qui en a découlé. Par exemple, vous étiez accablée quand vous êtes devenue veuve très jeune, mais à présent vous aimez les trois beaux enfants de votre deuxième mari.

Penser à « Et si j'avais… » ou à « Et si je n'avais pas… » fait partie de notre vie : nous pratiquons sans cesse la pensée contrefactuelle, et les chercheurs considèrent que c'est une partie essentielle d'un fonctionnement sain[13]. Dès aujourd'hui, passez en revue votre histoire personnelle et notez au moins une décision cruciale que vous avez prise, au moins un triomphe ou succès que vous avez connu, au moins un acte irréfléchi, et au moins un coup de chance ou de malchance. Ensuite, démontez-les mentalement.

Quand nous décortiquons mentalement une décision malheureuse, nous apprenons quelque chose d'important sur nous-mêmes, qui nous prépare à prendre de plus sages décisions à l'avenir. Et quand nous décortiquons mentalement un événement heureux, nous lui conférons plus de force et de substance. Par exemple, dans une série d'études, on demandait aux participants

---

Penser à « Et si j'avais… » ou à « Et si je n'avais pas… » fait partie de notre vie : nous pratiquons sans cesse la pensée contrefactuelle, et les chercheurs considèrent que c'est une partie essentielle d'un fonctionnement sain.

de décortiquer le fait qu'ils avaient été acceptés dans l'université de leur choix, qu'ils n'avaient jamais eu d'excellent ami intime, ou qu'un certain virage essentiel n'avait pas été pris[14]. Dans tous les cas, par rapport à un groupe de contrôle, ceux qui pratiquaient cet exercice finissaient par donner plus de sens à leurs choix, à leurs amitiés et aux grands tournants de leur vie ; autrement dit, ils concluaient que tout cela « devait arriver » ou constituait un « moment décisif ». Même si cette logique peut paraître étrange, ces participants semblaient conclure : « Quelque chose d'aussi improbable n'aurait pas pu se produire par hasard. Donc c'était le destin[15]. »

TROUVER LA COHÉRENCE AUTOBIOGRAPHIQUE

Quand nous atteignons l'âge adulte, et surtout l'âge mûr, nous avons l'occasion de porter un regard rétrospectif sur notre vie, de passer en revue nos triomphes et nos regrets, et d'envisager l'histoire que nous voulons conter. Ces histoires ou « récits de vie » sont importants, par leur contenu comme par l'acte de conter. Depuis plusieurs décennies, les psychologues explorent comment les histoires que nous écrivons à propos de notre existence modèlent notre perception de nous-mêmes, influencent notre comportement quotidien et ont un impact sur notre bonheur. Avoir une autobiographie cohérente nous aide à accepter notre passé et à moins redouter l'avenir. Autrement dit, nous allons mieux si nous pouvons construire un récit racontant comment nous sommes devenus ce que nous sommes aujourd'hui et comment notre avenir se déroulera, en conférant ordre et importance à notre vie. Par exemple, au lieu de regretter de n'avoir pas passé plus de temps avec notre sœur quand elle était très malade, nous en venons à comprendre comment sa lutte contre le cancer nous a poussés à passer la deuxième moitié de notre carrière à aider les autres. Nous sommes plus heureux et notre vie a plus de sens quand nous pouvons interpréter notre existence comme davantage qu'une série de moments isolés, flottants, et que nous pouvons transformer ces moments en éléments critiques d'un voyage significatif. Nous sommes plus à l'aise dans notre vie si nous pouvons convertir un avenir incertain en suite d'événements prévisibles.

Dans le film réalisé par Ingmar Bergman en 1957, *Les Fraises sauvages*, le protagoniste, un vieux médecin suédois apparemment bienveillant, est hanté par des regrets liés à son passé et par les images de sa mort imminente[16]. Contraint de réévaluer sa vie, il entreprend un voyage littéral et métaphorique, de plus de 500 kilomètres, au cours duquel il rend visite aux personnes et aux lieux qui lui rappellent tous les tournants de son existence : sa mère qu'il admire mais qui est une femme méchante, son enfance au bord de la mer, la jeune fille qu'il aimait et qui préféra épouser son frère plutôt que lui, son couple déchiré par des querelles amères. Se reconnaissant dans ces souvenirs et dans les personnages de sa vie, le médecin s'accepte peu à peu et parvient à instiller dans son histoire une cohérence et un sens qu'elle n'avait pas auparavant.

Le médecin suédois réussit une chose que nous devrions tous viser ; les chercheurs l'appellent « cohérence autobiographique ». Pour la trouver, il faut parfois un voyage mental dans le temps, pour remonter aux moments de notre enfance, découvrir les origines de nos succès et de nos échecs actuels comme conjoint, grand-parent, collègue ou ami. Bergman racontait avoir eu l'idée des *Fraises sauvages* pendant un long trajet en voiture à travers la Suède. Après s'être arrêté à Uppsala, sa ville natale, et être passé devant la maison de sa grand-mère, il imagina la

---

La recherche montre qu'en mettant leur passé par écrit, les gens parviennent à donner un sens et un ordre aux événements importants de leur vie, ce qui leur permet d'accepter ces événements et de se réconcilier avec leurs regrets.

possibilité d'ouvrir une porte pour revivre son enfance. Et si nous pouvions tous en faire autant avec les différentes périodes de notre vie ? La recherche montre qu'en mettant leur passé par écrit, les gens parviennent à donner un sens et un ordre aux événements importants de leur vie, ce qui leur permet d'accepter ces événements et de se réconcilier avec leurs regrets. Cette mise par écrit peut nous aider à nous reconnecter avec les personnes, les lieux et les activités de notre passé, et nous donner un sentiment de cohérence autobiographique. Il ne s'agit pas seulement de décrire les faits biographiques (« J'ai été maltraitée », « Je vivais en Pennsylvanie »), mais d'aller au-delà en s'appropriant de manière sélective certains souvenirs ou aspects de notre expérience (des souvenirs chéris ou des traditions familiales symboliques) de manière qui fait sens pour nous[17]. Ainsi, au lieu de ressasser toutes les façons dont nous aurions pu agir plus vertueusement ou plus sagement, nous redonnerons vie à nos expériences passées et nous ajouterons du sens à notre vie.

PRENDRE UN RISQUE PAR MOIS : UNE SOLUTION POUR ÉVITER LES REGRETS

Que regrettez-vous le plus, en général ? Ce que vous n'avez pas fait (vous n'avez pas suivi cette fille jusqu'à l'autre bout du pays, vous n'avez pas tenté des études de médecine, vous n'avez pas accepté cet emploi en Arabie saoudite) ou ce que vous avez fait (vous vous êtes ridiculisé à la fête de Noël au bureau, vous avez vécu une passion vouée à l'échec) ? Si vous êtes comme les participants de certaines études psychologiques, c'est ce que vous n'avez pas fait[18]. Pourquoi donc ?

Premièrement, parce qu'il est plus facile de rationaliser l'action que l'inaction

Les êtres humains sont très doués pour se persuader que les gaffes et les mésaventures leur ont en réalité fait du bien.

Peut-être cette expérience nous aura-t-elle appris le courage, la tempérance, le sens de l'humour. Peut-être nous aura-t-elle fait prendre conscience de notre capacité d'amour, de résistance ou de tolérance. Peut-être nous a-t-elle fait comprendre qui sont nos vrais amis ou quelles devraient être nos vraies priorités. Peut-être a-t-elle eu des conséquences authentiquement positives (le merveilleux enfant que nous avons eu neuf mois après cette nuit lamentable, tout ce que nous avons apporté à un emploi que nous regrettons). Il est aussi plus facile d'agir pour réparer, défaire ou compenser une gaffe qu'un manque d'action. Par exemple, nous pouvons présenter nos excuses après avoir blessé quelqu'un, ou nous pouvons changer d'emploi. Si vous regrettez de vous être marié, vous pouvez divorcer, mais si vous regrettez de ne pas avoir épousé votre petite amie du temps de l'université, vous risquez fort de vivre jusqu'à la fin de vos jours confronté au fait qu'elle n'est plus disponible.

Deuxièmement, parce que le regret lié à une inaction s'amplifie avec le temps

Même si nous regrettons davantage ce que nous avons fait (mais aurions aimé ne pas faire) aussitôt après, ce genre de regret, où l'on se sent désolé, coupable, furieux, etc., s'estompe très vite, alors que le regret lié aux choses que nous n'avons pas faites mais aurions aimé faire s'atténue plus lentement et peut même s'intensifier avec le temps. Autrement dit, le regret lié à une inaction (« J'aurais dû travailler plus à la fac », « J'aurais dû le plaquer à ce moment-là », « Je regrette de ne jamais avoir quitté ma ville natale ») est plus troublant et douloureux à mesure que le temps passe. C'est en partie parce que les raisons initiales pour lesquelles nous n'avons *pas* agi deviennent plus floues. Par exemple, si nous n'avons pas eu l'assurance de faire la cour à l'homme idéal ou d'entreprendre des études de droit, cette raison paraît beaucoup moins valable bien des années plus tard.

Troisièmement, parce que les conséquences de l'inaction sont sans bornes

Quand nous envisageons les choses que nous n'avons pas faites, nous pouvons imaginer un nombre quasi infini de conséquences qui auraient pu en découler. Ce fantasme devient tout à fait irréaliste, comme le bonheur conjugal dont nous aurions pu jouir si nous avions épousé Éric. Pourtant, quand nous prenons en compte les sottises que nous avons commises, les raisons peuvent avoir été fortes (« Mais cet emploi semblait parfait, à l'époque, dans une belle ville, avec un salaire extraordinaire »), alors que les conséquences de l'acte malheureux sont en nombre limité et rarement très graves. Avec le temps, elles perdent même toute importance. Après avoir échoué quelque part, après avoir commis un acte stupide ou même méchant, quand vous vous demandez « Cela comptera-t-il encore dans un an[19] ? » (ou dans cinq ans), la réponse est très souvent non.

Et enfin, c'est la faute à Zeigarnik

Si nous risquons plus de regretter une inaction qu'une action, cela tient peut-être à l'« effet Zeigarnik » : du nom du psychologue soviétique qui l'a découvert, ce phénomène nous rend plus susceptibles de nous rappeler un travail inachevé qu'une tâche accomplie[20]. Donc, quand nous ne *faisons pas* une chose, ou que nous ne terminons pas ce que nous avons commencé, ou que nous sommes interrompus, nous tendons à ressasser longtemps cette chose. Pourquoi ? Probablement parce qu'une inaction regrettable inclut souvent des occasions que nous n'avons pas su saisir, pour lesquelles nous n'aurons pas de seconde chance, et le sentiment de ne pas avoir achevé le travail entamé maintient plus longtemps en vie ce moment du passé. Les actions regrettables, au contraire, sont souvent finies depuis longtemps et appartiennent entièrement au passé : oui, nous avons fait une bêtise, mais ce qui est fait est fait, l'histoire est écrite, et l'affaire est classée.

La solution, c'est de prendre plus de risques

Les implications de cette recherche sont que nous devons avant tout chercher à éviter le regret lié à l'inaction. Une voie évidente est de nous efforcer de modeler notre trajectoire de manière à minimiser le potentiel de tels regrets. Pour y parvenir, je suggère de limiter le nombre d'inactions en prenant plus de risques. Un risque par mois semble un objectif raisonnable. Alors allez-y : sortez de votre zone de confort, étonnez-vous, avancez par tâtonnements, essayez du nouveau, ou saisissez une occasion qui peut même vous faire un peu peur. Vous remarquerez peut-être des possibilités dont vous ne soupçonniez même pas l'existence. Vous dénicherez peut-être en vous un talent, une force, une préférence que vous ignoriez. Une de mes vieilles amies s'est ainsi rendu compte de son potentiel comique, et du plaisir que cela lui procurait, lorsqu'elle s'est engagée dans un cours de théâtre.

La vérité, c'est que bien des chemins peuvent conduire à un but suprême, mais nous devons rester ouverts aux surprises potentielles, aux tournants et aux virages imprévus, avoir la souplesse de nous jeter sur les occasions que d'autres pourraient manquer, ou changer de trajectoire à mi-parcours. En allant à l'épicerie du coin, au lieu d'envisager cette course par une vision en tunnel (sans remarquer notre environnement, sans rien voir d'autre que le lait et le pain à acheter), nous pourrions anticiper une découverte surprise, une rencontre avec un nouvel ami ou collègue. Prendre plus de risques ne signifie pas devenir un fou du volant ou ramener des inconnus chez vous. Il peut tout simplement s'agir de changer de café, d'itinéraire pour aller au travail, ce qui favorise la nouveauté et l'imprévu. Prendre plus de risques, cela peut aussi signifier briser la glace avec notre nouveau voisin, enquêter sur cette nouvelle offre d'emploi, ou dire tout haut ce que nous pensons quand les autres gardent le silence.

On dit que tous les gens qui réussissent sont des ratés. Si vous travaillez à un niveau élevé, que vous soyez entrepreneur sur Internet, chef d'une petite entreprise, écrivain ou homme politique, vous avez sans doute essuyé divers échecs, refus et déceptions avant de parvenir à votre réussite actuelle. Si vous avez des difficultés à oublier les déceptions avant de vous lancer dans l'étape suivante, fixez-vous un risque comme prochain objectif : « Au diable, je veux essayer ! » Même si vous échouez, vous aurez tenté de changer l'idée que vous avez de vous-même pour devenir quelqu'un qui est capable d'agir. Et si cela fonctionne, vous aurez créé une spirale ascendante, un petit succès qui stimule votre efficacité, votre optimisme, votre foi en vous-même, et qui aiguise votre appétit de risques à venir.

DEVENEZ UN « SATISFAISEUR » ET SURMONTEZ LA TYRANNIE DES CHOIX TROP NOMBREUX

Même si j'ai couvert l'essentiel de ce que les chercheurs savent du regret, une cause reste à explorer. Le regret suit souvent les efforts visant à faire le choix parfait, surtout dans une situation où les options abondent. On croirait qu'avoir le choix est un avantage souhaitable, et c'est le cas, si l'alternative est de n'avoir *aucun* choix. Mais les scientifiques ont montré qu'il est néfaste d'avoir *trop* de choix[21], parce que l'incapacité à gérer tous ces possibles entraîne de sérieux regrets.

Quand on les interroge, la plupart des gens déclarent qu'ils préfèrent avoir beaucoup d'options plutôt que peu, qu'il s'agisse du choix d'un emploi, d'un partenaire amoureux, d'une station de radio ou d'un parfum de crème glacée. Pourtant, une fois l'acte de choisir accompli – après avoir choisi l'emploi A, le jeune homme B ou la chaîne C –, ceux d'entre nous qui avaient le choix entre davantage d'options sont moins satisfaits, et sont plus susceptibles d'avoir des regrets[22]. Barry Schwartz, professeur à Swarthmore College, a résumé ce paradoxe dans le titre de son livre, *Le Paradoxe du choix* (il avait d'abord pensé à *La Tyrannie du choix*). Il a également découvert qu'il existait dans le monde deux sortes d'individus. Les uns sont constamment à la recherche de bonnes affaires, ils veulent faire le « meilleur » choix possible (ce sont les « maximiseurs »); les autres se contentent d'un choix « correct » (ce sont les « satisfaiseurs »). Quand je parle aux gens de mon travail sur les maximiseurs et les satisfaiseurs, ils se reconnaissent aussitôt (eux et leurs proches) dans l'une ou l'autre des deux catégories.

Le problème est que, même si les maximiseurs sont prêts à sacrifier leur temps, leur énergie et leurs ressources financières pour faire des recherches onéreuses et examiner méthodiquement toutes les options possibles (je me rappelle une de mes étudiantes qui avait passé des mois à chercher le médecin « parfait » pour lui opérer les yeux, avec non seulement des semaines de recherches sur Internet, mais aussi des entretiens détaillés avec les docteurs, leurs assistants et leurs anciens patients), ils sont finalement plus mécontents de ce qu'ils finissent par choisir (comme le fut cette étudiante). Par exemple, dans une étude qui comparait les maximiseurs et les satisfaiseurs qui recherchaient un emploi, les premiers trouvaient des emplois objectivement meilleurs (avec des salaires de départ supérieurs de 20 %) que les seconds – leurs recherches plus longues et plus intensives s'avéraient peut-être réellement payantes – mais, curieusement, ils étaient moins satisfaits de leur emploi que les satisfaiseurs[23].

Si vous êtes un maximiseur, la quête infinie du choix parfait – et l'examen des nombreuses solutions possibles – vous laissera relativement plus mécontent et déçu. Pourquoi ? D'abord, parce que plus vous prenez de décisions, plus vous êtes fatigué et vidé de votre énergie, et cet épuisement vous pousse à faire de plus mauvais choix encore[24]. Ensuite, parce que plus il y a d'options, et plus vous faites de recherches, plus le choix satisfaisant a des chances de se trouver parmi elles, et donc plus vous risquez de croire qu'un résultat inacceptable est votre faute, plus vous remarquerez que le choix du voisin est meilleur que le vôtre, et plus vous aurez de raisons de regretter. Si vous passez des années à explorer toutes les carrières possibles et que vous finissez par choisir la musique, et que ça ne marche pas, alors vous vous accuserez, vous envierez votre colocataire qui a sagement opté pour les fonds spéculatifs, et vous vous noierez dans les remords. D'un autre côté, si vous avez repris l'affaire familiale sans autant réfléchir, et que ça n'a pas marché, vous pourrez accuser les autres, ou la malchance.

Le regret est alimenté par l'autoaccusation et le doute. Si vous êtes naturellement un maximiseur, votre potentiel de regret est élevé parce que vous ne vous souciez que du bon résultat, alors que le meilleur des résultats est toujours décevant, d'une manière ou d'une autre. Tout résultat peut être considéré comme présentant un défaut mineur.

Pour nous préparer au moment où les regrets de la vie commenceront à déferler sur nous, ou surgiront à l'improviste, nous devons nous efforcer d'éliminer nos tendances maximisantes pour nous transformer en satisfaiseurs. Ce n'est pas facile, mais c'est réalisable. Schwartz livre les suggestions suivantes.

Cessez de comparer

Premièrement, pour revenir au chapitre 5, nous devons minimiser le temps passé à nous comparer aux autres. Il y aura toujours quelqu'un qui nous sera supérieur d'une manière ou d'une autre : plus beau, plus musclé, plus riche, plus savant, plus éloquent, plus drôle et plus artiste. Plus nous nous comparons à nos proches, amis, voisins, ou à des célébrités, plus nous risquons de trouver que les autres ont mieux réussi (ou mieux choisi), et plus nous risquons de regretter de ne pas avoir fait aussi bien. Évidemment, nous apprendrons aussi que certains se portent bien plus mal (ou ont fait de plus mauvais choix), mais comme le montre ma recherche, apprendre que quelqu'un va moins bien que nous ne compense pas le fait que quelqu'un d'autre va mieux que nous[25].

Tenez un journal du temps

Deuxièmement, nous devons noter combien de temps et d'efforts nous consacrons à chaque décision. Je préconise de tenir un journal pendant une semaine, où nous tenons compte de chacune des vingt-quatre heures de la journée[26]. Les gens sont souvent surpris par ce qu'ils découvrent. En tout cas, si nous apprenons que nous perdons beaucoup de temps à prendre beaucoup de petites décisions triviales (plutôt que les plus importantes), nous pouvons réagir en consacrant notre temps à des choses qui en valent davantage la peine, comme le sport, nos enfants, un travail à terminer. En bref, les résultats de ce journal du temps passé à décider peuvent nous aider à arrêter de « maximiser » chaque décision grande ou petite.

Comptez sur les experts

Troisièmement, au moins dans certains domaines, nous devons nous fier davantage aux experts (un ami compétent en technique, par exemple) ou à l'information disponible (les tests comparatifs de lave-vaisselle ou de voitures, les critiques de films). Mais il est important de laisser le dernier mot aux experts. Si nous ne sommes pas prudents, consulter l'avis des spécialistes peut n'être qu'une étape parmi tant d'autres sur la voie du choix, et nous finirons par passer la moitié de la nuit à lire les critiques publiées sur Amazon par des tas de gens avec qui nous n'avons rien en commun. Bref, nous devons seulement nous fier à l'avis des experts, mais limiter notre recours à ce type d'information (dont l'essentiel est aujourd'hui accessible sur Internet). Allez voir, mais bornez-vous à un temps ou à un nombre déterminé (une demi-heure ou un ami compétent).

Et rappelez-vous que la perfection est très surfaite

Enfin, il ne faut pas espérer la perfection, il ne faut pas vouloir toujours avoir raison, ne pas s'accabler de reproches quand on fait un choix qui n'est pas idéal. Même quand nous sommes réellement coupables, il ne sert à rien de nous inquiéter des autres choix que nous aurions pu faire et de nous apitoyer sur notre sort parce que le choix que nous avons fait se révèle décevant ; il faut laisser les regrets derrière soi, accepter les conséquences et aller de l'avant. Un antidote à l'autoaccusation, abordé au chapitre 1, est de compter nos bonheurs, d'exprimer notre gratitude pour les aspects positifs de notre vie.

L'ESPRIT BIEN PRÉPARÉ

Il est indubitablement douloureux de comprendre que nous n'atteindrons peut-être jamais un but longtemps désiré ou que nous avons laissé passer une occasion sans égale. Hélas, savoir que nous ne pouvons être heureux si nous n'avons pas accompli tel rêve, savoir que regret et bonheur ne peuvent coexister, nous pousse à une réaction initiale (« premières pensées ») qui nous empêtre dans une rumination non seulement vaine mais aussi pernicieuse. Ressasser nos regrets de manière circulaire et passive aggrave notre pessimisme, notre sentiment de perte et de désespoir, mais nous pousse aussi à vouloir renoncer à d'autres rêves, encore très accessibles. Au lieu de ruminer mécaniquement, nous pouvons choisir de changer de perspective. Au lieu de laisser nos regrets empoisonner notre bonheur, nous pouvons choisir de les examiner d'une façon qui nous aidera à devenir des individus plus complexes, plus sages et finalement plus heureux. La théorie et la recherche psychologique révèlent que, face à ces moments où nous déplorons notre incapacité à agir, où nous sommes paralysés par un choix, la réaction la plus saine est de songer à ce que les scénarios contrefactuels peuvent nous apprendre sur le cours de notre vie et sur le point où elle nous a conduit (par exemple, un traumatisme passé qui finit par créer un sentiment de chance, donnant sens et richesse à notre vie), plutôt que les laisser nous immobiliser ; prenez de tout petits risques (ou pas si petits que ça) pour éviter le regret lié à l'inaction (réagissez à votre incapacité d'agir hier en prenant vigoureusement la parole aujourd'hui) ; et visez des options « correctes » plutôt que parfaites.

CHAPITRE 10
Je ne peux pas être heureux si... les plus belles années de ma vie sont derrière moi

Pour certains d'entre nous, l'instant du réveil est le moment le plus sombre et le plus pessimiste. Nous comprenons peut-être que ces premières pensées ne sont pas très rationnelles, mais nous ne pouvons les éviter. Le monde nous paraît désolé, notre avenir morne, notre passé stérile, notre présent n'est qu'un ensemble de soucis et de contrariétés. Ensuite, dans la journée, nous rions, nous avons nos moments de productivité et de créativité, probablement aussi d'affection et d'amusement, mais au réveil ces possibilités ne sont pas en vue. Ce qui nous frappe le plus intensément le matin, c'est de savoir – oui, nous avons l'impression de le *savoir* comme nous savons le nom de nos parents – que les plus belles années de notre vie sont derrière nous.

Beaucoup de gens partagent ces pensées, sinon tous les matins, du moins chaque fois qu'ils sont déçus ou fatigués, ou bien toutes les deux ou trois semaines, ou peut-être seulement de temps à autre. Et même s'il n'est pas nécessaire d'être « vieux » pour avoir l'impression que nos meilleures années sont passées – pas la peine d'avoir cessé d'exercer un travail qui nous apportait jadis satisfaction et succès, ou d'avoir des enfants adultes qui ont quitté la maison –, le sentiment est très courant et très intense durant la seconde moitié de la vie :

– je ne peux pas être heureux si les années qui m'attendent sont moins nombreuses que les années écoulées ;

– je ne peux pas être heureux si ma jeunesse appartient au passé.

L'omniprésence de ces croyances ne signifie pas qu'elles ne sont ni dangereuses ni trompeuses. Ce n'est pas un, mais deux mythes qui sous-tendent notre conception de la seconde moitié de la vie. Il y a d'abord le mensonge selon lequel nous sommes capables de juger quelles sont les meilleures années de notre vie. Et il y a le mythe du bonheur, qui veut que plus l'on est jeune, plus l'on est heureux. Mon but est de vaincre ces deux fausses croyances, et de présenter quelques recherches empiriques récentes qui éclairent les façons saines (et malsaines) de concevoir notre passé et notre avenir, et qui révèlent à quel âge les gens sont le plus satisfaits et pourquoi. Ainsi, nous pouvons nous préparer à faire des choix qui favoriseront la satisfaction et même la joie. Dès que nous aurons révisé nos présupposés sur la trajectoire de notre vie et notre vieillesse, nous nous sentirons plus libres de changer de perspective dans d'autres domaines et de faire de nouveaux choix.

QUI PEUT JUGER DES MEILLEURES ANNÉES DE SA VIE ?

Examinons d'abord l'idée que nos meilleures années sont derrière nous. Comment pourrions-nous le savoir ? Peut-être si nous supposons qu'il est possible d'attribuer une note à chaque année, d'établir un graphique pour toutes les années que nous avons vécues, en commençant par la première dont nous nous souvenons, jusqu'à la vieillesse et la mort. En tant que sociopsychologue expérimentale, j'ai plusieurs remarques méthodologiques à formuler au sujet de cette approche, notamment sur le fait que les êtres humains sont toujours de parti pris dans leurs souvenirs et leurs jugements du passé. Un phénomène appelé *mémoire en rose* suggère que nous avons tendance à garder du passé un souvenir plus positif que cette période de notre vie ne l'était vraiment. Trois études brillantes, par exemple, ont suivi l'expérience de plusieurs personnes avant, pendant et après trois voyages très attendus[1]. Dans les trois études, les voyageurs ont subi une sérieuse déception, du mauvais temps, des pensées moroses, des obstacles agaçants, des doutes occasionnels, et la sensation de ne pas maîtriser leur voyage. Pourtant, presque aussitôt après le retour, ils ont décrit leur expérience comme idyllique. Le même parti pris apparaît quand nous tentons de nous rappeler une vieille histoire d'amour, nos années dans une école de cinéma, ou la période qui a suivi notre première promotion. Beaucoup d'entre nous ont en tête une théorie fixée sur la façon dont certains épisodes de la vie doivent se dérouler, et nous finissons par reconstituer, réinterpréter et soumettre à l'oubli sélectif des aspects de ces épisodes, afin qu'ils s'adaptent à notre chère théorie. Vérifiez par vous-même en consultant un journal intime ou un agenda tenu durant cette période prétendument « rose » : vous serez peut-être choqué de découvrir la quantité d'ennuis, de stress et de déceptions qu'incluait alors votre existence.

Mais imaginons que nous soyons réellement capables d'évaluer de manière honnête et réaliste nos années passées. Et que nous possédions l'exactitude et la précision requises pour évaluer et comparer ces années. Même si l'on pouvait croire de bonne foi à ces hypothèses quelque peu douteuses, un mensonge bien plus considérable persiste, car il faudrait attendre d'être mort pour déterminer quelles ont été nos meilleures années. Donc, à supposer même que notre jugement soit solide et fiable et ne fluctue pas avec le temps – après tout, combien d'entre nous pensaient avoir vécu leurs meilleures années pendant leurs études, ou leur lune de miel, pour ensuite changer d'avis, l'âge et la sagesse venant ? –, nous ne pouvons pas savoir ce que l'avenir nous réserve. En comprenant cela, nous cessons de voir nos meilleures années à telle ou telle époque de notre passé, et peut-être même anéantissons-nous définitivement le mythe.

« NOUS AURONS TOUJOURS PARIS » : GARNIR NOTRE COMPTE BANCAIRE PSYCHOLOGIQUE OU COMPARER AVEC LE BON VIEUX TEMPS

À supposer que le bon vieux temps ait vraiment été fait de bons moments, quelle attitude adopter pour capitaliser sur cette chance, sans succomber à la déception ou à la nostalgie douloureuse ? Avec plusieurs collègues, j'ai publié un article intitulé « Bonheur et mémoire[3] », qui suggère un moyen d'y parvenir, en nous aidant à comprendre comment penser notre présent et notre passé. Cette recherche s'articule autour de la distinction entre « effets de dotation » et « effets de contexte[4] ». Prenons un exemple : une année formidable passée à l'étranger a pu contribuer à notre « compte bancaire » d'expériences, enrichir notre vie, ou elle peut définitivement faire office de contraste défavorable avec toutes nos expériences futures qui ne seront jamais à la hauteur. Le premier résultat est un effet de dotation ; le second, un effet de contexte. Si une expérience positive de notre passé, grande ou petite, accroît notre bonheur (et inversement, si une expérience négative nuit à notre bien-être), c'est un effet de dotation, parce qu'elle contribue fondamentalement à grossir notre compte bancaire de souvenirs. Pourtant, quand nous opposons le présent au « bon vieux temps », cela peut nous rendre moins heureux et limiter notre expérience. Un effet de contexte se produit aussi quand nous comparons le présent au « mauvais vieux temps », ce qui nous rend plus heureux, ou moins malheureux.

Ce qu'indique cette notion, c'est que nous ne savons pas toujours quel effet un événement particulier aura sur notre vie. Un premier amour, la naissance d'un enfant, ou même un fabuleux dîner pourrait incontestablement nous rendre plus heureux, enrichir notre vie, l'approfondir et l'améliorer. Mais la joie, le frisson et le supplément de sens inhérents à ces expériences peuvent aussi former un contraste négatif avec les menus plaisirs et déceptions de notre quotidien présent, entraînant ainsi tristesse chronique et nostalgie douloureuse.

Pour vérifier empiriquement cette idée curieuse, j'ai réalisé avec mes collaborateurs une série d'études où nous demandions à des étudiants américains aux origines ethniques diverses de se rappeler des événements de leur enfance, puis nous interrogions des adultes israéliens sur les événements survenus durant leur service militaire. En résumé, il est apparu que les Américains et les Israéliens qui se considèrent comme globalement heureux étaient plus enclins à *doter* les événements positifs de leur vie (c'est-à-dire tirer du plaisir et de la joie du souvenir d'expériences comme les palpitations de l'amour, l'accession à un objectif longtemps désiré ou à une récompense militaire). Cependant, ceux qui se considèrent comme généralement malheureux dotent en fait les événements négatifs : ils ressassent des pensées et sentiments négatifs en ruminant des expériences passées (maladies, déceptions amoureuses, amis perdus au combat, ou même petites contrariétés) qui continuent à les rendre malheureux encore aujourd'hui. Quant aux effets de contexte, nos participants globalement heureux adoptaient les stratégies les plus saines. Autrement dit, ils avaient tendance à comparer le présent avec des expériences passées particulièrement négatives[5] (« Ah, ma vie est tellement plus belle aujourd'hui »), alors que les malheureux chroniques comparaient plutôt le présent aux événements négatifs du passé (« Ma vie était tellement plus exaltante autrefois »).

Ces résultats étant corrélationnels, nous ne pouvons déterminer si ces différentes conceptions du passé sont la *source* ou le *reflet* du bonheur de ces personnes. Néanmoins, on peut en tirer plusieurs leçons :

• premièrement, cette recherche nous montre qu'il est impossible de connaître l'issue finale d'un événement ;

• deuxièmement, cette issue est en partie sous notre contrôle ;

• troisièmement, la façon dont nous choisissons de nous

rappeler les événements passés peut déterminer notre bonheur immédiat et à venir.

Quand nous croyons que les meilleures années de notre vie sont derrière nous, nous faisons exactement comme les participants malheureux de notre étude, qui opposaient leur présent à un passé plus rose. Vous avez un souvenir ému de votre bonheur passé, quand vous étiez plus jeune, plus inspiré, plus romantique, ou même d'une époque où vous étiez moins malheureux qu'aujourd'hui, avant d'avoir perdu votre vigueur physique, un ami ou un être aimé ? Comparer ces moments avec le présent nous rendrait tous mélancoliques et nostalgiques. Avoir une mémoire sélective ou exagérer les joies d'autrefois peut aussi nous conduire à ne pas remarquer ou apprécier les joies de notre vie présente[6].

Mettez-vous à la place de Rick Blaine/Humphrey Bogart dans *Casablanca*, qui pense que la meilleure année de sa vie est celle qu'il a passée à Paris avec Ilsa Lund/Ingrid Bergman, lié à elle par une folle passion dans la plus romantique des villes au monde. Pour des raisons indépendantes de votre volonté, cette liaison a dû prendre fin, une fin douloureuse, et il ne vous reste plus que des souvenirs. Ces souvenirs peuvent être pour vous une source de bonheur durable, ou ils peuvent à jamais diminuer tout bonheur futur, car vous comparerez toujours vos nouvelles relations à cette idylle romantique. Quelle perspective et quels souvenirs adopterez-vous ? Je recommande de prêter attention au conseil de la reine Élisabeth II, pour qui « Les bons souvenirs sont notre seconde chance de bonheur[7] », et d'utiliser les souvenirs pour *favoriser* votre bien-être, non pour y nuire. À vous de choisir.

« Les bons souvenirs sont notre seconde chance de bonheur. »

REVIVEZ LES MOMENTS HEUREUX, ANALYSEZ LES MOMENTS MALHEUREUX

La leçon du « Nous aurons toujours Paris » n'est pas toujours facile à mettre en application. C'est surtout un défi si doter (plutôt que comparer) les événements positifs passés ne nous vient pas naturellement. Une stratégie prometteuse est pourtant révélée par la recherche que j'ai menée avec mes étudiants : nous demandions aux participants de revivre à plusieurs reprises les jours les plus heureux et les plus malheureux de leur vie, ou de les analyser systématiquement[8]. Nous avons découvert une asymétrie intéressante. Ce qui nous rend le plus heureux quand nous songeons aux expériences heureuses est précisément ce qui nous rend le plus malheureux quand nous songeons aux expériences malheureuses.

D'abord, nos participants devenaient plus heureux après avoir revécu des événements positifs et analysé des événements négatifs. Autrement dit, quand nous nous rappelons un moment merveilleux de notre passé – le jour de notre mariage, le jour où nous avons gagné tel match… –, nous ne voulons pas le disséquer, l'expliquer, le décomposer. Nous ne voulons pas poser trop de questions (« Pourquoi est-ce arrivé ? Qu'ont éprouvé les autres ? Cette journée aurait-elle pris un tour différent si j'avais agi différemment ? »). Répondre à ces questions pourrait priver l'expérience de sa magie, ce serait prendre quelque chose d'extraordinaire pour le transformer en quelque chose d'ordinaire[9]. Au contraire, la meilleure stratégie est de s'adonner au souvenir de l'événement positif, de le revivre mentalement comme nous visionnerions un film. Cet exercice nous aide à savourer l'événement et à en tirer la jouissance maximale. En résumé, nous devons nous efforcer de doter (et non de comparer) le bon vieux temps en le revivant, pas en l'analysant.

À l'inverse, quand nous songeons à nos moments les plus malheureux – ou même les plus traumatiques –, la recherche suggère que nous voulons faire exactement *l'opposé* de ce que je viens de décrire. Nous connaîtrons le bonheur maximal si nous analysons systématiquement nos moments les plus douloureux, pour essayer de les comprendre, de les accepter, d'en tirer du sens, et donc de passer outre. Les expériences que j'ai réalisées indiquent que cela peut se faire délibérément – par exemple, en racontant étape par étape pourquoi un événement particulier a eu lieu et comment il nous a permis de progresser ou de résoudre certains problèmes. Comme je l'ai décrit au chapitre 3, le recours au langage (écrit ou oral) favorise ce processus d'analyse, nous aide à comprendre nos épreuves, en permettant de repérer des connexions que nous n'aurions pas forcément repérées auparavant, et à distinguer les causes des effets. Bref, nous devons nous efforcer de savourer (et non de disséquer) nos moments heureux, et nous devons nous efforcer de comprendre (et non de revivre) nos moments malheureux.

Indubitablement, il nous arrive à tous de nous dire : « Je n'aurai plus jamais une aussi belle idée (liaison/journée/silhouette) » ou « Quand ce voyage (emploi/coup de chance/moment de la vie de mon enfant) sera terminé, la suite de ma vie sera forcément moins bien. » Les leçons ci-dessus indiquent deux réactions optimales. La première est de déposer le positif de notre vie (nos idées géniales, nos succès professionnels ou amoureux) sur notre compte bancaire d'expériences à déguster éternellement. La deuxième est de savourer le positif en le revivant mentalement, plutôt qu'analyser pourquoi il est arrivé et pourquoi nous croyons qu'il ne reviendra jamais. Mais revivre le bon vieux temps ne risque-t-il pas de nous convaincre encore plus que nous sommes sur la pente descendante ? Pas si nous nous engageons dans une troisième pratique également signifiante. Celle-ci consiste essentiellement à tirer un trait allant de l'événement positif passé jusqu'à l'avenir, en passant par la poursuite d'un objectif positif et riche de sens.

VERS L'AVENIR : VISEZ LES BUTS QUI COMPTENT POUR VOUS

L'un des plus sûrs moyens de nous concentrer sur l'avenir au lieu de ressasser un passé apparemment idyllique est de viser un but riche de sens. « Il n'y a pas de bonheur sans action[10] » ; il n'y a pas de bonheur sans poursuite d'un but. Pourtant, comme je l'ai dit plus haut, il est important de choisir sagement nos objectifs, et de développer la faculté de les réorienter de la manière qui nous procure le plus grand bonheur. Les objectifs que nous choisissons doivent avoir une motivation intrinsèque plutôt qu'extrinsèque (être inspirés par notre propre désir de sens et de jouissance plutôt que par ceux de nos parents ou de notre culture[11]) ; ils doivent être harmonieux (et non contradictoires[12]) ; ils doivent satisfaire des besoins humains innés (comme le besoin d'être expert dans un domaine, de se connecter avec les autres, et d'apporter quelque chose à notre communauté, au lieu de simplement vouloir être riche, puissant, beau ou célèbre[13]) ; ils doivent être alignés sur nos valeurs authentiques[14] ; ils doivent être accessibles et flexibles[15] ; et, idéalement, ils doivent consister à atteindre quelque chose plutôt qu'à fuir autre chose[16]. La poursuite de tous ces types de buts est associée à un plus grand bonheur, à l'épanouissement et à la persévérance.

La poursuite d'un but est une stratégie d'expansion du bonheur à laquelle nous avons tous accès, quels que soient nos moyens, nos talents et nos ressources. Chacun de nous a quelque chose de précieux et d'unique à offrir aux autres, qui mérite qu'on le cultive et qu'on se batte. En outre, même si nous pouvons (et devons) viser nos rêves les plus ambitieux, il suffit de commencer par subdiviser un objectif en sous-objectifs et buts quotidiens.

Aucune de ces recommandations ne devrait être une révélation. De nombreux livres ont été écrits sur la manière d'atteindre son objectif – principalement les objectifs économiques (comment transformer votre entreprise en leader de son secteur, comment se faire un carnet d'adresses et influencer les gens, comment devenir millionnaire, comment devenir célèbre, comment être publié), les objectifs relationnels (comment trouver l'âme sœur, comment être écouté de vos enfants, comment comprendre le sexe opposé, comment vous métamorphoser de « paillasson » en fille de rêve) et les objectifs de santé (comment perdre du poids, comment ralentir le vieillissement, etc.). Même si cette littérature contient de bons conseils, j'ai trois reproches à lui faire. Premièrement, beaucoup de ces conseils s'enracinent dans l'anecdote et l'opinion plutôt que dans la recherche scientifique. Deuxièmement, les auteurs se focalisent sur un objectif précis (et comment l'atteindre), sans se demander si ce but mérite d'être poursuivi. Comme je viens de le dire, beaucoup de données empiriques indiquent que le *type* d'objectif choisi (trouver la richesse contre trouver l'âme sœur) peut être aussi important que la manière de l'atteindre. Enfin, tous ces livres mettent l'accent sur la réussite plutôt que sur la quête. Autrement dit, leurs auteurs partent du principe que les lecteurs veulent avant tout atteindre un but précis, et que l'essentiel est de réussir. Au contraire, comme l'a montré le chapitre « Je serai heureux quand... je serai riche », la recherche indique que la réalisation de nos buts est souvent impuissante à nous rendre plus heureux[17] ; selon le *Kamasutra*, « dès l'instant où l'on a obtenu une chose désirée, elle n'est plus désirable[18] ». Tous ceux qui ont connu une déception après avoir atteint un but longtemps désiré – un rendez-vous avec ce beau garçon remarqué dans la salle de gym, une licence d'agent immobilier, un record sportif, un diplôme – savent de quoi je parle.

En somme, nos objectifs pour l'avenir méritent d'être poursuivis s'ils sont intrinsèques, harmonieux, authentiques, souples, accessibles, s'ils satisfont nos besoins et sont tournés vers l'approche. Même si notre jeunesse est loin, les années futures peuvent être un formidable moment d'épanouissement, de passion et d'aventure, mais nous devons choisir d'aller de l'avant. Que nous voulions améliorer nos relations, nos compétences ou notre santé, que nous voulions gagner de l'argent, voyager en Amérique du Sud ou rire davantage, nous avons la capacité de doter de sens chacune de ces ambitions, en détournant notre attention et notre énergie des souvenirs roses du passé pour adopter des attentes positives et réalistes quant à l'avenir.

Ultime précaution

Visualiser et poursuivre vos buts pour un avenir meilleur, cela vous vaccinera contre la croyance selon laquelle vous êtes voué à la dégringolade hédonique et pourra servir d'antidote aux jérémiades sur la fin du bon vieux temps. Cela dit, je ne veux pas donner l'impression qu'il faut envisager l'avenir de façon naïve ou irréfléchie. Le romancier Aldous Huxley, auteur du *Meilleur des mondes*, a aussi conçu une satire intitulée *Marina di Vezza*. L'un des personnages de ce livre nous dissuade de vivre « dans le brillant avenir, […] dans un état d'intoxication permanente à la pensée de ce qui serait, travaillant joyeusement à un magnifique idéal de bonheur[19] ». Que ce magnifique idéal vous inspire et vous motive, mais ne perdez pas de vue le labeur acharné et quotidien requis dans le présent pour vous en approcher peu à peu.

LES MEILLEURES ANNÉES SE SITUENT DANS LA SECONDE MOITIÉ DE LA VIE

Qu'ils soient jeunes, d'âge mûr ou seniors, la grande majorité des gens croient en ce mythe selon lequel le bonheur décline avec l'âge, qu'il décroît à chaque décennie, jusqu'au moment où la vie est caractérisée par la tristesse et la perte[20]. Vous serez donc peut-être surpris d'apprendre ce que la recherche confirme : beaucoup d'entre nous ne sauraient être plus loin de la vérité lorsqu'ils concluent que leurs plus belles années sont derrière eux. Les personnes plus âgées sont en réalité plus heureuses et plus satisfaites de leur vie que les jeunes ; elles vivent plus d'émotions positives et moins d'émotions négatives, leur expérience émotionnelle est plus stable et moins sensible aux vicissitudes quotidiennes du stress et de la négativité[21]. Même si l'on ne sait pas encore exactement quand situer l'apogée du bien-être, les résultats divergeant d'une enquête à l'autre – trois études récentes prouvaient que le point culminant de l'expérience émotionnelle positive arrivait à 64 ans, 65 ans et 79 ans respectivement[22] –, ce qui est parfaitement clair, c'est que la jeunesse et le début de l'âge adulte ne sont pas les moments les plus riants de la vie, mais plutôt les plus négatifs.

Pour ceux d'entre nous qui pensent que leurs meilleures années sont derrière eux et qu'absolument rien ne s'améliore avec l'âge, cette révélation est assez déconcertante. Laura Carstensen, fondatrice du Centre sur la longévité à l'université Stanford, élabore depuis vingt ans une théorie sur la raison pour laquelle les gens deviennent plus heureux en vieillissant[23]. Elle affirme qu'au moment où nous comprenons que nos années sont en nombre limité, nous changeons fondamentalement de perspective sur l'existence. Un horizon moins large nous pousse à nous concentrer sur le présent et à investir notre temps (relativement limité) et nos efforts dans les choses de la vie qui comptent réellement. Par exemple, en vieillissant, nos relations les plus significatives deviennent bien plus une priorité que le désir de rencontrer des visages nouveaux ou de prendre des risques ; nous investissons davantage dans ces relations et laissons de côté celles qui ne nous aident pas. Par conséquent, notre expérience émotionnelle a plus de chances d'inclure paix et sérénité qu'excitation et joie[24]. Nous en venons aussi à apprécier davantage le positif de notre vie et nous apprenons à en tirer plus de bonheur.

Bien sûr, cela ne veut pas dire que nous serons constamment heureux après avoir franchi le milieu de notre vie. En vieillissant, nous reconnaissons de plus en plus que la vie est fragile, que rien ne dure éternellement, et nous ressentons plus de gratitude pour toutes les années qui nous restent. Mais plus longue est notre vie, plus nous risquons d'essuyer des pertes, qui entraînent des expériences douces-amères ou poignantes, comme la joie de revoir notre sœur, mêlée à la tristesse de savoir que notre frère n'est plus de ce monde. Cette simultanéité d'émotions positives et négatives peut tempérer nos enthousiasmes et nos désespoirs, rendant notre vie émotionnelle plus stable.

La seconde moitié de la vie est censée promouvoir le bonheur de plusieurs autres manières. Comme nous savons que notre temps sur terre est limité, comme chaque décennie nous apporte plus de maturité et de compétences sociales, cela nous motive pour maximiser notre bien-être et contrôler nos émotions avec plus de succès. Par exemple, nous pouvons nous efforcer de mieux nous alimenter quand nous sommes déprimés, anxieux ou en colère, nous pouvons éviter de passer du temps avec des gens ou dans des situations qui nous ont déjà rendus malheureux[25]. En vieillissant, il peut aussi devenir plus facile de préserver des sentiments de satisfaction, de sérénité, de proximité, parce que les gens plus mûrs manifestent plus d'attention et de mémoire. Autrement dit, plus nous vieillissons, plus nous nous focalisons sur les points positifs (en négligeant les négatifs) de notre vie de quartier, de nos liaisons, de notre histoire, et même des informations qui nous parviennent[26]. Cette positivité peut être le fruit de stratégies délibérées de régulation des émotions (plus nous vieillissons, plus nous devenons volontairement insensibles aux critiques) ou de structures cérébrales associées au fait que les émotions négatives s'atrophient plus vite avec l'âge[27]. Pourtant, notre bonheur futur ne dépend pas que de nous, mais de tous ceux qui entrent en interaction avec nous. Des recherches fascinantes ont montré que plus nous vieillissons, plus nous avons de chances d'être traités avec respect et gentillesse : les autres nous affrontent et nous critiquent moins, ils acquiescent avec nous, nous pardonnent plus de choses, et se donnent du mal pour résoudre les tensions et désamorcer les conflits[28]. Il n'est donc pas étonnant que les meilleures années se situent dans la seconde moitié de la vie.

L'ESPRIT BIEN PRÉPARÉ

Le carrefour où nous nous trouvons à mesure que nous nous approchons du milieu de la vie implique un choix entre déclin et épanouissement. C'est une époque où nous songeons souvent que nos meilleures années sont derrière nous. Nous devons alors prendre une décision : rester piégés dans l'idéalisation du passé, ce qui dévalorise et compromet nos objectifs futurs, ou tourner nos regards vers l'avenir. Un thème important de ce livre est qu'il ne faut pas se fier à ses premières réactions viscérales («Je suis terrorisé à l'idée de vieillir», «Je serai accablé par ce sentiment jusqu'à la fin de mes jours»), mais qu'il faut plutôt prendre en compte les recherches présentées dans ce chapitre, qui font voler en éclats les mythes concernant le vieillissement. Nous pouvons ensuite adopter les attitudes plus saines que j'ai décrites. Alors que nous pourrions de prime abord contester l'utilité de conserver notre enthousiasme, nous devrions changer d'avis après réflexion. La science apporte de bonnes nouvelles : plus nous vieillissons, plus nous sommes heureux et émotionnellement sages, et la seconde moitié de la vie peut être un moment excitant de défi, de joie et d'épanouissement. Presque toutes les recommandations de ce livre peuvent d'ailleurs être perçues comme relevant de la sagesse des personnes âgées, à l'esprit bien préparé. Nous pouvons donc tous obtenir les avantages du vieillissement avant de devenir vieux.

Pour y parvenir, toutes sortes d'options s'offrent à nous, toutes sortes d'objectifs à poursuivre et de lignes à tracer vers l'avenir. Au lieu d'écouter votre première réaction, suivez plutôt votre deuxième réaction : « C'est vrai, j'ai connu des joies, des passions et des triomphes par le passé, mais il y en a encore tellement d'autres qui m'attendent. » Ou peut-être même la troisième : « C'est vrai, je n'aurai plus d'enfants (je ne courrai plus, je n'irai plus à l'université), mais un nouveau chapitre de ma vie commence. » C'est donc l'esprit bien préparé que nous accueillerons l'âge mûr et la vieillesse.

CONCLUSION

Là où le bonheur se trouve vraiment

J'étais en train de terminer ce livre quand, un matin de juin, alors que nous préparions notre fils de 8 ans à partir en camp de vacances pour la première fois, je me suis rendu compte, à mon grand étonnement, que j'étais enceinte. Après beaucoup de préoccupation, d'anxiété et de nausées matinales, j'ai accouché d'Isabella le 12 février 2011. J'avais 44 ans, mon mari avait une décennie de plus, et le frère et la sœur d'Isabella avaient 9 et presque 12 ans.

Je me suis donc retrouvée face à mon propre moment de crise, alors même que je consacrais un ouvrage aux crises des autres. Je considérais ma petite famille de quatre personnes comme parfaite, et les familles plus nombreuses me semblaient un peu excessives. Je n'avais jamais imaginé avoir un bébé à cette époque de ma vie. L'équilibre entre mon travail et ma maison requiert tant d'énergie et de créativité qu'un troisième enfant – la plus sûre des raisons pour lesquelles une femme abandonne son emploi[1] – bouleverserait sans doute tout et pousserait notre famille au bord de l'abîme.

Je me trompais.

La vie prend parfois des tournants curieux et imprévus. Un troisième bébé exige autant de dévouement et de temps que les deux premiers, et il faut jongler entre les besoins des plus grands dont les repères sont totalement différents, ce qui pousse très haut le niveau de stress. Mais comme les participants des études de prévision affective de Tim Wilson et Dan Gilbert, je n'avais pas su prévoir l'efficacité de mon propre système immunitaire psychologique, je ne savais pas que je justifierais vite et sans effort le miracle d'un bébé tardif et les joies d'une famille plus nombreuse. De même, je n'avais pas prévu les changements positifs dans d'autres domaines de ma vie – l'aide concrète et le soutien émotionnel de mes enfants, les exigences réduites de mes collègues, etc. Et, bien sûr, avec le temps, ma famille s'est hédoniquement adaptée à avoir moins de loisirs et nous apprécions désormais vivement les précieux moments seul ou en tête à tête que nous avons. Enfin, j'avais oublié, ou je n'avais pas prévu le bonheur d'une petite main de bébé qui s'accroche à la mienne, la joie de voir son frère et sa sœur lui manifester une affection et une prévenance inattendues, le pouvoir magique de son sourire quand nous sommes tristes ou déprimés. Toute la famille s'épanouit d'une manière qui aurait été impossible sans Isabella.

Bref, certains jours, j'ai l'impression de réaliser une des nombreuses prédictions et recommandations de ce livre. Je suis reconnaissante d'avoir eu l'occasion d'étudier les recherches qui contestent nos croyances sur ce qui nous rend heureux ou malheureux, et je suis ravie d'avoir pris le temps d'examiner les moyens les plus sains d'aborder nos moments de crise.

Beaucoup d'entre nous attendent le bonheur. Nous croyons fermement que, si nous ne sommes pas heureux maintenant, nous le serons quand nous trouverons un travail idéal et un partenaire amoureux, quand nous serons riches, quand nous aurons une belle maison et deux enfants, un garçon et une fille. D'autres, au contraire, redoutent les tournants qui apporteront sans doute de grands malheurs : choisir le mauvais partenaire ou n'en trouver aucun, perdre son argent ou son emploi, avoir de graves ennuis de santé, vivre avec de profonds regrets, et vieillir.

La recherche souligne combien ces « prédictions affectives » sont erronées, comme tous les mythes du bonheur auxquels nous croyons[2]. Mon but, dans ces pages, était de synthétiser cette recherche et d'en éclairer la pertinence pour chacun des points de crise : couple, emploi, argent, santé, vieillesse, etc. Je souhaitais aussi montrer que la croyance en ces mythes n'est pas sans effets nocifs. Non seulement nos faux espoirs et nos conceptions erronées transforment les transitions prévisibles de la vie en authentiques points de crise mais, pire, ils nous poussent à prendre de mauvaises décisions et nuisent à notre santé mentale. Si nous sommes convaincus, par exemple, qu'un certain type de couple, d'emploi et de prospérité nous rendrait heureux (et si ce n'est pas le cas), alors, faute de connaître la force de l'adaptation hédonique, nous risquons d'abandonner un couple, un emploi ou des biens matériels parfaitement satisfaisants pour nous simplifier l'existence. Si nous sommes sûrs que le divorce, le célibat ou la vieillesse nous rendront à jamais malheureux, ignorer notre faculté de rebondir et les bienfaits du célibat ou de la vieillesse peut nous entraîner à choisir à nouveau un mauvais conjoint ou à subir une chirurgie esthétique inutile. Tout aussi nuisibles sont les répercussions des mythes du bonheur sur notre bien-être émotionnel. Si nous ne comprenons pas que nos crises sont universelles, nous pouvons souffrir de dépression, d'anxiété et de perte de confiance en nous. Même le pire des scénarios, le suicide, n'est pas inenvisageable ; si nous ne pouvons prédire comment nous survivrons à une perte ou à la fin d'une relation, nous risquons de perdre tout espoir en la vie.

Je ne saurais assez souligner tout le mal que peut provoquer la foi en ces mythes du bonheur. Nous devons cesser d'attendre le bonheur, nous devons cesser d'être terrifiés par le malheur possible. Puisque vous savez maintenant ce qui vous rend vraiment heureux – et ce qui ne vous rend pas heureux –, j'espère que vos moments de crise se transformeront en passages normaux de la vie, qui n'ont rien d'exceptionnel, mais qui peuvent favoriser l'épanouissement. De plus, après avoir pris conscience de ce qui alimente vos réactions émotionnelles à chaque moment de crise, vous irez de l'avant en pratiquant les recommandations de ce livre pour ralentir l'adaptation, faire face à l'adversité, poursuivre de nouveaux objectifs, progresser et avancer.

Nous vivons tous nos crises différemment, et les meilleurs choix pour moi ne seront pas forcément les meilleurs pour vous. Pourtant, les réponses les plus saines à l'expérience de la peur ou de la déception que provoquent ces moments clés ont des éléments en commun. Notamment, toutes incluent des stratégies susceptibles d'augmenter votre bonheur, qui vous poussent à investir dans votre vie émotionnelle, tout comme vous pourriez investir dans votre corps, votre argent ou votre temps. Les stratégies les plus largement applicables figurent régulièrement tout au long de ce livre. Quand votre attention se concentre étroitement sur quelque chose de désagréable ou de perturbant, il peut être bon de prendre du recul pour voir l'ensemble du tableau. Quand vous êtes accablé, obsédé par des images et des pensées particulières, vous devez tâcher de rediriger votre attention vers autre chose. Enfin, il est utile d'envisager le bon côté des situations négatives, mais de manière créative ; d'injecter de la variété et de la nouveauté dans votre vie ; et de poursuivre des buts intrinsèques, authentiques et flexibles, que vous vous appropriez.

Bref, après avoir reconnu à quel point vos croyances sur ce qui doit vous rendre éternellement heureux ou malheureux guident vos réactions aux défis et transitions de la vie, vous serez prêt à décider comment agir de manière à favoriser votre bonheur et votre épanouissement, à réfléchir à deux fois au lieu d'avoir une réaction immédiate, à vous fier au raisonnement plutôt qu'à l'instinct. Faire voler en éclats les mythes du bonheur signifie qu'il n'y a pas de formule magique pour être heureux et aucune voie certaine vers le malheur ; rien dans la vie n'est autant source de joie ou de misère que nous le croyons. Cette prise de conscience peut nous libérer, nous rendre plus forts et élargir nos horizons, mais elle peut aussi nous offrir notre meilleure occasion de bien choisir, de retenir la bonne option.

REMERCIEMENTS

Pendant la Seconde Guerre mondiale, les experts en aviation déployaient des ressources et une énergie considérables à étudier les avions militaires abattus. Un jour, quelqu'un demanda : « Pourquoi n'étudions-nous pas les avions qui restent dans le ciel ? » C'est une bonne métaphore pour mon domaine, la psychologie positive. Au lieu de chercher à savoir pourquoi les dépressifs sont déprimés, les solitaires seuls et les divorcés séparés, nous utilisons des méthodologies empiriques systématiques afin de déterminer pourquoi les gens heureux sont heureux et pourquoi les gens qui réussissent réussissent. Dans cet ouvrage, j'ai tenté de m'appuyer sur les meilleurs travaux scientifiques (dont plus de sept cents références savantes) pour donner à tous des conseils sur la façon de changer de perspective sur les grands défis de la vie, pour ne pas laisser les expériences négatives faire boule de neige, et pour aller de l'avant. Ce livre n'aurait pas été possible sans le soutien de mon département à l'université de Riverside, ni sans mes formidables collègues, étudiants et assistants, qui m'ont offert une stimulation intellectuelle sans bornes, leurs conversations et leurs idées, leur énergie et leur aide à tous les niveaux.

Même si je n'en mentionne ici que quelques-uns, j'ai une dette envers bien plus d'entre eux.

L'infatigable et inestimable Ken Sheldon est mon partenaire en recherche depuis plus de dix ans. C'est à lui que j'adresse mes plus grands remerciements. Les talents, le dévouement et le travail extraordinaires de mes étudiants passés et présents (par ordre alphabétique) – Katie Bao, Julia Boehm, Joe Chancellor, Matt Della Porta, Kristin Layous, Katie Nelson et Nany Sim – sont toujours pour moi une source d'inspiration et d'humilité. Enfin, un groupe d'assistants de recherche a rendu mon travail bien plus facile. Il s'agit de Taher Bhaijee, Matt Dubin, Denise Johnson, William Lee, Thomas Martin, Martin Molinos (que je remercie tout particulièrement), Melissa Monge, Michael Robins, Lucy Serrano, Emily Van Sonnenberg, Zhe Wang et Ararat Alex Yarijanian.

Plusieurs personnes courageuses ont relu les différentes versions de ce livre, et leurs remarques et suggestions ont été intégrées. Merci en particulier à Bret Simmons, Aymee Coget, Ran Zilca et Peter Del Greco.

L'équipe de Penguin Press avait été fantastique pour *Comment être heureux… et le rester* et l'a de nouveau été pour ce livre-ci. Comme auparavant, ils m'ont forcée à respecter la formule d'Albert Einstein, selon laquelle « L'ensemble de la science n'est rien de plus qu'un affinement de la pensée quotidienne » : il n'est pas nécessaire d'être opaque, ennuyeux ou pesant lorsqu'on évoque la recherche. Sur ce point, je dois beaucoup à l'incomparable Ann Godoff et aux talentueuses Lindsay Whalen et Tracey Locke. Lindsay Whalen m'a poussée à réinventer le livre d'un bout à l'autre, et n'a jamais renoncé à me faire améliorer chaque chapitre, chaque phrase. Ted Gilley est le meilleur relecteur que j'aie rencontré. Enfin, mon agent littéraire, Richard Pine, est incomparable ; j'espère qu'il va me faire entrer à jamais dans le monde des lettres.

Comme toujours, mes amis (ils se reconnaîtront) ont rendu mon travail bien plus facile, et m'ont permis de jongler entre ma famille, ma recherche, mon enseignement et la rédaction de ce livre.

Je garde le meilleur pour la fin : ma famille est la source de mon plus grand bonheur, l'origine de toute ma gratitude et de mon inspiration. Je remercie mes formidables jeunes filles au pair, Julia Baune et Annina Sirola, qui se sont occupées de mes enfants pendant que j'écrivais ; mon mari, Pete, qui reste, après trois enfants, le plus extraordinaire père et mari de tous les temps, ainsi qu'un inépuisable fonds d'humour et d'intelligence ; et Gabriella, Alexander et Isabella (alias Belly) pour leur affection inconditionnelle, leur curiosité sans limites et la facilité avec laquelle ils obligent leurs parents à rester jeunes et vigilants.

Notes

Préface

1. M.E.P. Seligman et M. Csikszentmihalyi, « Positive Psychology : An Introduction », *American Psychologist* 55 (1) (2000), 5-14.

2. M.E.P. Seligman, « The president address », *American Psychologist* 54 (8) (1999), 559-562.

3. Didier Pourquery, « Un peu d'espoir… », *Libération*, 24 décembre 2008.

4. David G. Myers, « Hope and Happiness », in M.E.P. Seligman, *The Science of Optimism and Hope : Research Essays in Honor of Martin E. P. Seligman*, Templeton Foundation Press, 2000, p. 323-336.

5. Jacques Lecomte, *La Bonté humaine*, Paris, Odile Jacob, 2012. Matthieu Ricard, *Plaidoyer pour l'altruisme*, Paris, Nil, 2013.

Introduction

1. À propos des raisons pour lesquelles les êtres humains surestiment leurs réactions négatives aux événements négatifs et leurs réactions positives aux événements positifs, voir le merveilleux chapitre rédigé par D.T. Gilbert, E. Driver-Linn et T.D. Wilson, « The trouble with Vronsky : Impact bias in the forecasting of future affective states », dans le livre dirigé par L.F. Barrett et P. Salovey, *The Wisdom in Feeling*, New York, Guilford Press, 2002, p. 114-43.

2. (1) M.D. Seery, E.A. Holman et R.C. Silver, « Whatever does not kill us : Cumulative lifetime adversity, vulnerability, and resilience », *Journal of Personality and Social Psychology* 99 (2010), 1025-41 ; (2) L.A. Neff et E.F. Broady, « Stress resilience in early marriage : Can practice make perfect ? », *JPSP* 101 (2011), 1050-67.

3. D.P. McAdams, R. Josselson et A. Lieblich, *Turns in the road : Narrative studies of lives in transition*, Washington, DC, APA, 2001.

4. J. Pennebaker, qui recueille depuis longtemps les meilleures et les pires expériences de la vie des gens dans le cadre de ses recherches, propose des exemples étrangement semblables dans son livre, *Opening Up*, New York, Guilford, 1997.

5. Pour deux aperçus de cette littérature fascinante, qui éclaire pourquoi nous nous trompons tant quand nous tentons de prévoir si tel ou tel événement nous rendra heureux ou malheureux (ou pourquoi les mythes du bonheur sont erronés), voir (1) T.D. Wilson et D.T. Gilbert, « Affective forecasting : Knowing what to want », *Current Directions in Psychological Science* 14 (2005), 131-34; (2) D.T. Gilbert *et al.*, « The trouble with Vronsky ». Pour quelques-unes des meilleures études empiriques, voir (1) D.T. Gilbert *et al.*, « Immune neglect : A source of durability bias in affective forecasting », *JPSP* 75 (1998), 617-38; (2) D.T. Gilbert *et al.*, « The peculiar longevity of things not so bad », *PsychScience* 15 (2004), 14-19; (3) T.D. Wilson *et al.*, « Focalism : A source of durability bias in affective forecasting », *JPSP* 78 (2000), 821-36.

6. M. Luhmann *et al.*, « Subjective well-being and adaptation to life events : A meta-analysis », *JPSP* 102 (2012), 592-615.

7. J. Salter, *Un bonheur parfait*, tr. L. Rosenbaum et A. Rabinovitch, Paris, L'Olivier, 1997.

8. M. Gladwell, *La Force de l'intuition : prendre la bonne décision en deux secondes*, tr. D. Charron, Paris, Robert Laffont, 2006.

9. Il existe quantité d'écrits sur ces deux systèmes, et je propose ici seulement quelques-uns des plus souvent cités (1) J.A. Bargh et T.L. Chartrand, « The unbearable automaticity of being », *American Psychologist* 54 (1999), 462-79; (2) S. Epstein, « Cognitive-experiential self-theory of personality », *in* T. Million et M.J. Lerner (dir.), *Comprehensive Handbook of Psychology*, vol. 5 : *Personality and social psychology*, Hoboken, NJ, Wiley, 2002; (3) W. James, The Principles of Psychology, New York, Dover, 1950; (4) D. Kahneman, « A perspective on judgment and choice », *American Psychologist* 58 (2003), 697-720; (5) S.A. Sloman, « The empirical case for two systems of reasoning », *Psychological Bulletin* 119 (1996), 3-22; (6) K.E. Stanovich et R.F. West, « Individual differences in reasoning : Implications for the rationality debate ? », *BBS* 23 (2000), 645-65.

10. (1) A. Tversky et D. Kahneman, « Judgment under uncertainty : Heuristics and biases », *Science* 185 (1974), 1124-31; (2) T. Gilovich, D. Griffin et D. Kahneman (dir.), *Heuristics and biases*, Cambridge, Cambridge University Press, 2002; (3) M.H. Bazerman, *Judgment in managerial decision making*, New York, Wiley, 2006.

11. Voir par exemple les travaux de Michael Norton et Carey Morewedge, qui montrent que les pensées positives ou romantiques, apparemment spontanées, que nous inspirent nos amis ou collègues sont en fait mûrement réfléchies.

12. Ces idées proviennent de deux sources : (1) E. Dane et M.G. Pratt, « Exploring intuition and its role in managerial decision making », *Academy of Management Review* 32 (2007), 33-54; (2) K.L. Milkman, D. Chugh et M.H. Bazerman, « How can decision making be improved ? », *Perspectives on Psychological Science* 4 (2009), 379-83.

13. (1) E.T. Higgins, « Value from regulatory fit », *Current Directions* 14 (2005), 209-13; (2) J. Chatman, « Matching people and organizations : Selection and socialization in public accounting firms », *Administrative Science Quarterly* 36 (1991), 459-84.

PREMIÈRE PARTIE

Chapitre 1

1. Je présente d'avance toutes mes excuses car je n'utilise que des exemples hétérosexuels dans les parties du livre consacrées aux couples et aux relations durables. La grande majorité des recherches portent malheureusement sur les couples hétérosexuels. Je pense néanmoins que mes recommandations s'appliquent, sinon toutes, du moins pour la

plupart, aux couples gays et lesbiens. En outre, les idées et conseils valent autant pour les couples non mariés que pour les couples mariés.

2. À ce sujet, voir S. Lyubormirsky, « Hedonic adaptation to positive and negative experiences », *in* S. Folkman (dir.), *The Oxford Handbook of Stress, Health, and Coping*, New York, Oxford University Press, 2011, p. 200-24. Tous mes articles peuvent être téléchargés gratuitement sur mon site universitaire (www.faculty.ucr.edu/-sonja/papers.html), en relation avec le site Internet de ce livre (www.themythsofhappiness.org).

3. Quelques articles importants et pertinents sur l'adaptation hédonique : (1) E. Diener, R.E. Lucas et C.N. Scollon, « Beyond the hedonic treadmill : Revising the adaptation theory of well-being », *American Psychologist* 61 (2006), 305-14 ; (2) R.A. Easterlin, « Life cycle happiness and its sources : Intersections of psychology, economics, and demography », *Journal of Economic Psychology* 27 (2006), 463-82 ; (3) S. Frederick et G. Lewenstein, « Hedonic adaptation », *in* D. Kahneman, E. Diener et N. Schwarz (dir.), *Well-being*, New York, Russell Sage, 1999, 302-29 ; (4) R.E. Lucas, « Adaptation and the set point model of subjective well-being », *Current Directions* 16 (2007), 75-79 ; (5) S. Lyubomirsky, K.M. Sheldon et D. Schkade, « Pursuing happiness : The architecture of sustainable change », *Review of General Psychology* 9 (2005), 111-31 ; (6) T.D. Wilson et D.T. Gilbert, « Explaining away : A model of affective adaptation », *Perspectives* 3 (2008), 370-86.

4. La formule est due à Elizabeth Kolbert.

5. R.E. Lucas *et al.*, « Reexamining adaptation and the set point model of happiness : Reactions to changes in marital status », *JPSP* 84 (2003), 527-39. Voir aussi (1) R.E. Lucas et A.E. Clark, « Do people really adapt to marriage ? », *Journal of Happiness Studies* 7 (2006), 405-26 ; (2) A. Stutzer et B.S. Frey, « Does marriage make people happy or do happy people get married ? », *Journal of Socio-Economics* 35 (2006), 326-47.

6. (1) N.D. Glenn, « Quantitative Research on marital quality in the 1980s : A critical review », *Journal of Marriage and the Family* 52 (1990), 818-31 ; (2) B. Rollins et H. Feldman, « Marriage satisfaction over the family life cycle », *JMF* 32 (1970), 20-28 ; (3) P. Tucker et A. Aron, « Passionate love and marital satisfaction at key transition points in the family life cycle », *JSCP* 12 (1993), 135-47 ; (4) T.L. Huston *et al.*, « The connubial crucible : Newlywed years as predictors of marital delight, distress, and divorce », *JPSP* 80 (2001), 237-52 ; (5) B.R. Karney et T.N. Bradbury, « Neuroticism, marital interaction, and the trajectory of marital satisfaction », *JPSP* 72 (1997), 1075-92.

7. (1) R.J. Sternberg, « A triangular theory of love », *Psychological Review* 93 (1986), 119-35 ; (2) E. Hatfield et G.W. Walster, *A New Look at Love*, Lanham, MD, University Press of America, 1978 ; (3) E. Hatfield *et al.*, « The endurance of love : Passionate and companionate love in newlywed and long-term marriages », *Interpersona* 2 (2008), 35-64.

8. (1) E. Hatfield et S. Sprecher, « Measuring passionate love in intimate relations », *Journal of Adolescence* 9 (1986), 383-410 ; (2) E. Berscheid et E.H. Walster, *Interpersonal attraction*, 2ᵉ éd., Reading, MA, Addison-Wesley, 1978 ; (3) E. Hatfield et R. Rapson, *Love and sex*, Needham Heights, MA, Allyn & Bacon, 1996.

9. R. Linklater (producteur/réalisateur), *Before Sunset*, 2004. Burbank, CA, Warner Independent Pictures.

10. Pour une référence universitaire, voir H. Fisher, « Lust, attraction, and attachment in mammalian relationships », *Human Nature* 9 (1998), 23-52. Pour un ouvrage tout à fait accessible au profane, voir H. Fisher, *Pourquoi nous aimons ?*, tr. A. Muchnik, Paris, Robert Laffont, 2006.

11. Dans les relations intermittentes (où on rompt et où on se raccommode) et dans les relations très instables, conflictuelles, où on s'insulte et où on se frappe, l'amour-passion peut parfois être préservé, mais le prix à payer est très lourd.

12. (1) S.L. Murray *et al.*, « Temting fate or inviting happiness ? Unrealistic realization prevents the decline of marital satisfaction », *PsychScience* 22 (2011), 619-26 ; (2) T.L. Huston, S.M. McHale et A.C. Crouter, « When the honeymoon's over : Changes in the marriage relationship over the first year », *in* R. Gilmour et S. Duck (dir.), *The Emerging Field of Personal Relationships*, Hillsdale, NJ, Erlbaum, 1986, p. 109-32 ; (3) Huston *et al.*, « The connubial crucible » (2001).

13. Les noms, les informations personnelles et le détail des entretiens ont été modifiés pour certains des exemples évoqués dans ce livre.

14. (1) Lyubomirsky, « Hedonic adaptation » (2011) ; (2) K.M. Sheldon, J.K. Boehm et S. Lyubomirsky, « Variety is the spice of happiness : The hedonic adaptation prevention (HAP) model », *in* J. Boniwell et S. David (dir.), *Oxford Handbook of Happiness*, Oxford, Oxford University Press, à paraître ; (3) K.M. Sheldon et S. Lyubomirsky, « The challenge of staying happier : Testing the Hedonic Adaptation Prevention (HAP) model », *Personality and Social Psychology Bulletin* 38 (2012), 670-80.

15. D. Kahneman et R.H. Thaler, « Anomalies : Utility maximization and experienced utility », *Journal of Economic Perspectives* 20 (2006), 221-34.

16. K.M. Sheldon et S. Lyubomirsky, « Change your actions, not your circumstances : An experimental test of the Sustainable Happiness Model », *in* A.K. Dutt et B. Radcliff (dir.), *Happiness, Economics, and Politics*, Cheltenham, Edward Elgard, 2009, p. 324-42. Voir aussi Sheldon et Lyubomirsky, « The challenge of staying happier (2012).

17. À ce propos, voir (1) R.A. Emmons, *Merci ! Quand la gratitude change nos vies*, tr. S. Carteron, Paris, Belfond, 2008 ; (2) F.B. Bryant et J. Veroff, *Savoring*, Mahwah, NJ, Erlbaum, 2006.

18. K.E. Kubacka *et al.*, « Maintaining close relationships : Gratitude as a motivator and a detector of relationship maintenance », *PSPB* 37 (2011), 1362-75.

19. L'essentiel de ces recherches, et leurs conséquences, sont évoquées au chapitre 4 de mon livre *Comment être heureux... et le rester*, tr. C. Fort, Paris, Flammarion, 2008. Pour quelques articles pertinents, voir (1) R.A. Emmons et M.E. McCullough, « Counting blessings versus burdens : An experimental investigation of gratitude and subjective well-being in daily life », *JPSP* 84 (2003), 377-89 ; (2) Lyubomirsky, Sheldon *et al.*, « Pursuing happiness » (2005) ; (3) J.K. Boehm, S. Lyubomirsky et K.M. Sheldon, « A longitudinal experimental study comparing the effectiveness of happiness-enhancing strategies in Anglo Americans and Asian Americans », *Cognition & Emotion* 25 (2011), 1263-72 ; (4) S. Lyubomirsky, R. Dickerhoof *et al.*, « Becoming happier takes both a will and a proper way : An experimental longitudinal intervention to boost well-being », *Emotion* 11 (2011), 391-402 ; (5) M.E. Seligman *et al.*, « Positive psychology progress : Empirical validation of interventions », *AmPsych* 60 (2005), 410-21 ; (6) J.J. Froh, W.J. Sefick et R.A. Emmons, « Counting blessings in early adolescents : An experimental study of gratitude and subjective well-being », *Journal of School Psychology* 46 (2008), 213-33 ; (7), L.A. King, « The health benefits of writing about life goals », *PSPB* 27 (2001), 798-807 ; (8) F.B. Bryant, C.M. Smart et S.P. King, « Using the past to enhance the present : Boosting happiness through positive reminiscence », *JoHS* 6 (2005), 227-60.

20. M. Koo *at al.*, « It's a wonderful life : Mentally subtracting positive events improves people's affective states, contrary to their affective forecasts », *JPSP* 95 (2008), 1217-24.

21. *Ibid.*

22. K.M. Sheldon et S. Lyubomirsky, « Achieving sustainable gains in happiness : Change your actions, not your circumstances », *JoHS* 7 (2006), 55-86.

23. (1) Sheldon et Lyubomirsky, *ibid.* (2006) ; (2) K.M. Sheldon et S. Lyubomirsky, « Change your actions, not your circumstances », *in* Dutt et Radcliff (dir.), *Happiness, Economics, and Politics* (2009) ; (3) Sheldon et Lyubomirsky, « The challenge of staying happier » (2012).

24. (1) Frederick et Loewenstein, « Hedonic adaptation » (1999) ; (2) H. Helson, « Current trends and issues in adaptation-level theory », *AmPsych* 19 (1964), 26-38 ; (3) A. Parducci, *La Mesure du bonheur*, tr. E. Boillaud, Grenoble, Presses universitaires de Grenoble, 1999.

25. (1) D.E. Berlyne, « Novelty, complexity, and hedonic value », *Perception and Psychophysics* 8 (1970), 279-86 ; (2) R.K. Ratner, B.E. Kahn et D. Kahneman, « Choosing less-preferred experiences for the sake of variety », *Journal of Consumer Research* 26 (1999), 1-15 ; (3) A.M. Leventhal *et al.*, « Investigating the dynamics of affect : Psychological mechanisms of affective habituation to pleasurable stimuli », *Motivation and Emotion* 31 (2007), 145-57.

26. (1) G.V. Rebec *et al.*, « Regional and temporal differences in real-time dopamine efflux in the nucleus accumbens during free-choice novelty », *Brain Research* 776 (1997), 61-67 ; (2) T. Suhara *et al.*, « Dopamine D2 receptor in the insular cortex and the personality trait of novelty seeking », *NeuroImage* 13 (2001), 891-95.

27. (1) O. Arias-Carrin et E. Pöppel, « Dopamine, learning, and reward-seeking behavior », *Acta Neurobiologiae Experimentalis* 67 (2007), 481-88 ; (2) F.G. Ashby, A.M. Isen et U. Turken, « A neurobiological theory of positive affect and its influence on cognition », *PsychReview* 106 (1999), 529-50.

28. Sheldon *et al.* « Variety is the spice of happiness », à paraître.

29. M.I. Norton, J.H. Frost et D. Ariely, « Less is more : The lure of ambiguity, or why familiarity breeds contempt », *JPSP* 92 (2007), 97-105.

30. Wilson et Gilbert, « Explaining away » (2008).

31. T.D. Wilson *et al.*, « The pleasures of uncertainty : Prolonging positive moods in ways people do not anticipate », *JPSP* 88 (2005), 5-21.

32. G.S. Berns *et al.*, « Predictability modulates human brain responses to reward », *The Journal of Neuroscience* 21 (2001), 2793-98.

33. E. Langer, *On becoming an artist*, New York, Ballantine, 2005.

34. (1) L.D. Nelson et T. Meyvis, « Interrupted consumption : Disrupting adaptation to hedonic experiences », *Journal of Marketing Research* XLV (2008), 654-64 ; (2) L.D. Nelson, T. Meyvis et J. Galak, « Enhancing the television viewing experience through commercial interruptions », *JCR* 36 (2008), 160-72.

35. *Ibid.*

36. W. James, *Aux étudiants, aux enseignants*, tr. Pidoux, Paris, Payot, 2000, 90.

37. C. Reissman, A. Aron et M.R. Bergen, « Shared activities and marital satisfaction : Causal direction and self-expansion versus boredom », *Journal of Social and Personal Relationships* 10 (1993), 243-54.

38. A. Aron *et al.*, « Couples' shared participation in novel and arousing activities and experienced relationship quality », *JPSP* 78 (2000), 273-84.

39. J.M. Graham, « Self-expansion and flow in couples' momentary experiences : An experience sampling study », *JPSP* 95 (2008), 679-94.

40. D.G. Dutton et A. Aron, « Some evidence for heightened sexual attraction under conditions of high anxiety », *JPSP* 30 (1974), 510-17.

41. R.B. Slatcher, « Effects of couple friendships on relationship closeness », communication prononcée lors de l'assemblée annuelle de la SPSP, Albuquerque, Nouveau-Mexique, janvier 2008.

42. M. Groening, « Signes avant-coureurs de la lassitude de votre partenaire : 1. Baisers sans passion, 2. Soupirs fréquents, 3. A déménagé sans laisser d'adresse ». Tiré de *L'amour, c'est l'enfer*, tr. J.-L. Fromental, Sèvres, La Sirène, 1994.

43. (1). W.T. O'Donohue et J.H. Geer, « The habituation of sexual arousal », *Archives of Sexual Behavior* 14 (1985), 233-46 ; (2) E. Koukounas et R. Over, « Habituation and dishabituation of male sexual arousal », *Behaviour Research and Therapy* 31 (1993), 575-85 ; (3) I. Meuwissen et R. Over, « Habituation and dishabituation of female sexual arousal », *Behaviour Research and Therapy* 28 (1990), 217-26.

44. R. Chandler, *The Long Good-bye (Sur un air de navaja)*, tr. H. Robillot et J. Hérisson, Paris, Gallimard, 1987, p. 29.

45. G. Bermant, « Sexual behavior : Hard times with the Coolidge effect », *in* M.H. Siegel et H.P. Zeigler (dir.), *Psychological Research*, New York, Harper, 1976, p. 76-103.

46. C. Ryan et C. Jethá, *Sex at Dawn*, New York, Harper, 2010.

47. Pour une étude révélatrice des raisons pour lesquelles les femmes mariées croient avoir perdu tout désir sexuel dans leur couple, voir un article décrivant leur réaction lors d'interviews approfondies : K.E. Sims et M. Meana, « Why did passion wane ? A qualitative study of married women's attributions for declines in sexual desire », *Journal of Sex and Marital Therapy* 36 (2010), 360-80. Trois thèmes majeurs se dégageaient de ces entretiens. D'abord, ces femmes reprochaient à leur mariage d'avoir transformé le rapport sexuel en obligation. Ensuite, elles se plaignaient d'une « familiarité excessive », l'acte sexuel devenant plus mécanique, plus prévisible, orienté vers certains résultats. Enfin, elles estimaient que leur rôle de mère, de femme au foyer ou de femme active les empêchait de percevoir leur propre dimension sexuelle.

48. (1) E.O. Laumann *et al.*, *The Social Organization of Sexuality*, Chicago, University of Chicago Press, 1994 ; (2) D. Klusmann, « Sexual motivation and the duration of partnership », *Archives of Sexual Behavior* 31 (2002), 275-87 ; (3) S.B. Levine, « The nature of sexual desire : A clinician's perspective », *Archives of Sexual Behavior* 32 (2003), 279-85 ; (4) S. Sprecher, « Sexual satisfaction in premarital relationships : Associations with satisfaction, love, commitment, and stability », *Journal of Sex Research* 39 (2002), 190-96. Voir aussi R.F. Baumeister et E. Bratslavsky, « Passion, intimacy, and time : Passionate love as a function of change in intimacy », *Personality and Social Psychology Review* 3 (1999), 49-68.

49. (1) M.P. McCabe, « Intimacy and quality of life among sexually dysfunctional men and women », *Journal of Sex and Marital Therapy* 23 (1997), 276-90 ; (2) G. Trudel, L. Landry et Y. Larose, « Low sexual desire : The role of anxiety, depression, and marital adjustment », *Sexual and Marital Therapy* 12 (1997), 95-99.

50. Pour un excellent panorama de ces recherches, voir R.F. Baumeister, K.R. Catanese et K.D. Vohs, « Is there a gender difference in strength of sex drive ? », *PSPR* 5 (2001), 242-73. Pour l'étude des fantasmes sexuels, voir aussi H. Leitenberg et K. Henning, « Sexual fantasy », *PsychBull* 117 (1995), 469-96.

51. (1) A.P. Thompson, « Extramarital sex : A review of the research litterature », *Journal of Sex Research* 19 (1983), 1-22 ; (2) M. Hunt, *Sexual Behavior in the 70's*, Chicago, Playboy Press, 1974 ; (3) A. Kinsey *et al.*, *Sexual Behavior in the Human Female*, Philadelphie, Saunders, 1953.

52. A.J. Blow et K. Hartnett, « Infidelity in committed relationships II : A Substantive review », *Journal of Marital and Family Therapy* 31 (2005), 217-33.

53. « Tiger divorce secrets : 121 women while married to Elin », *National Enquirer*, avril 2010.

54. Par exemple, D. Klusmann, « Sexual motivation and the duration of partnership », *Archives of Sexual Behavior* 31 (2002), 275-87.

55. M.L. Chivers et J.M. Bailey, « A sex difference in features that elicit genital response », *Biological Psychology* 70 (2005), 115-20.

56. M.L. Chivers, « The puzzle of women's sexual orientation : Measurement issues in research on sexual orientation », communication présentée lors du Puzzle of Sexual Orientation Workshop, Lethbridge, Alberta, Canada.

57. M. Meana, « Elucidating women's (hetero)sexual desire : Definitional challenges and content expansion », *Journal of Sex Research* 47 (2010), 104-22.

58. D. Bergner, « What do women want ? », *New York Times Magazine* (22 janvier 2009).

59. B.P. Acevedo et A. Aron, « Does a long-term relationship kill romantic love ? », *RGP* 13 (2009), 59-65.

60. S.L. Gable, « Approach and avoidance social motives and goals », *Journal of Personality* 74 (2006), 175-222. Voir aussi A.J. Elliot et H.A. McGregor, « A 2 X 2 achievement goal framework », *JPSP* 80 (2001), 501-19.

61. (1) Gable, « Approach and avoidance » (2006) ; (2) E.A. Impett, S.L. Gable et L.A. Peplau, « Giving up and giving in : The costs and benefits of daily sacrifice in intimate relationships », *JPSP* 89 (2005), 327-44.

62. E.A. Impett *et al.*, « Maintaining sexual desire in intimate relationships : The importance of approach goals », *JPSP* 94 (2008), 808-23.

63. Pour moi, le meilleur exemple est le livre de J.M. Gottman et N. Silver, *Les couples heureux ont leurs secrets : les sept lois de la réussite*, tr. D. Beaulieu, Paris, JC Lattès, 2001.

64. S.L Gable *et al.*, « What do you do when things go right ? The intrapersonal interpersonal benefits of sharing positive events », *JPSP* 87 (2004), 228-45.

65. *Ibid.*

66. S.M. Schueller et M.E.P. Seligman, « Personality fit and positive interventions : Is extraversion important ? », présentation lors du 19e congrès de l'APS, Washington, 2007.

67. C.E. Rusbult et P.A.M. Van Lange, « Interdependence, interaction, and relationships », *Annual Review of Psychology* 54 (2003), 351-75.

68. I. Stone, *Puissant et solitaire, la vie ardente de Michel-Ange*, tr. J. Michel, Paris, Presses de la Cité, 1962.

69. C.E. Rusbult, E.J. Finkel et M. Kumashiro, « The Michelangelo phenomenon », *Current Directions* 18 (2009), 305-09.

70. (1) S.M. Drigotas *et al.*, « Close partner as sculptor of the ideal self : Behavioral affirmation and the Michelangelo phenomenon », *JPSP* 77 (1999), 293-323 ; (2) S.M. Drigotas, « The Michelangelo phenomenon and personal well-being », *Journal of Personality* 70 (2002), 59-77 ; (3) M. Kumashiro *et al.*, « To think or to do : The impact of assessment and locomotion », *Journal of Social and Personal Relationships* 24 (2007), 591-611.

71. (1) Sheldon *et al.*, « Variety is the spice of happiness », à paraître ; (2) Lyubomirsky, Sheldon *et al.*, « Pursuing happiness », (2005) ; (3) E.W. Dunn, L.B. Aknin et M.I. Norton, « Spending money on others promotes happiness », *Science* 319 (2008), 1687-88 ; (4) G.M. Williamson et M.S. Clark, « Providing help and desired relationship type as determinants of changes in moods and self-evaluation », *JPSP* 56 (1989), 722-34 ;

(5) J.A. Piliavin, « Doing well by doing good : Benefits for the benefactor », *in* C.L.M. Keyes et J. Haidt (dir.), *Flourishing*, Washington, DC, APA, 2003, p. 227-47.

72. I. Eibl-Eibesfeldt, *Human Ethology*, New York, De Gruyter, 1989; (2) M.J. Hertenstein *et al.*, « The communication of emotion via touch », *Emotion* 9 (2009), 566-73.

73. M.J. Hertenstein, « Touch : Its communicative functions in infancy », *Human Development* 45 (2002), 70-94.

74. A.F. Korner, « The many faces of touch », *in* K.E. Barnard et T.B. Brazelton (dir.), *Touch*, Madison, CT, International Universities Press, 1990, p. 269-97.

75. (1) J. Bowlby, *Soins maternels et santé mentale*, Genève, Organisation mondiale de la santé, 1951; (2) H.F. Harlow, « The nature of love », *AmPsych* 13 (1958), 673-85.

76. (1) Harlow, « The nature of love » (1958); (2) M.D.S. Ainsworth *et al.*, *Patterns of Attachment*, Hillsdale, NJ, Erlbaum, 1978.

77. F. Punzo et J. Alvarez, « Effects of early contact with maternal parent on locomotor activity and exploratory behavior in spiderlings of *Hogna carolinensis* (Araneae : Lycosidae) », *Journal of Insect Behavior* 15 (2002), 455-65.

78. M.S. Remland, T.S. Jones et H. Brinkman, « Interpersonal distance, body orientation, and touch », *The Journal of Social Psychology* 135 (1995), 281-97.

79. Par ordre de mention dans le texte : (1) E.T. Rolls, « The orbitofrontal cortex and reward », *Cerebral Cortex* 10 (2000), 284-94; (2) D. Francis et M.J. Meaney, « Maternal care and the development of stress responses », *Development* 9 (1999), 128-34; (3) J.A. Coan, H.S. Schaefer et R.J. Davidson, « Lending a hand : Social regulation of the neural response to threat », *PsychScience* 17 (2006), 1032-39.

80. M.J. Hertenstein *et al.*, « Touch communicates distinct emotions », *Emotion* 6 (2006), 528-33.

81. Hertenstein *et al.*, « The communication of emotion via touch » (2009).

82. J. Levav et J.J. Argo, « Physical contact and financial risk taking », *PsychScience* 21 (2010), 804-10.

83. P. Noller et M. Ruzzene, « Communication in marriage : The influence of affect and cognition », *in* G.J.O. Fletcher et F.D. Fincham (dir.), *Cognition in Close Relationships*, Hillsdale, NJ, Erlbaum, 1991, p. 203-33.

Chapitre 2

1. S.D. Hollon, K.L. Haman et L.L. Brown, « Cognitive-behavioral treatment of depression », *in* I.H. Gotlib et C.L. Hammen (dir.), *Handbook of depression*, New York, Guilford, 2002, p. 383-403.

2. (1) B.L. Fredrickson et R.W. Levenson, « Positive emotions speed recovery from the cardiovascular sequelae of negative émotions », *Cognition and Emotion* 12 (1998), 191-220; (2) B.L. Fredrickson *et al.*, « The undoing effect of positive emotions », *Motivation and Emotion* 24 (2000), 237-58; (3) B.L. Fredrickson, « The role of positive emotions in positive psychology : The broaden-and-build theory of positive emotions », *AmPsych* 56 (2001), 218-26; (4) D. Keltner et G.A. Bonnano, « A study of laughter and dissociation : Distinct correlates of laughter and smiling during bereavement », JPSP 73 (1997), 687-702; (5) A.D. Ong *et al.*, « Psychological resilience, positive emotions, and successful adaptation to stress in later life », *JPSP* 91 (2006), 730-49.

3. (1) B.L. Fredrickson et C. Branigan, « Positive emotions broaden the scope of attention and thought-action repertoires », *Cognition and Emotion* 19 (2005), 313-32; (2) A.M. Isen, K.A. Daubman et G.P. Nowicki, « Positive affect facilitates creative problem solving », *JPSP* 52 (1987), 1122-31; (3) C.E. Waugh et B.L. Fredrickson, « Nice to know you : Positive emotions, self-other overlap, and complex understanding in the

formation of a new relationship », *The Journal of Positive Psychology* 1 (2006), 93-106 ; (4) J.R. Dunn et M.E. Schweitzer, « Feeling and believing : The influence of emotion on trust », *JPSP* 88 (2005), 736-48 ; (5) B.L. Fredrickson *et al.*, « Open hearts build lives : Positive emotions, induced through loving-kindness meditation, build consequential personal resources », *JPSP* (2008), 1045-62 ; (6) L.A. King *et al.*, « Positive affect and the experience of meaning in life », *JPSP* 90 (2006), 179-96.

4. S.B. Algoe, B.L. Fredrickson et S.-M. Chow, « The future of emotions research within positive psychology », *in* K.M. Sheldon, T.B. Kashdan et M.F. Steger (dir.), *Designing Positive Psychology*, Oxford, Oxford University Press, 2011, p. 115-32.

5. B.L. Fredrickson et M.F. Losada, « Positive affect and the complex dynamics of human flourishing », *AmPsych* 60 (2005), 678-86. Pour une description excellente et accessible de ces recherces et de leurs conséquences sur votre vie, voir B.L. Fredrickson, *Positivity*, New York, Crown, 2009.

6. Le taux réel est de 2,7 pour 1. (1) J.M. Gottman, *What predicts divorce ?* Hillsdale, NJ, Erlbaum, 1994 ; (2) M. Losada, « The complex dynamics of high performance teams », *Mathematical and Computer Modeling* 30 (1999), 179-92 ; (3) J.P. David, P.J. Green, R. Martin et J. Suls, « Differential roles of neuroticism, extraversion and event desirability for mood in daily life : An integrative model of top-down and bottom-up influence », *JPSP* 73 (1997), 149-59.

7. (1) Gottman, *What predicts divorce ?* (1994). Pour une critique de ce livre, voir L. Abraham, « Can you really predict the success of a marriage in 15 minutes ? », *Slate* (8 mars 2010).

8. Voir à ce sujet N.M. Lambert *et al.*, « Positive relationship science : A new frontier for positive psychology », *in* Sheldon *et al.* (dir.), *Designing Positive Psychology* (2005), p. 280-292.

9. J.M. Gottman, *The Relationship Cure*, New York, Three Rivers (2002).

10. N.S. Jacobson et M.E. Addis, « Research on couples and couple therapy : What do we know ? Where are we going ? », *Journal of Consulting and Clinical Psychology* 61 (1993), 85-93.

11. Pour deux comptes rendus de tous ces ouvrages récents et passionnants, voir (1) J.K. McNulty, « When positive processes hurt relationship », *Current Directions* 19 (2010), 167-71 ; (2) J.K. McNulty et F.D. Fincham, « Beyond positive psychology ? Toward a contextual view of psychological processes and well-being », *AmPsych* 67 (2012), 101-10.

12. M.E. Ireland *et al.*, « Language style matching predicts relationship initiation and stability », *PsychScience* 22 (2011), 39-44.

13. (1) J.C. Karremans et T. Verwijmeren, « Mimicking attractive opposite-sex others : The role of romantic relationship status », *PSPB* 34 (2008), 939-50 ; (2), T.L. Chartrand et R. Van Baaren, « Human mimicry », *Advances in Experimental Social Psychology* 41 (2009), 219-74.

14. M.E. Ireland et J.W. Pennebaker, « Language style matching in writing : Synchrony in essays, correspondence, and poetry », *JPSP* 99 (2010), 549-71.

15. J.A. Hall, *Nonverbal Sex Differences*, Baltimore, MD, The Johns Hopkins University Press, 1984.

16. Voir par exemple M. Pasupathi et B. Rich, « Inattentive listening undermines self-verification in personal storytelling », *Journal of Personality* 73 (2005), 1051-86.

17. (1) R.F. Baumeister et M.R. Leary, « The need to belong : Desire for interpersonal attachments as a fundamental human motivation », *PsychBull* 117 (1995), 497-529 ; (2) L.R. Caporeal, « The evolution of truly social cognition : The core configuration model »,

PSPR 1 (1997), 276-98; (3) R. Dunbar, *Grooming, Gossip, and the Evolution of Language*, Cambridge, MA, Harvard University Press, 1996.

18. (1) K.M. Allen *et al.*, « Presence of human friends and pet dogs as moderators of autonomic responses to stress in women », *JPSP* 61 (1991), 582-89; (2) A.R. McConnell *et al.*, « Friends with benefits : On the positive consequences of pet ownership », *JPSP* 101 (2011), 1239-52.

19. S. Schnall *et al.*, « Social support and the perception of geographical slant », *Journal of Experimental Social Psychology* 44 (2008), 1246-55.

20. (1) N.I. Eisenberger, « Neural pathways link social support to attenuated neuroendocrine stress responses », *NeuroImage* 35 (2007), 1601-12; (2) S.D. Pressman *et al.*, « Loneliness, social network size, and immune response to influenza vaccination in college freshmen », *Health Psychology* 24 (2005), 297-306; (3) S.J. Lepore, « Problems and prospects for the social support-reactivity hypothesis », *Annals of Behavioral Medicine* 20 (1998), 257-69.

21. L. Anik et M.I. Norton, « Egotistically resourceful social capitalists : The well-being benefits of bridging social actors and building network connections », communication présentée lors du congrès annuel de la SPSP, Las Vegas, janvier 2010.

22. T. Langner et S. Michael, *Life Stress and Mental Health*, New York, Free Press, 1960.

23. À propos de la rumination et de ses conséquences toxiques, voir (1) S. Lyubomirsky et C. Tkach, « The consequences of dysphoric rumination », *in* C. Papageorgiou et A. Wells (dir.), *Rumination*, Chichester, John Wiley & Sons, 2004, p. 21-41; (2) S. Nolen-Hoeksema, B.E. Wisco et S. Lyubomirsky, « Rethinking rumination », *Perspectives* 3 (2008), 400-424.

24. (1) S. Nolen-Hoeksema, *Pourquoi les femmes se prennent la tête ?*, tr. L. Joanin, Paris, JC Lattès, 2005; (2) S. Lyubomirsky, *Comment être heureux... et le rester*, *op. cit*; (3) R. Carlson, *Ne vous noyez pas dans un verre d'eau*, tr. N. Flaunders, Neuilly-sur-Seine, Michel Lafon, 1998.

25. Voir à ce propos E. Kross et Ö. Ayduk, « Making meaning out of negative experiences by self-distancing », *Current Directions* 20 (2011), 187-91.

26. Ö. Ayduk et E. Kross, « From a distance : Implications of spontaneous self-distancing for adaptive self-reflection », *JPSP* 98 (2010), 809-29.

27. Voir par exemple E. Kross, Ö. Ayduk et W. Mischel, « When asking 'why' doesn't hurt : Distinguishing reflective processing of negative emotions from rumination », *PsychScience* 16 (2005), 709-15.

28. Ö. Ayduk et E. Kross, « Enhancing the pace of recovery : Self-distanced analysis of negative experiences reduces blood pressure reactivity », *PsychScience* 19 (2008), 229-31.

29. (1) Ayduk et Kross, « From a distance » (2010); (2) Kross *et al.*, « When asking 'why' doesn't hurt » (2005)

30. X. Li, L. Wei et D. Soman, « Sealing the emotions genie : The effects of physical enclosure on psychological closure », *PsychScience* 21 (2010), 1047-50.

31. Dans les études publiées, les participants choisissaient de réfléchir à un profond regret ou à une blessure affective particulière, ou on leur demandait de méditer sur la mort tragique d'un bébé.

32. A.H.S. Harris *et al.*, « Effects of a group forgiveness intervention on forgiveness, perceived stress, and trait-anger », *Journal of Clinical Psychology* 62 (2006), 715-33.

33. C. Kang, « On Yom Kippur, forgiveness is divine », *Los Angeles Times*, 14 octobre 2005.

34. A. Pope, *Essais sur la critique*, 1711.

35. (1) M.E. McCullough *et al.*, « Interpersonal forgiving in close relationships : II. Theoretical elaboration and measurement », *JPSP* 75 (1998), 1586-1603 ; (2) J.C. Karremans, P.A.M. Van Lange et R.W. Holland, « Forgiveness and its associations with prosocial thinking, feeling, and doing beyond the relationship with the offender », *PSPB* 31 (2005), 1315-26.

36. (1) T. Baskin et R. Enright, « Intervention studies on forgiveness : A meta-analysis », *Journal of Counseling and Development* 82 (2004), 79-90 ; (2) Harris *et al.*, « Effects of a group forgiveness intervention » (2006) ; (3) J.C. Karremans *et al.*, « When forgiving enhances psychological well-being : The role of interpersonal commitment », *JPSP* 84 (2003), 1011-26 ; (4) F.D. Fincham, S.R.H. Beach et J. Davila, « Longitudinal relations between forgiveness and conflict resolution in marriage », *Journal of Family Psychology* 21 (2007), 542-45 ; (5) A.H.S. Harris et C.E. Thoresen, « Forgiveness, unforgiveness, health, and disease », *in* E.L. Worthington Jr (dir.), *Handbook of Forgiveness*, New York, Brunner-Rouledge, 2005, p. 321-33 ; (6) C.V.O. Witvliet, T.E. Ludwig et K.L. Vander Laan, « Granting forgiveness or harboring grudges : Implications for emotion, physiology, and health », *PsychScience* 12 (2001), 117-23 ; (7) F. Luskin, R. Aberman, et A. DeLorenzo, « The training of emotional competency in financial advisers », Issues and Recent Developments in Emotional Intelligence 1.3 (2003).

37. (1) J.S. Ripley et E.L. Worthington Jr, « Hope-focused and forgiveness-based group interventions to promote marital enrichment », *Journal of Counseling and Development* 80 (2002), 452-63 ; (2) S.R. Freedman et R.D. Enright, « Forgiveness as an intervention goal with incest survivors », *JCCP* 64 (1996), 983-92 ; (3) R.H. Al-Mabuk et W.R. Downs, « Forgiveness therapy with parents of adolescent suicide victims », *Journal of Family Psychotherapy* 7 (1996), 21-39 ; (4) C.T. Coyle et R.D. Enright, « Forgiveness intervention with post abortion men », *JCCP* 65 (1997), 1042-46 ; (5) E.K.P. Hui et T.S. Chau, « The impact of a forgiveness intervention with Hong Kong Chinese children hurt in interpersonal relationships », *British Journal of Guidance and Counseling* 37 (2009), 141-56 ; (6) K. Bonach, « Empirical support for the application of the Forgiveness Intervention Model to postdivorce coparenting », *Journal of Divorce and Remarriage* 50 (2009), 38-54.

38. Karremans *et al.*, « Forgiveness and its associations » (2005).

39. M.E. McCullough, *Beyond Revenge*, San Francisco, Jossey-Bass, 2008.

40. (1) J.G. Murphy, « Forgiveness, self-integrity, and the value of resentment », *in* Worthington (dir.), Handbook of Forgiveness ; (2), R.F. Baumeister, J.J. Exline et K.L. Sommer, « The victim role, grudge theory, and two dimensions of forgiveness », *in* E.L. Worthington Jr (dir.), *Dimensions of Forgiveness*, Philadelphie, Templeton Foundation Press, 1998, p. 79-104 ; (3) McNulty, « When positive processes hurt Relationship » (2010) ; (4) J.K. McNulty, « The dark side of forgiveness : The tendency to forgive predicts continued psychological and physical aggression in marriage », *PSPB* 37 (2011), 770-83 ; (4) McNulty et Fincham, « Beyond positive psychology ? », (2012).

41. J.K. McNulty, « Forgiveness in marriage : Putting the benefits into context », *JFP* 22 (2008), 171-75.

42. L.B. Luchies *et al.*, « The doormat effect : When forgiving erodes self-respect and self-concept clarity », *JPSP* 98 (2010), 734-49.

43. Ce récit est emprunté à Michael Neill (www.geniuscatalyst.com).

44. M.D. Bramlett et W.D. Mosher, *Cohabitation, marriage, divorce, and re-marriage in the United States*, Hyattsville, MD, National Center for Health Statistics, 2002.

45. Luhmann *et al.*, « Subjective well-being and adaptation to life évents » (2012). D'autres études montrent la résistance des personnes après le divorce : (1) P.R. Amato, « Research on divorce : Continuing trends and new developments », *JMF* 72 (2010) 650-

66 ; (2) A.D. Mancini, G.A. Bonanno et G.E. Clark, « Stepping off the hedonic treadmill : Individual differences in response to major life events », *Journal of Individual Differences* 32 (2011), 144-52.

46. A.S. Masten, « Ordinary magic : Resilience processes in development », *AmPsych* 56 (2001), 227-38.

47. Pour des exemples de ces ressources, voir R.J. Fazio, « Growth consulting : Practical methods of facilitating growth through loss and adversity », *Journal of Clinical Psychology* : In Session 65 (2009), 532-43.

48. H.P. Lacey, D.M. Smith et P.A. Ubel, « Hope I die before I get old : Mispredicting happiness across the adult lifespan », *JoHS* 7 (2006), 167-82.

49. Le concept d'intelligence émotionnelle, élaboré par Peter Salovey et John Mayer, a été popularisé par Daniel Goleman : (1), P. Salovey et J.D. Mayer, « E », *Imagination, Cognition and Personality* 9 (1990), 185-211 ; (2) D. Goleman, *L'Intelligence émotionnelle*, tr. T. Piélat, Paris, Robert Laffont, 1997.

50. C'est l'échelle d'estime de soi la plus couramment utilisée. Voir M. Rosenberg, *Society and the Adolescent Self-image*, Princeton, Princeton University Press, 1965.

51. Dans un article pionnier, la psychologue Jennifer Crocker cite des chercheurs selon lesquels les découvertes récentes « vont à l'encontre des efforts généralisés pour renforcer l'estime de soi » (p. 395). S'opposant à leur conclusion, la recherche de Crocker suggère qu'un moyen contre-intuitif d'augmenter l'estime de soi consiste à soutenir les autres plutôt qu'à contrôler son image. La compassion vous aide à être plus à l'écoute des autres, poussant les autres à vous voir de façon plus positive, ce qui finit par augmenter votre estime de soi. Voir J. Crocker, « Self-image and compassionate goals and construction of the social self : Implications for social and personality psychology », *PSPR* 15 (2011), 394-407.

52. A. Booth et P. Amato, « Divorce and psychological stress », *Journal of Health and Social Behaviour* 32 (1991), 396-407.

53. Gilbert *et al.*, « Immune neglect » (1998).

54. (1) Gilbert *et al.*, « The trouble with Vronsky » (2002) ; (2) Gilbert *et al.*, « Immune neglect » (1998).

55. Wilson *et al.*, « Focalism » (2000).

56. L.H. Cohen, *House Lights*, New York, Norton, 2007, p. 299.

57. M. Hetherington et J. Kelly, *For better or worse*, New York, Norton, 2002.

58. J.E. Lansford, « Parental divorce and children's adjustment », *Perspectives* 4 (2009), 140-52. Nombre des études décrites dans ce chapitre sont citées dans cet excellent article.

59. P.R. Amato, « Children of divorce in the 1990s : An update of the Amato and Keith (1991) meta-analysis », *JFP* 15 (2001), 355-70.

60. (1) Hetherington et Kelly, *For better or worse* ; (2) P.D. Allison et F.F. Furstenberg Jr., « How marital dissolution affects children : Variations by age and sex », *Developmental Psychology* 25 (1989), 540-49.

61. (1) P.R. Amato et D.D. DeBoer, « The transmission of marital instability across generations : Relationship skills or commitment to marriage ? », JMF 63 (2001), 1038-51 ; (2) J.S. Tucker *et al.*, « Parental divorce : Effects on individual behavior and longevity », *JPSP* 73 (1997), 381-91.

62. (1) D.T. Lykken, « How relationships begin and end : A genetic perspective », *in* A.L. Vangelisti, H.T. Reis et M.A. Fitzpatrick (dir.), *Stability and change in relationships*, New York, Cambridge University Press (2002), p. 83-102 ; (2) V. Jocklin, M. McGue et D.T. Lykken, « Personality and divorce : A genetic analysis », *JPSP* 71, 288-99.

63. D. Umberson *et al.*, « As good as it gets ? A life course perspective on marital quality », *Social Forces* 84 (2005), 593-611.

64. (1) J.D. Kiecolt-Glaser *et al.*, « Marital quality, marital disruption, and immune function », *Psychosomatic Medicine* 49 (1987) 13-34 ; (2) M.E. Hughes et L.J. Waite, « Marital biography and health at mid-life », *Journal of Health and Social Behavior* 50 (2009), 344-58 ; (3) G.C. Sprehn *et al.*, « Decreased cancer survival in individuals separated at time of diagnosis – critical period for cancer pathophysiology ? », *Cancer* 115 (2009), 5108-16.

65. K. Orth-Gomér *et al.*, « Marital stress worsens prognosis in women with coronary heart disease : The Stockholm Female Coronary Risk Study », *Journal of the AMA* 284 (2000), 3008-14.

66. (1) W.B. Malarkey *et al.*, « Hostile behavior during marital conflict alters pituitary and adrenal hormones », *Psychosomatic Medicine* 56 (1994), 41-51 ; (2) J.K. Kiecolt-Glaser *et al.*, « Hostile marital interactions, proinflammatory cytokine production, and wound healing », *Archives of General Psychiatry* 62 (2005), 1377-84 ; (3) J. Holt-Lundstadt, T.B. Smith et J.B. Layton, « Social relationships and mortality risk : A meta-anlaytic reviw », *PLoS Medicine* 7 (2010), e100316.

67. Il s'agit de Timothy B. Smith.

68. P.R. Amato, L.S. Loomis et A. Booth, « Parental divorce, marital conflict, and offspring well-being during early adulthood », *Social Forces* 73 (1995), 895-915.

CHAPITRE 3

1. Luhmann *et al.*, « Subjective well-being » (2012).

2. (1) S.K. Nelson, T. English, K. Kushlev, E.W. Dunn et S. Lyubomirsky, « In defense of parenthood : Children are associated with more joy than misery », *PsychScience*, à paraître ; (2) S.K. Nelson, K. Kushlev et S. Lyubomirsky, *When and why are parents happy or unhappy ? A review of the association between parenthood and well-being*, manuscrit soumis pour publication.

3. (1) A.E. Clark *et al.*, « Lags and leads in life satisfaction », *The Economic Journal* 118 (2008), F222-F243 ; (2) Umberson *et al.*, « As good as it gets ? » (2005).

4. S.M. Gorchoff, O.P. John et R. Helson, « Contextualizing change in marital satisfaction during middle age », *PsychScience* 19 (2008), 1194-1200.

5. Pour quelques exemples, voir (1) J.M. Twenge, W.K. Campbell et C.A. Foster, « Parenthood and marital satisfaction : A meta-analytic review », *JMF* 65 (2003), 574-83 ; (2) N.D. Glenn et C.N. Weaver, « A note on family situation and global happines », *Social Forces* 57 (1979), 960-67. Pour une exception, voir Nelson *et al.*, *When and why are parents happy or unhappy ?* Pour un bilan, voir S. Lyubomirsky et J.K. Boehm, « Human motives, happiness, and the puzzle of parenthood : Commentary on Kenrick *et al.* », *Perspectives* 5 (2010), 327-34.

6. D. Kahneman *et al.*, « A survey method for characterizing daily life experience : The day reconstruction method », *Science* 306 (2004), 1776-80. Pourtant, nous avons en vain tenté récemment de reproduire ce résultat : les parents éprouvent en réalité plus de bonheur lorsqu'ils ont des interactions avec leurs enfants dans la journée, et ressentent plus d'émotions positives quotidiennes en général. Nelson *et al.*, « In defense of parenthood », à paraître.

7. W.C. Compton, *Introduction to Positive Psychology*, New York, Wadsworth, 2004.

8. L.M. Papp, E.M. Cummings et M.C. Goeke-Morey, « For richer, for poorer : Money as a topic of marital conflict in the home », *Family Relations* 58 (2009), 91-103.

9. J. Senior, « All joy and no fun : Why parents hate parenting », *New York Magazine*, 4 juillet 2010.

10. Nelson *et al.*, « In defense of parenthood », à paraître.

11. G. Loewenstein et P.A. Ubel, *Hedonic Adaptation and the role of decision and experience utility in public policy*, communication présentée à la Conference on Happiness and Public Economics, Londres, septembre 2006.

12. (1) R.F. Baumeister *et al.*, « Bad is stronger than good », *RGP* 5 (2001), 323-70; (2) K.S. Birditt, K.L. Fingerman et S. Zarit, « Adult children's problems and successes : Implications for intergenerational ambivalence », *Journal of Gerontology* 65 (2010), 145-63.

13. G.M. Martinez *et al.*, « Fertility, contraception, and fatherhood : Data on men and women from cycle 6 (2002) of the 2002 National Survey of Family Growth », *Vital Health Statistics* (2006), 1-142.

14. N. Hattiangadi, V.H. Medvec et T. Gilovich, « Failing to act : Regrets of Terman's geniuses », *International Journal of Aging and Human Development* 40 (1995), 175-85.

15. A.D. Kanner *et al.*, « Failing to act : Regrets of Terman's geniuses », *Journal of Behavioral Medicine* 4 (1981), 1-39.

16. J.K. Bosson *et al.*, *Inaccuracies in folk wisdom : Evidence of a spilled milk fallacy*, manuscrit inédit, département de psychologie, University of South Florida, Tampa.

17. Gilbert *et al.*, « The peculiar longevity of things not so bad » (2004).

18. Bosson *et al.*, *Inaccuracies in folk wisdom* (2009).

19. Gilbert *et al.*, « The peculiar longevity of things not so bad » (2004).

20. K. Aumann, E. Galinsky et K. Matos, *The New Male Mystique (National Study of the Changing Workforce)*, New York, Families and Work Institute, 2011.

21. (1) A.C. Crouter et M.F. Bumpus, « Linking parents' work stress to children's and adolescents' psychological adjustment », *Current Directions* 10 (2001), 156-59; (2) R.L. Repetti et J. Wood, « The effects of daily stress at work on mothers' interactions with preschoolers », *JFP* 11 (1997), 90-108; (3) R.L. Repetti, « The daily workload on subsequent behavior during marital interaction : The roles of social withdrawal and spouse support », *JPSP* 57 (1989), 651-59.

22. (1) K.G. Niederhoffer et J.W. Pennebaker, « Sharing one's story : On the benefits of writing or talking about emotional experience », *in* S.J. Lopez (dir.), *Oxford Handbook of Positive Psychology* (2e éd., p. 621-32), New York, Oxford University Press, 2009; (2) J. Frattaroli, « Experimental disclosure and its moderators : A meta-analysis », *PsychBull* 132 (2006), 823-65; (3) J.W. Pennebaker et J.D. Seagal, « Forming a story : The health benefits of narrative », *Journal of Clinical Psychology* 55 (1999), 1243-54; (4) Enfin, pour une formidable introduction à l'œuvre de J. Pennebaker, achetez son livre, *Opening Up* (1997).

23. Beaucoup de ces études sont examinées dans un excellent article, dû à l'un de mes anciens étudiants et collaborateurs : Frattaroli, « Experimental disclosure » (2006).

24. (1) D. Umberson, « Relationships with children : Explaining parents' psychological well-beintg », *JMF* 51 (1989), 999-1012; (2) T. Hansen, B. Slagsvold et T. Moum, « Childlessness and psychological well-being in midlife and old age : An examination of parental status effects across a range of outcomes », *Social Indicators Research* 94 (2009), 343-62; (3) G. Spitze et J. Logan, « Sons, daughters, and intergenerational social support », *JMF* 52 (1990), 420-30; (4) J.F. Robertson, « Grandmotherhood : A study of role conceptions », *JMF* 39 (1977), 165-74.

25. (1) U.S. Government Printing Office, *CIA World Factbook* (2009); (2) A.C. De Marco, « The influence of family economic status on home-leaving patterns during emerging adulthood », *Families in Society* 89 (2008), 208-18; (3) H.P. Koo, C.M. Suchin-

dran et J.D. Griffith, « The completion of childbearing : Change and variation in timing », *JMF* 49 (1987), 281-93 ; (4) T.J. Matthews et B.E. Hamilton, « Delayed childbearing : More women are having their first child later in life », *NCHS Data Brief* 21 (2009), 1-8 ; (5) A. Sonfield, « Looking at men's sexual and reproductive health needs », *The Guttmacher Report on Public Policy* 5 (2002), 7-9.

26. K. Pillemer, *30 Lessons for Living*, New York, Hudson Street, 2011, p. 117.

27. S.M. Bianchi, « Maternal employment and time with children : Dramatic change or surprising continuity ? », *Demography* 4 (2000), 410-14.

28. M.A. Milkie, S. Raley et S.M. Bianchi, « S », *Social Forces* 88 (2009), 487-517.

29. (1) J. Warner, *Mères au bord de la crise de nerf : la maternité à l'ère de la performance*, tr. M.-S. Rivière, Paris, Albin Michel, 2006 ; (2) F. Furedi, *Parents paranos : laissez tomber votre culpabilité, vous êtes très bien !*, tr. D. Peter, Paris, Alias etc., 2001.

30. H. R. Clinton, *Il faut tout un village pour élever un enfant*, tr. M. Leyris et N. Zimmermann, Paris, Denoël, 1996.

31. Il est bon de préciser que ma mère, loin de négliger son devoir parental, est l'incarnation de la mère qui se sacrifie pour ses enfants.

32. Cette citation est empruntée à Brandi Snyder.

Chapitre 4

1. Cette lectrice utilisait une application smartphone qui dépiste le bien-être des utilisateurs et leur propose huit exercices différents pour les rendre plus heureux. L'application, conçue pour iPhone, s'appelle Live Happy (www.livehappyapp.com). Je n'ai aucun intérêt financier dans cette affaire, mais on peut en tirer des données fascinantes pour mon labo sur la façon dont les gens recherchent le bonheur dans le monde réel, et sur ce qui fonctionne le mieux. Voir A. Parks, M.D. Della Porta, R.S. Pierce, R. Zilca et S. Lyubormirsky, « Pursuing happiness in everyday life : A naturalistic investigation of online happiness seekers », *Emotion*, à paraître.

2. (1) L. Rainie et M. Madden, « Not looking for love », *Pew Research Center Publications*, 2006 ; (2) U.S. Census Bureau, « America's families and living arrangements : 2010 », *Families and Living Arrangements*, 2010 ; (3) I.A. Connidis, *Family Ties and Aging*, Thousand Oaks, CA, Sage, 2001.

3. Si le sujet du célibat vous intéresse, lisez l'exceptionnel ouvrage de Bella DePaulo et l'excellent article de Kate Bolick : (1) B. DePaulo, *Singled Out*, New York, St. Martin's Griffin, 2007 ; (2) K. Bolick, « All the single ladies », *The Atlantic*, novembre 2011.

4. A.B. Krueger *et al.*, « Time use and subjective well-being in France and the U.S. », *SIR* 93 (2009), 7-18.

5. (1) M. Haring-Hidore *et al.*, « Marital status and subjective well-being : A research synthesis », *JMF* 47 (1985), 947-53 ; (2) W.R. Gove et H. Shin, « The psychological well-being of divorced and widowed men and women », *Journal of Family Issues* 10 (1989), 122-44.

6. Lucas *et al.*, « Reexamining adaptation » (2003).

7. (1) Hughes et Waite, « Marital biography and health at mid-life » (2009) ; (2) J.S. Tucker *et al.*, « Marital history at midlife as a predictor of longevity : Alternative explanations to the protective effect of marriage », *Health Psychology* 15 (1996), 94-101.

8. B. M. DePaulo et W. L. Morris, « Singles in society and in science », *Psychological Inquiry* 16 (2005), 57-83.

9. *Ibid.*

10. Pour un examen critique, voir (1) Baumeister et Leary, « The need to belong » (1995) ; (2) E. Berscheid et H.T. Reis, « Attraction and close relationships », *in* DT. Gil-

bert, S.T. Fiske et G. Lindzey (dir.), *The Handbook of Social Psychology* (4e éd.), New York, McGraw-Hill, 1998, p. 193-281 ; (3) S. Stack et J.R. Eshleman, « Marital status and happiness : A 17-nation study », *JMF* (1998), 527-36.

11. Pour un examen de la littérature consacrée à l'association de traits avec l'amabilité, le statut marital et la satisfaction maritale, voir S. Lyubomirsky, L.A. King et E. Diener, « The benefits of frequent positive affect : Does happiness lead to success ? », *PsychBull* 131 (2005), 803-55.

12. L. Harker et D. Keltner, « Expressions of positive emotions in women's college yearbook pictures and their relationship to personality and life outcomes across adulthood », *JPSP* 80 (2001), 112-24.

13. Voltaire, *Candide* (1759), chap. 19.

14. N. Hornby, *Slam*, tr. F. Kerline, Paris, Plon, 2008, p. 213.

15. (1) King, « The health benefits of writing » (2001) ; (2) C.M. Burton et L.A. King, « Effects of (very) brief writing on health : The two-minute miracle », *British Journal of Health Psychology* 13 (2008), 9-14 ; (3) Lyubormirsky, Sheldon *et al.*, « Pursuing happiness » (2005) ; (4) Sheldon et Lyubormirsky, « Achieving sustainable gains » (2006) ; (5) Boehm *et al.*, « A longitudinal experimental study » (2011) ; (6) Lyubomirsky, Dickerhoof *et al.*, « Becoming happier » (2011).

16. (1) C.S. Carver, M.F. Scheier et S.C. Segerstrom, « Optimism », *Clinical Psychology Review* (1er février 2010) ; (2) S.C. Segerstrom, « Optimism, goal conflict, and stressor-related immune change », *Journal of Behavioral Medicine* 24 (2001), 441-67 ; (3) C.R. Snyder *et al.*, « The will and the ways : Development and validation of an individual-differences measure of hope », *JPSP* 60 (1991), 570-85 ; (4) S. Lyubomirsky, C. Tkach et M.R. DiMatteo, « What are the differences between happiness and self-esteem ? », *SIR* 78 (2006), 363-404.

17. (1) C. Wrosch et M.F. Scheier, « Personality and quality of life : The importance of optimism and goal adjustment », *Quality of Life Research* 12, suppl. 1 (2003), 59-72 ; (2) M.F. Scheier, J.K. Weintraub et C.S. Carver, « Coping with stress : Divergent strategies of optimists and pessimists », *JPSP* 51 (1986), 1257-64.

18. Winston Churchill disait : « Un pessimiste voit la difficulté dans chaque opportunité, un optimiste voit l'opportunité dans chaque difficulté. »

19. (1) Wrosch et Scheier, « Personality and quality of life » (2003) ; (2) C. Wrosch *et al.*, « The importance of goal disengagement in adaptive self-regulation », *Self-Identity* 2 (2003), 1-20.

20. (1) E. Klinger, « Consequences of commitment to and disengagement from incentives », *PsychReview* 82 (1975), 1-25 ; (2) Wrosch *et al.*, « The importance of goal disengagement » (2003).

21. M.A.G. Sprangers et C.E. Schwartz, « Integrating response into health related quality of life research : A theoretical model », *Social Science & Medicine* 48 (1999), 1507-15.

22. (1) U.S. Census Bureau, America's families and living arrangements : 2010 (2010) ; (2) Bolick, « All the single ladies » (2011).

23. (1) J.T. Moskowitz *et al.*, « Coping and mood during AIDS-related caregiving and bereavement », *Annals of Behavioral Medicine* 18 (1996), 49-57. (2) B. Tunali et T.G. Power, « Creating satisfaction : A psychological perspective on stress and coping in families of handicapped children », *Journal of Child Psychology and Psychiatry* 34 (1993), 945-57.

24. C. Wrosch et J. Heckhausen, « Control processes before and after passing a developmental deadline : Activation and deactivation of intimate relationship goals », *JPSP* 77 (1999), 415-27.

25. D. Winnicott, « Transitional objects and transitional phenomena », *International Journal of Psychoanalysis* 34 (1953), 89-97.

DEUXIÈME PARTIE

1. (1) United States Bureau of Labor Statistics, *American Time Use Survey – 2009 Results* (2010) ; (2) National Sleep Foundation, *Longer work days leave Americans nodding off on the job* (3 mars 2008) ; (3) M. Mandel, « The real reasons you're working so hard... and what you can do about it », *Business Week* (3 octobre 2005).

2. H. Harper, *The Wealth Cure*, New York, Gotham, 2011.

Chapitre 5

1. Gallup-Healthways Well-being Index (2010).

2. Sigmund Freud aurait déclaré, au cours d'une conversation avec Carl Jung, que *lieben und arbeiten*, aimer et travailler, sont les deux choses qu'une personne « normale » devrait être capable de faire bien.

3. W.R. Boswell, J.W. Boudreau et J. Tichy, « The relationship between employee job change and job satisfaction : The honeymoon-hangover effect », *Journal of Applied Psychology* 90 (2005), 882-92.

4. (1) D.A. Schkade et D. Kahneman, « Does living in California make people happy ? A focusing illusion in judgments of life satisfaction », *PsychScience* 9 (1998), 340-46 ; (2) J. Galak, J. Kruger et G. Loewenstein, « Is variety the spice of life ? It all depends on rate of consumption », *Judgment & Decision Making* 6 (2011), 230-38 ; (3) B. Frey et A. Stutzer, *Happiness and economics*, Princeton, NJ, Princeton University Press, 2002 ; (4) Lucas *et al.*, « Reexamining adaptation » (2003) ; (5) O'Donohue et Geer, « The habituation of sexual arousal » (1985).

5. (1) Lyubomirsky, « Hedonic adaptation » (2011) ; (2) Sheldon *et al.*, « Variety is the spice of happiness » (à paraître) ; (3) Wilson et Gilbert, « Explaining away » (2008) ; (4) Wilson *et al.*, « Focalism » (2000).

6. F. Ferrante, « Education, aspirations, and life satisfaction », *Kyklos* 62 (2009), 542-62.

7. Comme le conseillait Aristote : « Ramène tes désirs au niveau de tes moyens présents. Ne les laisse s'accroître que quand tes moyens se seront accrus. »

8. V. Liberman, J.K. Boehm, S. Lyubomirsky et L. Ross, « Happiness and memory : Affective significance of endowment and contrast », *Emotion* 9 (2009), 666-80.

9. Comme l'application Live Happy pour iPhone (www.livehappyapp.com) fondée sur mon livre *Comment être heureux... et le rester*, *op. cit.*, ou les nombreuses autres qui apparaissent chaque mois.

10. Les bienfaits de la gratitude, ainsi que les recommandations spécifiques pour exercer cette qualité, sont décrites de façon accessible dans R. Emmons, *Merci ! Quand la gratitude change nos vies*, Paris, Belfond, 2008, et au chapitre 4 de mon livre *Comment être heureux... et le rester*, *op. cit.*

11. « 20 incredible dream jobs that really do exist » (5 mai 2010), http://www.careeroverview.com/blog/2010/20-incredible-dream-jobs-that-really-do-exist/

12. K. Starr, « Testing video games can't possibly be harder than an afternoon with Xbox, right ? », *Seattle Weekly* (11 juillet 2007).

13. D. Ensor, « Moran : 'It's dirty business' », *CNN* (12 janvier 2005).

14. J.L. Kurtz, « Looking to the future to appreciate the present : The benefits of perceived temporal scarcity », *PsychScience* 19 (2008), 1238-41.

15. Il existe des centaines d'études dans ce domaine, mais pour un bilan, voir E.A. Locke et G.P. Latham, « Self-regulation through goal setting », *Organizational Behavior and Human Decision Processes* 50 (1991), 212-47. Parmi les exemples de prophéties qui se réalisent, on trouve les effets placebo, les effets Pygmalion et la menace de stéréotype.

16. Voir ce livre inestimable dû à l'une de mes nouvelles collègues, S. Mednick et M. Ehrmann, *Faites la sieste !*, Paris , Marabout, 2009.

17. (1) E.L. Rossi, *20 minutes de répit : prévenir les effets néfastes du stress*, tr. M. Pierron, Montréal, Éditions de l'Homme, 1992 ; (2) J. Loehr et T. Schwartz, *The Power of Full Engagement*, New York, Free Press, 2003 ; (3) T. Schwartz, J. Gomes et C. McCarthy, *The Way We're Working, Isn't Working*, New York, Free Press, 2010.

18. T. Schwartz et C. McCarthy, « Manage your energy, not your time », *Harvard Business Review* (octobre 2007), 1-10.

19. S. Reeve, *Choose Peace and Happiness, a 52-week guide*, Newburyport, Red Wheel / Weiser, 2009, 161.

20. Ces *top executives* portent des titres comme président-directeur général, responsable des opérations, directeur en chef, président, vice-président, proviseur, principal, administrateur régional et maire. U.S. Department of Labor, Bureau of Labor and Statistics, *Occupational Outlook Handbook, 2010-11 Edition, Top Executives.*

21. (1) B.P. Bunk *et al.*, « The affective consequences of social comparison : Either direction has its ups and downs », *JPSP* 59 (1990), 1238-49 ; (2) B. Major, M. Testa et W.H. Bylsma, « Responses to upward and downward social comparisons : The impact of esteem-relevance and perceived control », *in* J. Suls et T.A. Wills (dir.), *Social Comparison*, Hillsdale, NJ, Erlbaum, 1991, p. 237-60.

22. Cette notion vient d'une citation attribuée à un courtier de Wall Street auquel avait été versée une prime fabuleuse : « On ne s'enrichit pas dans ce boulot, on ne peut qu'atteindre un niveau différent de pauvreté relative. » Tiré de M. Lewis, *Poker menteur : l'histoire vraie d'un golden-boy*, tr. G. Belleteste et F. Herbulot, Paris, Dunod, 1990, 249.

23. (1) S. Lyubomirsky et L. Ross, « Hedonic consequences of social comparison : A contrast of happy and unhappy people », *JPSP* 73 (1997), 1141-57 ; (2) S. Lyubomirsky, K.L. Tucker et F. Kasri, « Responses to hedonically conflicting social comparisons : Comparing happy and unhappy people », *European Journal of Social Psychology* 31 (2001), 511-35 ; (3) S. Lyubomirsky *et al.*, « The cognitive and hedonic costs of dwelling on achievement-related negative experiences : Implications for enduring happiness and unhappiness », *Emotion* 11 (2011), 1152-67.

24. Lyubomirsky et Ross, « Hedonic consequences » (1997).

25. S.F. Brosnan et F.B.M. de Waal, « Monkeys reject unequal pay », *Nature* 425 (2003), 297-99.

26. Parce que les comparaisons défavorables sont plus douloureuses que les comparaisons favorables, même si la moitié de nos amis sont plus à l'aise et l'autre moitié moins à l'aise, nous souffrons généralement quand nous nous comparons aux autres. Voir chapitre 2 (« Visez un rapport de trois pour un »), et les titres suivants : (1) Baumeister, Bratislavsky *et al.*, « Bad is stronger than good » (2001) ; (2) C. Senik, « Direct », *Journal of Economic Behavior and Organization* 72 (2009), 408-24.

27. H.S. Sullivan, *The Interpersonal Theory of Psychiatry*, Londres, Routledge, 1955, p. 309.

28. (1) T. Kasser et R.M. Ryan, « Further examining the American dream : Differential correlates of intrinsic and extrinsic goals », *PSPB* 22 (1996), 280-87 ; (2) I. McGregor et B.R. Little, « Personal projects, happiness, and meaning », *JPSP* 74 (1998), 494-512 ;

(3) N. Cantor et C.A. Sanderson, « Life task participation and well-being : The importance of taking part in daily life », *in* Kahneman *et al.*, *Well-being* (1999), p. 230-43 ; (4) K.M. Sheldon et A.J. Elliot, « Goal striving, need-satisfaction, and longitudinal well-being : The Self-Concordance Model », *JPSP* 76 (1999), 482-97 ; (5) R.A. Emmons et L.A. King, « Conflict among personal strivings : Immediate and long-term implications for psychological and physical well-being », *JPSP* 54 (1988), 1040-48.

29. (1) M. Csikszentmihalyi, *Vivre : la psychologie du bonheur*, tr. L. Bouffard, Paris, Robert Laffont, 2004 ; (2) A.W. Kruglanski, « Goals as knowledge structures », *in* P.M. Golwitzer et J.A. Bargh, *The Psychology of Action*, New York, Guilford, 1996, p. 599-618 ; (3) Lyubomirsky, « Hedonic adaptation » (2011).

30. E. Thomas, « Obama's Nobel headache », *Newsweek* (6 avril 2009).

31. (1) C.S. Carver et M.F. Scheier, « Origins and functions of positive and negative affect : A control-process view », *PsychReview* 97 (1990), 19-35 ; (2) R.A. Emmons *et al.*, « Goal orientation and emotional well-being : Linking goals and affect through the self », *Striving and feeling*, Hillsdale, NJ, Lawrence Erlbaum, 1996, p. 79-98.

32. (1) K.A. Ericsson et P. Ward, « Capturing the naturally occurring superior performance of experts », *Current Directions* 16 (2007), 346-50 ; (2) D.K. Simonton, *Genius 101*, New York, Springer, 2009 ; (3) M. Gladwell, *Outliers*, New York, Little, Brown, 2008.

33. L'article classique sur la pratique délibérée est celui de K.A. Ericsson, R.T. Krampe et C. Tesch-Römer, « The role of deliberate practice in the acquisition of expert performance », *PsychReview* 100 (1993), 363-406. Il ne faut cependant pas négliger d'autres arguments convaincants sur le rôle des capacités héréditaires. Voir par exemple (1) E.J. Meinz et D.Z. Hambrick, « Deliberate practice is necessary but not sufficient to explain individual differences in piano sight-reading skill : The role of working memory capacity », *PsychScience* 21 (2010), 914-19 ; (2) D.K. Simonton, « Scientific talent, training, and performance : Intellect, personality, and genetic endowment », *RGP* 12 (2008), 28-46.

34. Voir les travaux récents d'Angela Duckworth. Par exemple, A.L. Duckworth *et al.*, « Deliberate practice spells success : Why grittier competitors triumph at the National Spelling Bee », *Social Psychological and Personality Science* 2 (2011), 174-81.

35. Pour un exemple récent, voir A. Chua, *L'Hymne de bataille de la mère tigre*, tr. J. Bourdin, Paris, Gallimard, 2011.

36. Pour être plus précis, le premier type de motivation (s'efforcer d'atteindre un but parce qu'il est fondamentalement attirant et agréable) est appelé « intrinsèque », et le second type (travailler en vue d'un but qui exprime nos valeurs les plus profondes) est appelé « identifié ». Pour simplifier, j'utilise le terme « intrinsèque » dans les deux cas. (1) E.L. Deci et R.M. Ryan, « The 'what' and 'why' of goal puirsuits : Human needs and the self-determination of behavior », *Psychological Inquiry* 4 (2000), 227-68 ; (2) Sheldon et Elliot, « Goal striving » (1999) ; (3) K.M. Sheldon et T. Kasser, « Coherence and congruence : Two aspects of personality intégration », *JPSP* 68 (1995), 531-43.

37. (1) Deci et Ryan, « The 'what' and 'why' of goal pursuits » (2000) ; (2) T. Kasser, *The High Price of Materialism*, Cambridge, MA, MIT Press, 2002 ; (3) T. Kasser et R.M. Ryan, « A dark side of the American dream : Correlates of financial success as a central life aspiration », *JPSP* 65 (1993), 410-22 ; (4) C.P. Niemiec, R.M. Ryan et E.L. Deci, « The path taken : Consequences of attaining intrinsic and extrinsic aspirations in postcollege life », *Journal of Research in Personality* 43 (2009), 291-306.

38. M. Quinn, « The iPod lecture circuits », *Los Angeles Times* (24 novembre 2007).

39. J.C. Norcross, M.S. Mrykalo et M.D. Blagys, « Auld lang syne : Success predictors, change processes, and self-reported outcomes of New Year's resolvers and nonresolvers », *Journal of Clinical Psychology* 58 (2002), 397-405.

40. (1) J.C. Brunstein, G. Dangelmayer et O.C. Schultheiss, « Personal goals and social support in close relationships : Effects on relationship mood and marital satisfaction », *JPSP* 71 (1996), 1006-19 ; (2) Rusbult *et al.*, « The Michelangelo phenomenon » (2009).

41. (1) A.H. Maslow, « Une théorie de la motivation » (1943), in *L'Accomplissement de soi : de la motivation à la plénitude*, tr. E. Borgeaud, Paris, Eyrolles, 2003 ; (2) A.H. Maslow, *Devenir le meilleur de soi-même : besoins fondamentaux, motivation et personnalité*, tr. L. Nicolaïeff, Paris, Eyrolles, 2008 ; (3) William Compton, département de psychologie, Middle Tennessee University, communication personnelle, 2007.

Chapitre 6

1. (1) G. Easterbrook, *Sonic Boom*, New York, Random House, 2009 ; (2) P. Gosselin, *High Wire*, New York, Basic Books, 2008.

2. Pour un examen de cette vaste littérature, voir E. Diener et R. Biswas-Diener, « Will money increase subjective well-being ? A literature review and guide to needed research », *SIR* 57 (2002), 119-69.

3. (1) E. Diener *et al.*, « Wealth and happiness across the world : Material prosperity predicts life evaluation, whereas psychosocial prosperity predicts positive feeling », *JPSP* 99 (2010), 52-61 ; (2) D. Kahneman et A. Deaton, « High income improves evaluation of life but not emotional well-being », *PNAS* 107 (2010), 16489-93 ; (3) M. Luhmann, U. Schimmack et M. Eid, « Stability and variability in the relationship between subjective well-being and income », *Journal of Research in Personality* 45 (2011), 186-97.

4. Kahneman et Deaton, « High income improves évaluation » (2010).

5. E. Diener *et al.*, « Dispositional affect and job outcomes », *SIR* 59 (2002), 229-59. Pour un examen, voir Lyubomirsky, King *et al.*, « The benefits of frequent positive affect » (2005).

6. (1) A. Deaton, « Income, health and well-being around the world : Evidence from the Gallup World Poll », *Journal of Economic Perspectives* 22 (2008), 53-72 ; (2) Diener *et al.*, « Wealth and happiness across the world » (2010) ; (3) R. Eckersley, *Well and Good*, 2ᵉ éd., Melbourne, Text Publishing, 2005 ; (4) H. Howell et C. Howell, « The relation of economic status to subjective well-being in developing countries : A meta-analysis », *PsychBull* 134 (2008), 536-60 ; (5) R. Inglehart, « Globalization and postmodern values », *The Washington Quarterly* 23 (2000), 215-28.

7. Pour une intéressante étude montrant que la richesse renforce le bien-être après des ennuis de santé handicapants, voir D.M. Smith *et al.*, « Health, wealth, and happiness : Financial resources buffer subjective well-being after the onset of a disability », *PsychScience* 16 (2005), 663-66.

8. (1) K.M. Kristof, « Study : Money can't buy happiness, security either », *Los Angeles Times* (14 janvier 2005), C1 ; (2) R. Levine et A. Norenzayan, « The pace of life in 31 countries », *Journal of Cross-Cultural Psychology* 30 (1999), 178-205 ; (3) W. Ng *et al.*, « Affluence, feelings of stress, and well-being », *SIR* 57 (2008), 119-69.

9. J. Quoidbach *et al.*, « Money giveth, money taketh away : The dual effect of wealth on happiness », *PsychScience* 21 (2010), 759-63.

10. (1) Diener et Biswas-Diener, « Will money increase subjective well-being ? » (2002) ; (2) R. Inglehart et H.-D. Klingemann, « Genes, culture, democracy, and happiness », *in* E. Diener et E.M. Suh (dir.), *Subjective Well-being across Cultures*, Cambridge,

MA, MIT Press, 2999, p. 165-83 ; (3) B. Stevenson et J. Wolfers, « Economic growth and happiness : Reassessing the Easterlin paradox », *Brookings Papers on Economic Activity* (2008), 1-87.

11. Cette découverte est au cœur de ce qu'on appelle le paradoxe d'Easterlin : (1) R.A. Easterlin, « Does economic growth improve the human lot ? Some empirical evidence », *in* P.A. David et M.W. Reder (dir.), *Nations and Households in Economic Growth*, New York, Academic Press, 1974, p. 89-125 ; (2) R.A. Easterlin *et al.*, « The happiness-income paradox revisited », *PNAS* 107 (2010), 22463-68 ; (3) E. Diener, S. Oishi et L. Tay, *Easterlin is wrong – and right : Income, psychosocial factors, and the changing happiness of nations*, manuscrit soumis pour publication, 2011 ; (4) Diener et Biswas-Diener, « Will money increase subjective well-being ? » (2002) ; (5) A.J. Oswald, « Happiness and economic performance », *The Economic Journal* 108 (1997), 1815-31. Pour une contestation récente, voir Stevenson et Wolfers, « Economic growth and happiness » (2008).

12. D.G. Myers, « The funds, friends, and faith of happy people », *AmPsych* 55 (2000), 56-67.

13. (1) C.J. Boyce, G.D.A. Brown et S.C. Moore, « Money and happiness : Rank of income, not income, affects life satisfaction », *PsychScience* 21 (2010), 471-75 ; (2) A.E. Clark, P. Frijters et M.A. Shields, « Relative income, happiness, and utility : An explanation for the Easterlin paradox and other puzzles », *Journal of Economic Literature* 46 (2008), 95-144 ; (3) A.E. Clark et A.J. Oswald, « Satisfaction and comparison income », *Journal of Public Economics* 61 (1996), 359-81 ; (4) A. Ferrer-i-Carbonell, « Income and well-being : An empirical analysis of the comparison income effect », *Journal of Public Economics* 89 (2005), 997-1019 ; (5) E.F.P. Luttmer, « Neighbors as negatives : Relative earnings and well-being », *Quarterly Journal of Economics* (2005), 963-1002.

14. Pour des exemples de cette recherche fascinante, voir : (1) W. Mischel, Y. Shoda et M.L. Rodriguez, « Delay of gratification in children », *Science* 244 (1989), 933-38 ; (2) W. Mischel, Y. Shoda et P.L. Peake, « The nature of adolescent competencies predicted by preschool delay of gratification », *JPSP* 54 (1988), 687-96 ; (3) I.-M. Eigsti *et al.*, « Predicting cognitive control from preschool to late adolescence and young adulthood », *PsychScience* 17 (2006), 478-84.

15. Baumeister, Bratslavsky *et al.*, « Bad is stronger than good » (2001).

16. (1) Boswell *et al.*, « The relationship between employee job change and job satisfaction » (2005) ; (2) R.E. Lucas, « Times does not heal all wounds : A longitudinal study of reaction and adaptation to divorce », *PsychScience* 16 (2005), 945-50 ; (3) Lucas *et al.*, « Reexamining adaptation » (2003) ; (4) R.E. Lucas *et al.*, « Unemployment alters the set point for life satisfaction », *PsychScience* 15 (2004), 8-13 ; (5) J.B. Nezlek et SL. Gable, « Depression as a moderator of relationships between positive daily events and day to day psychological adjustment », *PSPB* 27 (2001), 1692-1704 ; (6) K.M. Sheldon, R. Ryan et H.T. Reis, « What makes for a good day ? Competence and autonomy in the day and in the person », *PSPB* 22 (1996), 1270-79.

17. (1) U.S. Federal Reserve, *Balance Sheet of Households and Nonprofit Organizations* (Flow of Funds Accounts of the United States N° B.100), Board of Governors of the Federal Reserve System, 2010 [fichier de données] ; (2) GfK Roper Public Affairs & Media, & Associated Press, *AP-GfK poll finances topline*, 2010 [fichier de données].

18. (1) David *et al.*, « Differential roles of neuroticism » (1997) ; (2) Fredrickson et Losada, « Positive affect and the complex dynamics of human flourishing » (2005) ; (3) Gottman, *What predicts divorce ?* (1994).

19. (1) L. Van Boven et T. Gilovich, « To do or to have ? That is the question », *JPSP* 85 (2003), 1193-1202 ; (2) L. Van Boven, « Experientialism, materialism, and the pursuit of happiness », *RGP* 9 (2005), 132-42 ; (3) T. Carter et T. Gilovich, « The relative

relativity of experiential and material purchases », *JPSP* 98 (2010), 146-59. Le matérialisme est pourtant une exception intéressante : L. Nicolao, J.R. Irwin et J.K. Goodman, « Happiness for sale : Do experiential purchases make consumers happier than material purchases ? », *JCR* 36 (2009), 188-98.

20. Carter et Gilovich, « The relative relavitivity of experiential and material purchases » (2010).

21. (1) T.R. Mitchell *et al.*, « Temporal adjustments in the evaluation of events : The 'rosy view' », *Journal of Experimental Social Psychology* 33 (1997), 421-48 ; (2) D. Wirtz *et al.*, « What to do on spring break ? The role of predicted, on-line, and remembered experience in future choice », *PsychScience* 14 (2003), 520-24.

22. Van Boven et Gilovich, « To do or to have ? » (2003).

23. *Ibid.* Voir aussi T.J. Carter et T. Gilovich, « I am what I do, not what I have », *JPSP* 102 (2012), 1304-17.

24. (1) Kasser, *The High Price of Materialism*, 2002 ; (2) R.W. Belk, « Materialism : Trait aspects of living in the material world », *JCR* 12 (1985), 265-80 ; (3) M.L. Richins et S. Dawson, « A consumer values orientation for materialism and its measurement : Scale development and validation », *JCR* 19 (1992), 303-16 ; (4) T.B. Kashdan et W.E. Breen, « Materialism and diminished well-being : Experiential avoidance as a mediating mechanism », *Journal of Social and Clinical Psychology* 26 (2007), 521-53 ; (5) L. Van Boven, M.C. Campbell et T. Gilovich, « Stigmatizing materialism : On stereotypes and impressions of materialistic and experiential pursuits », *PSPB* 36 (2010), 551-63.

25. E. Diener, E. Sandvik et W. Pavot, « Happiness is the frequency, not the intensity, of positive versus negative affect », *in* F. Strack, M. Argyle et N. Schwarz (dir.), *Subjective Well-being : An Interdisciplinary Perspective*, Oxford, Pergamon, 1991, p. 119-40.

26. (1) P.W. Linville et G.W. Fischer, « Preferences for separating or combining events », *JPSP* 60 (1991), 5-23 ; (2) L.D. Nelson, T. Meyvis et J. Galak, « Enhancing the television-viewing experience through commercial interruptions », *JCR* 36 (2009), 160-72 ; (3) Nelson et Meyvis, « Interrupted consumption » (2008) ; (4) J.Y. Zhong et V.W. Mitchell, « A mechanism model of the effect of hedonic product consumption on well-being », *Journal of Consumer Psychology* 20 (2010), 152-62.

27. M. Pollan, *Food Rules*, New York, Penguin, 2009.

28. Zhong et Mitchell, « A mechanism model » (2010).

29. Cette recherche a été menée par Richard Tunney (université de Nottingham).

30. D. Mochon, M.I. Norton et D. Ariely, « Getting off the hedonic treadmill, one step at a time : The impact of regular religious practice and exercise on well-being », *Journal of Economic Psychology* 29 (2008), 632-42.

31. (1) Berlyne, « Novelty, complexity, and hedonic value » (1970) ; (2) Ratner *et al.*, « Choosing less-preferred experiences for the sake of variety » (1999).

32. A. Ginsberg, « Letter to the *Wall Street Journal* », *in* B. Morgan (dir.), *Deliberate Prose*, New York, Harper Perennial, 2000, p. 145-46.

33. (1) R.J. Havighurst et R. Glasser, « An exploratory study of reminiscence », *Journal of Gerontology* (1972), 245-53 ; (2) M. Pasupathi et L.L. Carstensen, « Age and emotional experience during mutual reminiscing », *Psychology and Aging* 18 (2003), 430-42.

34. D. Kahneman, J.L. Knetsch et R.H. Thaler, « Anomalies : The endowment effect, loss aversion, and status quo bias », *Journal of Economic Perspectives* 5 (1991), 193-206.

35. G.W. Bucchianeri, *The American dream of the American delusion ? The private and external benefits of homeownership*, document de travail, The Wharton School of Business, Philadelphie.

36. Lyubormirsky, « Hedonic adaptation » (2011).

37. (1) J. Senior, « Recession culture : No money changes everything, from murder rates to museum attendance, from career choices to what you eat for dinner. And not all of it for the worse », *Los Angeles Times* (10 mai 2009) ; (2) A. Gorman et H. Becerra, « Garage sales are a win-win in this economy », *Los Angeles Times* (11 avril 2009).

TROISIÈME PARTIE

CHAPITRE 7

1. L'identité des personnes a été modifiée. Je remercie profondément Thomas Martin.

2. Je pourrais citer bien des articles empiriques pour étayer ces propos, mais un texte est particulièrement clair et extrêmement amusant, D. Gilbert, *Stumbling on Happiness*, New York, Knopf, 2006.

3. Shakespeare, « Le Viol de Lucrèce », tr. R. Ellrodt, in *Tragicomédies* II. *Poésies*, Paris, Robert Laffont, 2002.

4. Pour une anecdote fascinante sur les méditations de Walter Perry sur les ouragans, voir le passage dans l'excellent livre de Walter Isaacson, *American Sketches*, New York, Simon & Schuster, 2009, p. 269-70.

5. T. Ben-Shahar, *L'Apprentissage de l'imperfection*, tr. H. Collon, Paris, Belfond, 2010.

6. M. Ridley, *The Rational Optimist*, New York, McGraw-Hill, 2010.

7. (1) Quoidbach *et al.*, « Money giveth, money taketh away » (2010) ; (2) A. Parducci, « Value judgments : Toward a relational theory of happiness », *in* J.R. Eiser (dir.), *Attitudinal Judgment*, New York, Springer-Verlag, 1984, p. 3-21 ; (3) S. Oishi *et al.*, « The dynamics of daily events and well-being across cultures : When less is more », *JPSP* 93 (2007), 685-98 ; (4) P. Brickman, D. Coates et R. Janoff-Bulman, « Lottery winners and accident victims : Is happiness relative ? », *JPSP* 36, 917-27.

8. Voir par exemple (1) R.M. Sapolsky, *Why Zebras Don't Get Ulcers*, New York, Holt, 2004 ; (2) B. Justice, *Who Gets Sick*, New York, Tarcher, 1988 ; (3) G. Overbeek *et al.*, « Positive life events and mood disorders : Longitudinal evidence for an erratic lifecourse hypothesis », *Journal of Psychiatric Research* 44 (2010), 1095-1100 ; (4) D.B. Brown et K.L. McGill, « The cost of good fortune : When positive life events produce negative health consequences », *JPSP* 57 (1989), 1103-10.

9. J.H. Pryor *et al.*, *The American Freshman : National norms fall 2010*, Los Angeles, Higher Education Research Institute, UCLA, 2010.

10. (1) A. Stutzer, « The role of income aspirations in individual happiness », *Journal of Economic Behaviour and Organization* 54 (2004), 89-109 ; (2) B.M.S. Van Praag et A. Ferrer-i-Carbonell, *Happiness Quantified*, Oxford, Oxford University Press, 2004.

11. Voir par exemple Krueger *et al.*, « Time use and subjective well-being » (2009).

12. G. Loewenstein et D. Schkade, « Wouldn't it be nice ? Predicting future feelings », *in* Diener *et al.* (dir.), *Well-being* (1999), p. 85-105.

13. A.K. Dutt, « Happiness and the relative consumption hypothesis », *in* Dutt et Radcliff (dir.), *Happiness, Economics and Politics* (2009), p. 127.

14. (1) S.J. Solnick et D. Hemenway, « Is more always better ? A survey on positional concerns », *Journal of Economic Behavior and Organization* 37 (1998), 373-83 ; (2) D.J. Zizzo et A.J. Oswald, « Are people willing to pay to reduce others' incomes ? », *Annales d'Economie et de Statistique* 63/64 (2001), 39-65.

15. M.L. Richins, « The Material Values Scale : Measurement properties and development of a short form », *JCR* 31 (2004), 209-19.

16. *Ibid.*

17. (1) K.W. Brown et T. Kasser, « Are psychological and ecological well-being compatible ? The role of values, mindfulness, and lifestyle », *SIR* 74 (2005), 349-68 ; (2) Kasser et Ryan, « A dark side of the American dream » (1993) ; (3) C. Nickerson, N. Schwarz, E. Diener et D. Kahneman, « Zeroing in on the dark side of the American dream : A closer look at the negative consequences of the goal for financial success », *PsychScience* 14 (2003), 531-36 ; (4) Kasser, *The High Price of Materialism* (2002).

18. (1) Brown et Kasser, « Are psychological and ecological well-being compatible ? », (2005) ; (2) Richins et Dawson, « A consumer values orientation for materialism and its measurement » (1992)

19. (1) Belk, « Materialism » (1985) ; (2) Richins et Dawson, « A consumer values orientation » (1992) ; (3) Kashdan et Breen, « Materialism and diminished well-being » (2007) ; (4) Kasser et Ryan, « A dark side of the American dream » (1993) ; (5) E.G. Solberg, E. Diener et M.D. Robinson, « Why are materialists less satisfied ? », *in* T. Kasser et A.D. Kanner (dir.), *Psychology and Consumer Culture*, Washington, APA, 2004, p. 29-48.

20. O. James, *Affluenza*, New York, Vermillion, 2007.

21. M. Csikszentmihalyi, « If we are so rich, why aren't we happy ? », *AmPsych* 54 (1999), 821-27.

22. J.T. Adams, *L'Aventure américaine*, tr. L. Thomas, Paris, Payot, 1933.

23. À l'inverse, mon autre citation préférée est cette phrase de Bo Derek : « Ceux qui disent que l'argent ne fait pas le bonheur ne savent tout simplement pas où faire leurs achats. »

24. J'ai découvert qu'au moins quatre de ces six principes sont décrits dans cet article éloquent et convaincant : E.W. Dunn, D.T. Gilbert et T.D. Wilson, « If money doesn't make you happy then you probably aren't spending it right », *Journal of Consumer Psychology* 21 (2011), 115-25. Avec mon étudiant Joe Chancellor, j'ai réagi à ces idées : J. Chancellor et S. Lyubomirsy, « Happiness and thrift : When (spending) less is (hedonically) more », *Journal of Consumer Psychology* 21 (2011), 131-38.

25. (1) Kasser et Ryan, « A dark side of the American dream » (1993) ; (2) Kasser et Ryan, « Further examining the American dream » (1996) ; (3) R.M. Ryan et E.L. Deci, « Self-determination theory and the facilitation of intrinsic motivation, social development, and well-being », *AmPsych* 55 (2000), 68-78.

26. (1) G.F. Koob et M. Le Moal, « Drug addiction, dysregulation of reward, and allostasis », *Neuropsychopharmacology* 24 (2001), 97-129 ; (2) Myers, « The funds, friends, and faith of happy people » (2000).

27. (1) Lyubomirsky, King *et al.*, « The benefits of frequent positive affect » (2005) ; (2) M.I. Norton *et al.*, *From Wealth to Well-being : Spending money on others promotes happiness*, communication présentée lors du congrès annuel de la SPSP, Tampa, Floride ; (3) K. Otake *et al.*, « Happy people become happier through kindness : A counting kindnesses intervention », *JoHS* 7 (2006), 361-75.

28. (1) J.J. Havens, « Charitable giving : How much, by whom, to what, and how ? », *in* W.W. Powell et R. Steinberg (dir.), *The Non-Profit Sector*, New Haven, CT, Yale University Press, 2006 ; (2) G. Easterbrook, « A wealth of cheapskates », *Los Angeles Times* (18 mars 2007) ; (3) R.N. James III et D.L. Sharpe, « The nature and causes of the U-shaped charitable giving profile », *Nonprofit and Volunteer Sector Quarterly* 36 (2007), 218-38. Voir aussi P.K. Piff *et al.*, « Having less, giving more : The influence of social class on prosocial behavior », *JPSP* 99 (2010), 771-84.

29. Dunn *et al.*, « Spending money on others promotes happiness » (2008).

30. L. Aknin *et al.*, *Prosocial spending and well-being : Cross-cultural evidence for a psychological universal*, manuscrit soumis pour publication, 2010.

31. Un chapitre consacré aux raisons pour lesquelles les actes de gentillesse nous rendent heureux et à la manière de les pratiquer figure dans S. Lyubomirsky, *Comment être heureux... et le rester*, *op. cit.*

32. (1) Lyubomirsky, Sheldon *et al.*, « Pursuing happiness » (2005) ; (2) Sheldon *et al.*, « Variety is the spice of happiness » (à paraître).

33. R. Layard, *Le Prix du bonheur : leçons d'une science nouvelle*, tr. C. Jaquet, Paris, Armand Colin, 2007.

34. G. Loewenstein, « Because it is there : The challenge of mountaineering... for utility theory », *KYKLOS* 52 (1999), 315-44.

35. G. Loewenstein, « Anticipation and the valuation of delayed consumption », *The Economic Journal* 97 (1987), 666-84.

36. Mitchell *et al.*, « Temporal adjustments » (1997).

37. J. Nawijn *et al.*, « Vacationers happier, but most not happier after a Holiday », *Applied Research in Quality of Life* 5 (2010), 35-47. Voir aussi L. Van Boven et L. Ashworth, « Looking forward, looking back : Anticipation is more evocative than rétrospection », *Journal of Experimental Psychology : General* 136 (2007), 289-300.

38. Le chef était Thomas Keller, du restaurant French Laundry, et même si nous avons finalement eu cet enfant improbable (Isabella), nous n'avons pas respecté notre engagement.

39. Mais les trois derniers – la colère, l'orgueil et l'envie – ne sont pas loin derrière.

40. (1) D. Read, G. Loewenstein et S. Kalyanaraman, « Mixing virtue and vice : Combining the immediacy effect and the diversification heuristic », *Journal of Behavioral Decision Making* 12 (1999), 257-73 ; (2) D. Read et B. Van Leeuwen, « Predicting hunger : The effects of appetite and delay on choice », *Organizational Behavior and Human Decision Processes* 76 (1998), 189-205.

41. G. Hawn, *Goldie, A lotus grows in the mud*, New York, Putnam, 2005, p. 163.

Chapitre 8

1. E. Edwards, *Resilience*, New York, Broadway, 2009, p. 129 et 133.

2. *Ibid.*, p. 141.

3. Mon amie Sarah Stroud, professeur de philosophie à l'université McGill, m'a reproché ma logique boiteuse. Si nous admettons que notre expérience est ce à quoi nous acceptons de prêter attention, cette affirmation ne signifie pas que nous pouvons contrôler ce à quoi nous prêtons attention. Je reconnais le saut logique trop rapide, mais je pense que la recherche confirme l'idée selon laquelle nous maîtrisons une bonne partie de notre attention et de nos processus de pensée.

4. On attribue cette phrase à William James : « L'homme peut modifier sa vie rien qu'en modifiant son attitude mentale. »

5. W. James, *Principles of Psychology*, New York, Holt, 1890, p. 402.

6. E. Calloway et S. Naghdi, « An information processing model for schizophrenia », *Archives of General Psychiatry* 39 (1982), 339-47.

7. N.S. Jacobson et D. Moore, « Spouses as observers of the events in their relationship », *JCCP* 49 (1981), 269-77.

8. Les spécialistes de psychologie, de William James à nos jours, décrivent deux types d'attention : l'attention volontaire (celle dont je parle ici et que nous pouvons contrôler) et l'attention involontaire (celle que « retiennent » les événements importants ou enthousiasmants dans notre environnement, comme un coup de feu ou un beau coucher de soleil).

Non seulement ces deux types d'attention sont vécus différemment, mais ils semblent aussi dépendre de parties distinctes du cerveau. Pour en savoir plus, voir S. Kaplan et M.G. Berman, « Directed attention as a common resource for executive function and self-regulation », *Perspectives* 5 (2010), 43-57.

9. R.H. Frank, « The Easterlin paradox revisited », *in* Dutt et Radcliff (dir.), *Happiness, Economics, and Politics* (2009), p. 156.

10. Kaplan et Berman, « Directed attention » (2010).

11. (1) S. Kaplan, « The restorative benefits of nature : Toward an integrative framework », *Journal of Environment Psychology* 15 (1995), 169-82 ; (2) Kaplan et Berman, « Directed attention » (2010).

12. (1) S. Kaplan et J.F. Talbot, « Psychological benefits of a wilderness experience », *in* I. Altman et J.F. Wohlwill (dir.), *Behavior and the Natural Environment*, New York, Plenum, 1983, p. 163-203 ; (2) R.S. Ulrich *et al.*, « Stress recovery during exposure to natural and urban environments », *Journal of Environmental Psychology* 11 (1991), 201-30 ; (3) E.K. Nisbet et J.M. Zelenski, « Underestimating nearby nature : Affective forecasting errors obscure the happy path to sustainability », *Psych Science* 22 (2011), 1101-6.

13. M.G. Berman, J. Jonides et S. Kaplan, « The cognitive benefits of interacting with nature », *PsychScience* 19 (2008), 1207-12.

14. F.S. Mayer *et al.*, « Why is nature beneficial ? The role of connectedness to nature », *Environment and Behavior* 41 (2009), 607-43.

15. Une bonne partie de ces recherches fascinantes sont examinées par J. Kabat-Zinn, « Mindfulness-based interventions in context : Past, present, and future », *Clinical Psychology : Science and Practice* 10 (2003), 144-56. Voir aussi (1) A. Lutz *et al.*, « Regulation of the neural circuitry of emotion by compassion meditation : Effects of meditative expertise », *PLoS ONE* 3 (2008), e1897 ; (2) Fredrickson *et al.*, « Open hearts build lives » (2008) ; (3) R.J. Davidson *et al.*, « Alterations in brain and immune function produced by mindfulness meditation », *Psychosomatic Medicine* 65 (2003), 564-70.

16. (1) Y.-Y. Tang *et al.*, « Short-term meditation training improves attention and self-regulation », *PNAS* 104 (2007), 17152-56 ; (2) H.A. Slagter *et al.*, « Mental training affects use of limited brain resources », *PLoS Biology* 5 (2007), e138 ; (3) K.A. MacLean *et al.*, « Intensive meditation training improves perceptual discrimination and sustained attention », *PsychScience* 21 (2010), 829-39.

17. (1) Fredrickson, « The role of positive emotions » (2001) ; (2) B.L. Fredrickson, *Positivity*, New York, Crown, 2009.

18. Pour un examen et des preuves, voir (1) Lyubomirsky, King *et al.*, « The benefits of frequent positive affect » (2005) ; (2) King *et al.*, « Positive affect and the experience of meaning in life » (2006) ; (3) M.A. Cohn *et al.*, « Happiness unpacked : Positive emotions increase life satisfaction by building resilience », *Emotion* 9 (2009), 361-68.

19. Par exemple, voir R.K. Merton, « The Matthew effect in science », *Science* 159.2810 (1968), 56-63.

20. Matthieu 25 : 29, *La Bible*, tr. Lemaître de Sacy, Paris, Robert Laffont, 1990.

21. (1) Diener *et al.*, « Happiness is the frequency» (1991) ; (2) R.J. Larsen, E. Diener et R. Cropanzano, « Cognitive operations associated with individual differences in affect intensity », *JPSP* 53 (1987), 767-74.

22. L.L. Carstensen *et al.*, « Emotional experience improves with age : Evidence based on over 10 years of experience sampling », *Psychology and Aging* 26 (2011), 21-33.

23. Mochon *et al.*, « Getting off the hedonic treadmill » (2008).

24. J'emprunte cette charmante histoire à Edwards, *Resilience* (2009).

25. D. Herzog, *Math You Can Use – Everyday*, Hoboken, NJ, Wiley, 2007.

26. S.E. Taylor, « Asymmetrical effects of positive and negative events : The mobilization-minimization hypothesis », *PsychBull* 110 (1991), 67-85.

27. K. Sweeny et J.A. Shepperd, « Being the best bearer of bad tidings », *RGP* 11 (2007), 235-57.

28. Cette sage formule est tirée des écrits de David Myers.

29. K. Allen, J. Blascovich et W.B. Mendes, « Cardiovascular reactivity in the presence of pets, friends, and spouses : The truth about cats and dogs », *Psychosomatic Medicine* 64 (2002), 727-39.

30. (1) J.L. Brown *et al.*, « Social support and experimental pain », *Psychosomatic Medicine* 65 (2003), 276-83 ; (2) S.L. Master *et al.*, « A picture's worth : Partner photographs reduce experimentally induced pain », *PsychScience* 20 (2009), 1316-18.

31. J.S. House, K.R. Landis et D. Umberson, « Social relationships and health », *Science* 241 (1988), 540-45.

32. L.F. Berkman et S.L. Syme, « Social networks, host resistance, and mortality : A nine-year follow-up study of Alameda County résidents », *American Journal of Epidemiology* 109 (1979), 186-204.

33. T.E. Seeman *et al.*, « Social relationships, social support, and patterns of cognitive aging in healthy, high-functioning older adults : MacArthur Studies of Successful Aging », *Health Psychology* 20 (2001), 243-55.

34. Pour trois bons examens de la littérature consacrée aux liens entre soutien social et santé, voir (1) S. Cohen et D. Janicki-Deverts, « Can we improve our physical health by altering our social networks ? », *Perspectives* 4 (2009), 375-78 ; (2) B.N. Uchino, « Understanding the links between social support and physical health : A life-span perspective with emphasis on the separability of perceived and received support », *Perspectives* 4 (2009), 236-55 ; (3) T.E. Seeman, « Health promoting effects of friends and family on health outcomes in older adults », *American Journal of Health Promotion* 14 (2000), 362-70.

35. A.M. Grant et K.A. Wade-Benzoni, « The hot and cool of death awareness at work : Mortality cues, aging, and self-protective and prosocial motivations », *Academy of Management Review* 34 (2009), 600-622.

36. T. Schnell, « The Sources of Meaning and Meaning in Life Questionnaire (SoMe) : Relations to demographics and well-being », *The Journal of Positive Psychology* 4 (2009), 483-99. Reproduit avec l'autorisation de l'éditeur (Taylor & Francis, www.tandfonline.com).

37. *Ibid.*

38. http://losangeles.cbslocal.com/2011/05/18/girl-spreads-joy-to-others-while-battling-cancer/

39. K.A. Wade-Benzoni et L.P. Tost, « The egoism and altruism of intergenerational behavior », *PSPR* 13 (2009), 165-93.

40. T. Pyszczynski, J. Greenberg et S. Solomon, « A dual-process model of defense against conscious and unconscious death-related thoughts : An extension of terror management theory », *PsychReview* 106 (1999), 835-45.

Chapitre 9

1. L.A. King et J.A. Hicks, « Whatever happened to 'What might have been'? Regrets, happiness, and maturity », *AmPsych* 62 (2007), 625-36.

2. A.J. Stewart et E.A. Vandewater, « 'If I had it to do over again': Midlife review, midcourse corrections, and women's well-being in midlife », *JPSP* 76 (1999), 270-83.

3. C. Wrosch, I. Bauer et M.F. Scheier, « Regret and quality of life across the adult life span : The influence of disengagement and available future goals », *Psychology and Aging* 20 (2005), 657-70.

4. *Ibid.*

5. King et Hicks, « Whatever happened to 'What might have been' » (2007), p. 626.

6. Mon mari et mon fils, fans des Mets depuis toujours, ont été horrifiés par le titre de ce chapitre.

7. King et Hicks, « Whatever happened » (2007), p. 630.

8. (1) S. Nolen-Hoeksema *et al.*, « Rethinking rumination » (2008) ; (2) Lyubomirsky et Tkach, « The consequences of dysphoric rumination » (2004). Pour un examen documenté et très accessible de ces travaux, voir S. Nolen-Hoeksema, *Pourquoi les femmes se prennent la tête ?*, *op. cit.*

9. (1) C. McFarland et R. Buehler, « The impact of negative affect on autobiographical memory : The role of self-focused attention to moods », *JPSP* 75 (1998), 1424-40 ; (2) P.D. Trapnell et J.D. Campbell, « Private self-consciousness and the five-factor model of personality : Distinguishing rumination from reflection », *JPSP* 76 (1999), 284-304 ; (3) S.C. Segerstrom *et al.*, « A multidimensional structure for repetitive thought : What's on your mind, and how, and how much ? », *JPSP* 85 (2003), 909-21 ; (4) Lyubomirsky *et al.*, « The cognitive and hedonic costs » (2011).

10. Pour des conseils exhaustifs et excellents, voir S. Nolen-Hoeksema, *Pourquoi les femmes se prennent la tête ?*, *op. cit.*

11. Stewart et Vandewater, « 'If I had it to do over again' » (1999).

12. Je paraphrase ici Hamlet, à qui Shakespeare fait dire : « Rien n'est bon ou mauvais que parce que notre pensée le rend ainsi. »

13. (1) A. Summerville et N.J. Roese, « Dare to compare : Fact-based versus simulation-based comparison in daily life », *Journal of Experimental Social Psychology* 44 (2008), 664-71 ; (2) A. Summerville, « Counterfactual seeking : The scenic overlook of the road not taken », *PSPB* 37 (2011), 1522-33.

14. L.J. Kray *et al.*, « From what *might* have been to what *must* have been : Counterfactual thinking creates meaning », *JPSP* 98 (2010), 106-18.

15. *Ibid.*, p. 109.

16. Je remercie Landau, Greenberg et Sullivan (2009) pour cet exemple.

17. C. Routledge *et al.*, « The past makes the present meaningful : Nostalgia as an existential resource », *JPSP* 101 (2011), 638-52.

18. (1) T. Gilovich et V.H. Medvec, « The experience of regret : What, when, and why », *PsychReview* 102 (1995), 379-95 ; (2) T. Gilovich *et al.*, « Regrets of action and inaction across cultures », *Journal of Cross-Cultural Psychology* 34 (2003), 61-71.

19. R. Carlson, *Ne vous noyez pas dans un verre d'eau*, *op. cit.*

20. B. Zeigarnik, « On finished and unfinished tasks », *in* K. Lewin (dir.), *A Dynamic Theory of Personality*, New York, McGraw-Hill, 1935, p. 300-14.

21. B. Schwartz, *Le Paradoxe du choix : comment la culture de l'abondance éloigne du bonheur*, tr. I.-S. Lecorné, Neuilly-sur-Seine, Michel Lafon, 2006.

22. B. Schwartz, « Maximizing versus satisficing : Happiness is a matter of choice », *JPSP* 83 (2002), 1178-97.

23. S.S. Iyengar, R.E. Wells et B. Schwartz, « Doing better but feeling worse : Looking for the 'best' job undermines satisfaction », *PsychScience* 17 (2006), 143-50.

24. (1) S. Danziger, J. Levav et L. Avnaim-Pesso, « Extraneous factors in judicial décisions », *PNAS* 108 (2011), 6889-92 ; (2) K.D. Vohs *et al.*, « Making choices impairs subsequent self-control : A limited-resource account of decision making, self-regulation, and active initiative », *JPSP* 94 (2008), 883-98 ; (3) J. Levav *et al.*, « Order in product cus-

tomization decisions : Evidence from field experiments », *Journal of Political Economy* 118 (2010), 274-99.

25. Lyubomirsky et Ross, « Hedonic consequences » (1997).

26. Un excellent livre qui recommande le recours à ce type de journal est celui de L. Vanderkam, *168 Hours*, New York, Portfolio, 2010.

Chapitre 10

1. Mitchell *et al.*, « Temporal adjustments » (1997).

2. C'est ce que dit Humphrey Bogart à Ingrid Bergman dans *Casablanca.*

3. Pour lire l'article entier, voir Liberman *et al.*, « Happiness and Memory » (2009).

4. Cette distinction a été décrite pour la première fois par Amos Tversky, brillant scientifique qui collabora avec Daniel Kahneman pour un travail pionnier dans le domaine du jugement et de la prise de décision. Les idées que j'évoque ici ont été publiées dans le chapitre d'un ouvrage : A. Tversky et D. Griffin, « Endowment and contrast in judgments of well-being », *in* Strack, Argyle et Schwarz, *Subjective Well-being* (1991).

5. Ce résultat n'était évident que parmi les Américains, pas parmi les Israéliens.

6. Lacy *et al.*, « Hope I die before I get old » (2006).

7. Pourtant, comme le dit mon mari, notre *première* chance de bonheur est apparemment d'être fils ou fille de roi !

8. S. Lyubomirsky, L. Sousa et R. Dickerhoof, « The costs and benefits of writing, talking, and thinking about life's triumphs and defeats », *JPSP* 90 (2006), 692-708.

9. Timothy Wilson et Daniel Gilbert appellent ce processus « ordinariser » : (1) T.D. Wilson et D.T. Gilbert, « Affective forecasting », *Advances in Experimental Social Psychology* 35 (2003), 345-411 ; (2) Wilson *et al.*, « The pleasures of uncertainty » (2005).

10. B. Disraeli, *Lothair*, Cambridge, Chadwyck-Healey, 2000, p. 206.

11. Pour un compte rendu, voir Ryan et Deci, « Self-determination theory » (2000).

12. (1) Emmons et King, « Conflict among personal strivings » (1988) ; (2) Sheldon et Kasser, « Coherence and Congruence » (1995).

13. Voir par exemple Kasser et Ryan, « Further examining the American dream » (1996).

14. (1) K.M. Sheldon et A.J. Elliott, « Goal striving, need satisfaction, and longitudinal well-being : The self-concordance model », *JPSP* 76 (1999), 546-57 ; (2) K.M. Sheldon, « The self-concordance model of healthy goal-striving : When personal goals correctly represent the person », *in* E.L. Deci et R.M. Ryan (dir.), *Handbook of Self-determination Theory*, Rochester, NY, University of Rochestre Press, 2002, p. 65-86.

15. (1) L.A. King, « Who is regulating what and why ? Motivational context of self-regulation », *Psychological Inquiry* 7 (1996), 57-60 ; (2) R.A. Emmons, « Personal strivings : An approach to personality and subjective well-being », *JPSP* 51 (1986), 1058-68.

16. (1) A.J. Elliot et K.M. Shledon, « Avoidance personal goals and the personality-illness relationship », *JPSP* 75 (1998), 1282-99 ; (2) A.J. Elliot, K.M. Sheldon et M.A. Church, « Avoidance personal goals and subjective well-being », *PSPB* 23 (1997), 915-27 ; (3) A.J. Elliot et H.A. McGregor, « A 2 X 2 achievement goal framework », *JPSP* 80 (2001), 510-19.

17. Kruglanski, « Goals as knowledge structures » (1996).

18. Vātsyāyana, *Le Kama-Sutra.*

19. A. Huxley, *Marina di Vezza*, tr. J. Bastin, Paris, Plon, 1938, p. 103-104.

20. (1) Lacey *et al.*, « Hope I die before I get old » (2006) ; (2) M.L. Hummert *et al.*, « Stereotypes of the elderly held by young, middle-aged, and elderly adults », *Journals of*

Gerontology 49 (1994), 240; (3) B.A. Nosek, M. Banaji et A.G. Greenwald, « S », *Group Dynamics : Theory, Research, and Practice* 6 (2002), 101-15.

21. Les données empiriques sont extrêmement convaincantes, en voici quelques exemples : (1) Carstensen *et al.*, « Emotion experience improves with age » (2011) ; (2) L.L. Carstensen *et al.*, « Emotional experience in everyday life across the adulte life span », *JPSP* 79 (2000), 644-55 ; (3) S.T. Charles, C.A. Reynolds et M. Gatz, « Age-related differences and change in positive and negative affect over 23 years », *JPSP* 80 (2001), 136-51 ; (4) D.K. Mroczek et A. Spiro III, « Change in life satisfaction during adulthood : Findings from the Veterans Affairs Normative Aging Study », *JPSP* 88 (2005), 189-202 ; (5) L.M. Williams, « The mellow years ? Neural basis of improving emotional stability over age », *The Journal of Neuroscience* 26 (2006), 6422-30 ; (6) G.E. Vaillant, « 'Successful aging' and psychosocial well-being : Evidence from a 45-year study », *in* E.H. Thompson (dir.), *Older Men's Lives*, Thousand Oaks, CA, Sage, 1994, p. 22-41.

22. (1) Carstensen *et al.*, « Emotion experience improves with age » (2011) ; (2) Mroczek et Spiro, « Change in life satisfaction during adulthood » (2005) ; (3) Williams *et al.*, « The mellow years ? » (2006).

23. Pour une excellente et accessible introduction à cette littérature, voir L.L. Carstensen, *A Long Bright Future*, New York, Broadway, 2009. Pour des articles savants, voir (1) L.L. Carstensen, « The influence of time on human development », *Science* 312 (2006), 1913-15 ; (2) L.L. Carstensen, D.M. Isaacowitz et S.T. Charles, « Taking time seriously : a theory of socioemotional selectivity », *AmPsych* 54 (1999), 165-81.

24. C. Mogilner, S.D. Kamvar et J. Aaker, « The shifting meaning of happiness », *Social Psychological and Personality Science* 2 (2011), 395-402.

25. (1) M. Riediger *et al.*, « Seeking pleasure and seeking pain : Differences in prohedonic and contra-hedonic motivation from adolescence to old age », *PsychScience* 20 (2009), 1529-32 ; (2) L.L. Carstensen, H.H. Fung et S.T. Charles, « Socioemotional selectivity theory and the regulation of emotion in the second half of life », *Motivation and Emotion* 27 (2003), 103-23 ; (3) H.L. Urry et J.J. Gross, « Emotion regulation in older age », *Current Directions* 19 (2010), 352-57 ; (4) G. Labouvie-Vief et M. DeVoe, « Emotional regulation in adulthood and later life : a developmental view », *Annual Review of Gerontology and Geriatrics* 11 (1991), 172-94 ; (5) K.L. Fingerman et S.T. Charles, « It takes two to tango : Why older people have the best relationships », *Current Directions* 19 (2010), 172-76.

26. Pour un examen, voir (1) L.L. Carstensen et J.A. Mikels, « At the intersection of emotion and cognition : Aging and the positivity effect », *Current Directions* 14 (2005), 117-21 ; (2) S.T. Charles, « Strength and vulnerability integration : A model of emotional well-being across adulthood », *PsychBull* 136 (2010), 1068-91.

27. A.J. Calder *et al.*, « Facial expression recognition across the adult life span », *Neuropsychologia* 4 (2003), 195-202.

28. (1) Fingerman et Charles, « It takes two to tango » (2010) ; (2) K.L. Fingerman, L. Miller et S.T. Charles, « Saving the best for last : How adults treat social partners of different ages », *Psychology and Aging* 23 (2008), 399-409 ; (3) L.M. Miller, S.T. Charles et K.L. Fingerman, « Perceptions of social transgressions in adulthood Does age make a difference ? », *Journal of Gerontology* 64B (2009), 551-59.

Conclusion

1. S.R. Cohany et E. Sok, « Trends in labor force participation of married mothers of infants », *Monthly Labor Review* (février 2007), 9-16.

2. Voir les références données dans l'introduction, notes 1 et 5.

Table

TROISIÈME PARTIE
UN REGARD EN ARRIÈRE

Cet ouvrage a été publié sous la direction de Catherine Meyer
avec la collaboration de Stéphanie Reis-Pilar et Aleth Stroebel.
La mise en pages a été effectuée par Daniel Collet (InFolio).
La révision a été assurée par Nathalie Capiez.

Achevé d'imprimer sur Roto-Page
par l'Imprimerie Floch à Mayenne
en janvier 2014.

ISBN : 978-2-286-10687-4
Dépôt légal : février 2014
N° d'impression : 86245-1
Imprimé en France